QUÉBEC EN AMÉRIQUE
AU XIXe SIÈCLE

ESSAI SUR LES CARACTÈRES ÉCONOMIQUES
DE LA LAURENTIE

DU MÊME AUTEUR

Histoire économique et unité canadienne. Collection « Histoire économique et sociale du Canada français ». Montréal, Fides, 1970.

Le présent ouvrage a été publié grâce à une subvention accordée par le Conseil canadien de recherche en sciences sociales, dont les fonds ont été fournis par le Conseil des Arts du Canada.

HISTOIRE ÉCONOMIQUE ET SOCIALE DU
CANADA FRANÇAIS

Collection publiée sous la direction du
Centre de Recherche en Histoire économique du Canada français

QUÉBEC EN AMÉRIQUE
AU XIXe SIÈCLE

ESSAI SUR LES CARACTÈRES ÉCONOMIQUES
DE LA LAURENTIE

par

ALBERT FAUCHER

FIDES

245 est, boulevard Dorchester, Montréal 129

COLLECTION PUBLIÉE SOUS LA DIRECTION
DU CENTRE DE RECHERCHE EN HISTOIRE ÉCONOMIQUE
DU CANADA FRANÇAIS (CHE)

5255 avenue Decelles, Montréal (250)
Cameron Nish, directeur exécutif

École des Hautes Études Commerciales
de Montréal

Sir George Williams University
of Montreal

Comité de direction :
    Bernard Bonin, directeur
    Cameron Nish, directeur exécutif
    Albert Faucher
    Marc Vallières

Conseillers :
    M. R. Rosenthal
    Gilles Paquet
    Jean-Pierre Wallot
    Jacques Beauroy

ISBN 0-7755-0467-X

Au très révérend Père Georges-Henri Lévesque, O.P.,
directeur-fondateur de l'École des Sciences sociales,
premier doyen de la Faculté des Sciences sociales,
Université Laval,
à l'occasion du trentième anniversaire de cette Faculté.

Avant-propos

Le présent travail n'est pas d'intention ni de fait une histoire économique de la province de Québec au XIXᵉ siècle. Il vise plutôt à présenter le Québec comme un cas dans un ensemble qui constitue son milieu ambiant ; il s'inspire de la notion d'espace économique et il s'applique à déceler les inévitables conflits qui naissent de l'opposition entre l'espace territorial, base de l'organisation politique, et l'espace polarisé par l'activité économique. Le sous-titre indique qu'il veut être un essai, c'est-à-dire, un ensemble d'hypothèses de travail liées à des situations historiques. Fallait-il pour les élaborer tant de loisir ? — *deus nobis haec otia fecit !* Ce dieu du loisir je le vois dans la munificence de trois institutions que je nomme et que je remercie : l'Université Laval, le Conseil des Arts du Canada, l'Université McGill. En l'an universitaire 1969-70, l'Université Laval m'a envoyé en congé d'étude. Par la même occasion, et pour les fins du présent essai, le Conseil des Arts m'a accordé une aide substantielle. Enfin, l'Université McGill, en toute libéralité, m'a accueilli comme *Visiting Professor* dans son Centre d'études canadiennes-françaises, durant l'année universitaire 1970-71. Le Centre de recherche en Histoire économique des Hautes Études commerciales que dirige le professeur Cameron Nish m'a accordé une modeste subvention et a bien voulu, grâce aux soins de Mlle Claudine Beauchamp, préparer un index des noms propres et des lieux. Je remercie également les personnes qui, de près ou de loin, directement ou indirectement, m'ont aidé dans mes travaux de recherche et de composition, nommément, M. et Mme Scheeler de la Bibliothèque du British Museum et le personnel de la Bibliothèque du Royal Commonwealth Society à Londres, MM. les professeurs Jean Hamelin et Yves Roby de l'Université Laval, coauteurs d'une histoire économique de la province de Québec qui m'ont aimablement laissé voir leur manuscrit avant la publication de leur ouvrage, MM. Laurier LaPierre et Jean-Louis Roy, professeurs à l'Université McGill et compagnons de travail au Centre d'études canadiennes-françaises. Merci aux Éditions Fides et à l'infatigable Mme Madeleine Badeau ; merci à Mme Denyse Gauthier-Labonté, géographe, qui a réalisé les schémas cartographiques. Et à mon épouse qui a enduré le poids et la monotonie de mon laborieux loisir.

A. F.

Université Laval
20 juillet 1972

TABLE DES MATIÈRES

SCHÉMAS CARTOGRAPHIQUES

TABLEAUX

GRAPHIQUES

SIGLES

BPP British Parliamentary Papers

CHR Canadian Historical Review

GC La Gazette des campagnes

JAL Journal de l'Assemblée législative (Prov. de Québec)

JALPC Journal de l'Assemblée législative (Prov. du Canada)

RD Le Rapport Durham

CHAPITRE PREMIER

Jalons et points de repère

Examiner l'économie québécoise sous l'angle de son retard par rapport aux autres économies avec lesquelles elle a entretenu des relations d'échange, tel est le but que se propose le présent essai. La perspective est historique et elle embrasse le XIXᵉ siècle ; elle consiste à découper un ensemble nord-américain, d'y situer la province de Québec et de la comparer aux autres éléments du même ensemble. Sous divers rapports, la province de Québec s'y révèle « moins riche » que les autres, moins développée, économiquement. Dans l'ensemble ainsi découpé, qui comprend l'Ontario, et les États américains limitrophes des provinces de Québec et d'Ontario, les réseaux d'échange se seraient constitués de façon à favoriser directement la région américaine des Grands Lacs et, indirectement, le sud-central et le sud-ouest de la province d'Ontario. Les effets de « polarisation » des activités économiques auraient favorisé l'économie américaine, celle des États américains des Grands Lacs principalement, puis celle de l'Ontario, et enfin, celle de la région montréalaise, marginalement. Comment cette situation a-t-elle pu se produire ? À vouloir l'expliquer, on en arrive à considérer qu'elle s'inscrit dans le cadre d'une évolution créatrice d'inégalités. On comprend mieux ces inégalités si l'on cesse de les examiner dans l'immédiat de la courte période, et si l'on cherche à savoir comment elles se forment au cours de l'évolution, sous la pression du progrès technique. En longue période, la technologie, en modifiant les conditions de la production des biens économiques, remet tout en question, même les données physiques du milieu ; elle confère aux choses un caractère de relativité. Entendons par technologie la connaissance et la possession des moyens propres à accroître les rendements. Elle se réalise concrètement dans l'acte d'innovation qui modifie l'ordre et la proportion des facteurs de production. Schumpeter définit l'innovation comme l'exécution de nouvelles combinaisons. Or cette notion englobe de nombreux cas historiques relatifs à l'appréciation de la production, du transport et de la mise en marché, à la fabrication de produits nouveaux, ou à l'introduction de procédés nouveaux. Ainsi envisagée, dans l'optique de l'innovation, la technologie se présente comme l'ensemble des moyens utilisables dans l'industrie, le commerce, l'organisation et la gestion de l'entreprise, en vue de créer de l'utilité ou d'accroître le rendement. Parce qu'il existe une tension continuelle vers la création d'utilité ou l'augmentation du rendement, il y a changement technologique, c'est-à-dire une poussée vers les potentiels ou les disponibilités. La technologie, c'est ce qui, à un stade donné, fixe le niveau d'utilité possible des richesses de la nature (le potentiel des ressources), c'est ce qui, d'un stade à l'autre, modifie les types de production, d'appropriation des capitaux et des produits, et même la place des groupes sociaux dans un ensemble de groupes.

Comme facteur de changement, la technologie détruit et crée à la fois [1]. Au stade capitaliste, elle a libéré des forces productrices et, en même temps, elle a engendré des contraintes liées à la nécessité d'amortir le capital et d'écouler sur le vaste marché une production massive. Dans la mesure où elle affecte les réseaux d'échange, la technologie réagit sur les types de production. Ainsi une révolution dans les moyens de transport entraîne la désuétude des procédés de l'artisanat et provoque une concentration urbaine de la population, ou un mouvement de population sur de vastes aires interrégionales. Elle se présente comme un défi aux peuples, ou à leur organisation sociale, en les obligeant à se définir par rapport aux autres aussi engagés dans le processus de production et de distribution. Sur le plan des richesses naturelles, la technologie détermine les vocations régionales, elle valorise ou dévalorise les régions selon que leurs matières brutes correspondent aux possibilités techniques de transformation ou de mise en marché ; à long terme, elle provoque des phénomènes de relocalisation d'une région à l'autre.

---

1. La technique est, par définition, outil de civilisation. Elle transforme le rocher des cascades en masse de béton, elle remplace les bosquets par des bassins hydrauliques ; au nom de la civilisation, la technique chasse les oiseaux. Ainsi se crée, entre valeurs de civilisation et valeurs de culture, un rapport dialectique. L'homme n'arrive pas à s'adapter aux conditions confortables qu'il se donne. Déjà au début du siècle, Thorstein Veblen s'inquiétait de cette opposition de contrariété entre ces deux types de valeurs, entre l'ingénieur et le poète. « The Cultural Incidence of the Machine Process », dans *The Theory of Business Enterprise* (1904) et « The Captains of Finance and the Engineers », dans *The Engineer and the Price System* (1921).

Si donc, en longue période, la technologie et les autres facteurs qui y sont reliés affectent les structures de localisation de l'activité économique, il faut toutefois prendre soin de montrer que leur influence s'exerce différemment selon les types divers d'entreprise. Cette nécessaire fragmentation du sujet nous amène à choisir ceux des problèmes qui paraissent être les plus aptes à révéler comment se tissent des réseaux, comment se forment des espaces favorables ou défavorables à certains milieux et pourquoi, par exemple, les activités tendent à se concentrer en amont, vers Montréal, au cours de la période en question.

Tel est, dans ses grandes lignes, l'argument qui sous-tend l'organisation du présent essai. Il s'agit, en somme, de comprendre comment s'effectuent ou se reconstituent les localisations économiques sous l'action du progrès technique.

Une interprétation paradoxale de l'œcoumène canadien

Le problème de la localisation des activités économiques et de la formation des réseaux d'échange dans un pays ou dans un ensemble continental nous reporte à la notion géographique d'œcoumène en tant qu'expression « des différenciations régionales » [2]. Au Canada, la caractéristique du peuplement, de l'organisation et du rendement du territoire, c'est le morcellement, la dispersion, et même une très faible densité de la population et l'absence d'organisation dans certaines sections les plus anciennes apparemment riches en matières brutes. Pourquoi ces sections ont-elles été délaissées, pourquoi sont-elles devenues quasi-inhabitées ? Les économistes, reprenant pour leur compte ces concentrations, essaient d'expliquer à leur façon la formation de l'œcoumène. À cette question, la Chambre de commerce de la province de Québec a répondu de façon paradoxale, dans un mémoire présenté devant la Commission royale d'enquête sur les perspectives économiques en 1956 [3]. Elle fait état du peuplement irrégulier du Canada et, en particulier, de la faible densité de l'est de la province de Québec, par rapport aux États de l'est des États-Unis. Ainsi la côte nord du Golfe Saint-Laurent et celle de la Gaspésie apparaissent, au regard des zones américaines de même longitude, comme négligées ou délaissées. Pourquoi les richesses de l'Ungava ou de Chibougamau, pourtant connues depuis la fin du XIXe siècle, n'ont-elles pas été exploitées avant toute autre, et pourquoi pas surtout avant celles du Manitoba ou du nord de l'Ontario ?

2. Louis-Edmond Hamelin, « Typologie de l'Écoumène canadien », *Mémoires de la Société Royale du Canada*, Section I, Quatrième série, Tome IV, Ottawa, 1966 ; Louis-Edmond Hamelin, *Le Canada*, Paris, 1969. Partie II, c. 2, et c. 4 sur les déséquilibres régionaux.

3. Mémoire de la Chambre de Commerce de la province de Québec à la Commission Royale d'enquête sur les Perspectives économiques du Canada, le 18 juillet 1956. F.-A. Angers, tout en y mettant un peu plus de nuances, a soutenu la même thèse devant le *Colloque de Liège de l'Association de Science régionale* en 1964.

Paradoxale explication

La Chambre de commerce de la province de Québec dans son mémoire présenté devant la Commission royale sur les perspectives économiques soumet, en réponse à cette question, les observations suivantes :

1 — « Dans son ensemble, le peuplement du Canada est anormal, avec son développement relativement peu dense dans les régions côtières et sa pénétration en profondeur d'un travers à l'autre du continent. Une comparaison avec la carte du peuplement des États-Unis est fort significative à ce sujet. On voit que, dans ce dernier pays, le développement s'est réalisé par une occupation et une mise en valeur complète de toute la hauteur du pays ».

2 — La géographie exerce une influence sur le peuplement, certes, mais il faut éviter d'y voir un facteur déterminant, car il est aussi vrai « que parmi les régions intensément peuplées de l'est américain, il en est qui offrent certains désavantages du même genre, par rapport à d'autres qui sont plus à l'ouest. Elles n'en ont pas été moins mises en valeur de façon à donner lieu à un peuplement relativement dense ».

3 — « La configuration particulière du peuplement canadien » ne s'explique pas par les caractères géologiques ou climatiques, puisque les caractères semblables aux États-Unis semblent plutôt avoir favorisé un peuplement dissemblable. De plus, le développement économique du pays ne se serait pas déroulé selon les règles du jeu économique non plus. Une progression normale, selon l'économiste anglais Ricardo, s'effectue à partir des terres les meilleures ou les plus accessibles vers les moins bonnes ou plus distantes. Rien de tel au Canada. Aux États-Unis au contraire, la mise en valeur des meilleures terres ou l'exploitation des sites les plus accessibles et la progression vers les terres ou sites moins bons comme forme de rationalité économique semblent se réaliser dans le développement historique des diverses sections du pays.

4 — « Les richesses de l'Ungava sont connues depuis la fin du XIXᵉ siècle et celles de Chibougamau l'étaient avant que l'on ait découvert celles de l'Abitibi et du Nord-Ontario. Pourquoi ces dernières ont-elles été développées les premières, alors que les autres étaient en somme plus avantageusement situées sur le plan géographique » ? C'est un dessein politique qui a tracé cette courbe de développement économique canadien... et non le jeu naturel des forces économiques. Il y a eu dérogation au principe ricardien. Ou encore : « Cette donnée politique, qui a conditionné tout le développement canadien explique bien des choses qui n'ont rien à voir avec le jeu des facteurs naturels de localisation ».

De ces observations la Chambre de commerce de la province de Québec tire des conclusions :

a) L'économie canadienne s'est concentrée à l'intérieur (Haut St-Laurent et Grands Lacs). C'est une conséquence de décisions politiques, dit-on. À cause de la menace américaine « il a été jugé nécessaire de ne pas laisser le développement se réaliser progressivement, de la côte à l'intérieur, comme la chose s'est faite aux États-Unis ». On aurait voulu tout de suite (allusion à la politique ferroviaire des Confédérationnistes) « assurer un avancement suffisant dans tout le territoire, pour poser en somme un fait d'occupation qui éliminerait toutes les ambitions américaines ». Des zones laissées vides auraient paru comme une tentation offerte à l'Américain, éventuel envahisseur ; mais l'occupation canadienne de ces zones pour des raisons politiques a donné lieu à des comportements économiquement irrationnels. Par exemple, un Québec non exploité dans ses ressources rentables. Aujourd'hui, ces zones du Québec, délaissées par les Confédérationnistes, zones riches en matières brutes mais sous-développées, exercent une attraction sur les Américains qui aimeraient se les annexer. La faute en serait aux promoteurs du vieux réseau ferroviaire qui, en se conformant aux décrets politiques, ont tout simplement évité le Bouclier canadien.

b) « Les ressources minérales du Bouclier appelaient, autant que le blé des plaines de l'Ouest, l'établissement de moyens de communication qui en permissent la mise en valeur. Mais la donnée *chemin de fer* ayant été basée sur des exigences d'ordre politique général, ce furent les ressources minérales du Bouclier qui durent se conformer aux lignes établies. » Donc... « si la nécessité politique... n'avait pas conditionné le développement économique canadien, un effort bien plus considérable aurait été tenté pour organiser et mettre en valeur les énormes ressources du territoire québécois ».

c) « C'est dans une atmosphère de libéralisme économique qu'est née la Confédération canadienne. Sur le plan économique, c'est aux avantages d'un immense territoire libre de barrière douanière que s'attachaient les rêves des confédérationnistes. Toute mesure politique destinée à orienter artificiellement le développement économique tendait à être mise de côté comme une entrave aux véritables progrès du Canada. C'est donc en fonction du jeu des coûts comparés que devaient s'établir les localisations. Alors qu'en fait, ce n'est pas ce qui s'est passé à cause du *caractère tout politique* de l'aménagement des transports. »

Donc, la carte du peuplement canadien ne reflète pas un type de développement économique conforme au principe ricardien. Car « si les montagnes et les rigueurs climatiques du nord-est semblent avoir repoussé le peuplement vers l'intérieur, donnant pour ainsi dire raison aux contraintes géographiques, il n'en reste pas moins qu'on a méconnu les richesses de ce nord-est et qu'on a dirigé la recherche et porté les efforts vers l'intérieur, à plus grande distance de la mer ». Ainsi, on aurait agi au mépris du principe ricardien et on aurait fait injure au bon sens économique. Pourtant, d'un certain point de vue, cette orientation du peuplement n'était pas tout à fait dépourvue de rationalité économique, mais on a dit que c'était une raison économique d'Anglo-Saxon, celle qui dominait les centres de décision, celle qui a constitué le triangle Toronto-Montréal-

Winnipeg en inspirant la politique du gouvernement fédéral, et qui avait auparavant constitué l'ensemble Québec-Ontario sous le vocable de Province du Canada comme prélude à la confédération canadienne. Dans ces ensembles, la province de Québec, unie ou confédérée, n'aurait toujours été qu'un élément incapable de se donner les pouvoirs propres aux gouvernements ordinaires. Elle y aurait aliéné ses grands pouvoirs de décision. Comme section quasi-inféodée au grand ensemble anglo-saxon, la province de Québec aurait donc été négligée parce que, politiquement, elle se trouvait soustraite au circuit des décisions propres à orienter le cours de ses destinées économiques. Conséquemment on a fait porter les efforts de développement vers le haut Saint-Laurent et les Grands Lacs, dans le voisinage du complexe industriel du Midwest américain.

Pour une approche plus compréhensive

En somme, le mémoire de la Chambre de commerce de la province de Québec nous propose une interprétation de l'histoire économique du Canada. Que faut-il en penser ? Disons que cette interprétation contient un élément de vérité à retenir pour l'élaboration d'un schème plus vaste de développement économique de longue période, dans la mesure où l'on doit tenir compte des politiques économiques comme variable, entre autres. En d'autres mots, elle nous dit que la politique a exercé une influence dans le développement économique du pays. Il serait bien difficile de soutenir le contraire. Mais, dans son ensemble, elle ne possède pas la cohérence des modèles élémentaires de développement économique de longue période et, si elle peut servir de base idéologique pour l'orientation du développement futur, elle s'avère impropre à l'explication du passé. Elle axe l'efficacité économique sur la promotion ethnique et, pour cette raison, elle assume la variable politique comme déterminant du développement économique dans un cadre où celui-ci, hypothétiquement abandonné au jeu libre des forces économiques, compromettrait la promotion du groupe ethnique. Conséquemment, cette conception suppose que le développement se déroule à son meilleur si l'État qui le dirige devient entièrement et inaliénablement l'État de la nation ou du groupe ethnique. Par implication elle suppose encore que le même État couvre de sa seule et entière juridiction toute activité qui s'exerce à l'intérieur de son territoire politique. Pourtant il est rare que les espaces économiques, c'est-à-dire les réseaux de forces créés par la mobilisation des ressources, coïncident avec les territoires sur lesquels s'exerce l'autorité politique. Elle n'est pas nouvelle cette aptitude des forces économiques à dépasser les frontières politiques et à organiser des réseaux d'échange sur des aires plus vastes que les territoires sur lesquels s'exercent les souverainetés politiques. La plupart des États nationaux d'Europe nous apparaissent aujourd'hui comme le résultat historique d'une adaptation aux conditions économiques. Or la formation des États nationaux n'a pas résolu une fois pour toutes les problèmes, et l'effort d'adaptation se perpétue. Car les aires d'opération économique s'agrandissent à mesure que s'accuse le progrès technique et les espaces économiques débordent encore les espaces territoriaux. Les pouvoirs politiques, s'ils veulent contrebalancer ou réglementer les pouvoirs économiques, doivent entre eux conclure des accords ; ils doivent s'adapter aux milieux ambiants. D'autre part, le progrès technique, en provoquant la concentration des capitaux, ou des autres ressources issues de la culture, entraîne les pouvoirs économiques à s'organiser internationalement, et ils choisissent pour ce type d'organisation certains espaces territoriaux comme points d'appui parce qu'ils y trouvent des avantages appréciables. Rares sont les espaces territoriaux, politiquement organisés, qui ont pu, à quelque moment de leur histoire, exercer un contrôle absolu sur leur contenu économique. Toute économie n'est jamais entièrement économie du territoire, issue du territoire. Parce qu'elle est pour une part économie dans le territoire et comme projetée de l'extérieur dans le territoire, elle doit consentir aux liaisons d'interdépendance. Il semble donc y avoir entre espace territorial et espace économique un manque de concordance inévitable, d'autant plus que les efforts d'accordement s'y trouvent sans cesse compromis par les changements techniques.

Tout cela semble universellement admis aujourd'hui et, dira-t-on, tout groupe ethnique qui rêve de souveraineté sait bien qu'il devra tôt ou tard reconnaître cette condition d'interdépendance. D'accord. Mais nous n'en sommes pas là. Il s'agit de mettre en question une certaine interprétation de l'histoire économique qui semble minimiser l'importance des grands ensembles dans l'économie canadienne du XIXᵉ siècle et qui, au surplus, repose sur des prémisses fort contestables. En témoigne la référence au principe ricardien. C'est la faille par où s'insinue la notion de souveraineté de l'État-nation comme clef d'une nouvelle interprétation économique de l'histoire du Canada. Or, c'est une chose de rêver de souveraineté comme condition de promotion économique d'un groupe ethnique, c'en est une autre de projeter ce rêve dans l'histoire et de dire qui si la province de Québec avait été sous la juridiction exclusive du groupe francophone (confondant d'ailleurs, de ce fait, le territoire du Québec et la communauté canadienne-française), la configuration du peuplement canadien, ce que nous avons appelé œcoumène, serait aujourd'hui tout autre et l'économie du Québec aussi développée que celle des autres provinces ou États du continent.

Disons, pour respecter l'élément de vérité inhérent à la susdite interprétation de l'histoire économique du Canada, qu'une souveraineté politique de type canadien-français au Québec ou, à plus forte raison, au Canada, aurait pu orienter différemment le cours du peuplement et du développement, mais dans la mesure seulement où les politiques économiques pouvaient le faire sans violer les règles du jeu libre des forces économiques. Car les politiques économiques n'étaient au XIXᵉ siècle, elles ne le sont encore d'ailleurs, qu'une des nombreuses variables dans la détermination des réseaux d'échange et des structures de production, hormis l'« hypothèse » d'un État socialiste qui, en fait, n'a jamais existé dans l'univers anglo-américain du XIXᵉ siècle. On peut quand même retenir cet élément de vérité sans pour autant accepter comme valide la thèse à laquelle il s'incorpore. Car cette thèse repose sur au moins deux propositions branlantes. Voyons, en effet. Premièrement, du fait qu'une partie du territoire québécois ressemble aux États de la Nouvelle-Angleterre, quant à la géographie et quant au climat, on a supposé que cette portion de territoire canadien est aussi riche, et donc aussi exploitable, que les régions américaines de même longitude. Deuxièmement, du fait qu'au Canada, on a négligé l'Est, relativement, pour exploiter l'intérieur de préférence, contrairement à ce qu'on a fait aux États-Unis, on a supposé que le développement économique du Canada s'est déroulé contre la raison économique formulée par Ricardo, ou contre ce principe ricardien qui veut qu'on mette en valeur les terres par succession géographique, à partir des plus fertiles vers les moins fertiles ou moins accessibles.

La première proposition appelle une vérification historique qu'il n'y a pas lieu d'entreprendre ici. Disons plutôt, en insistant sur l'aspect méthodologique, qu'elle ne veut rien dire en regard du temps concret de l'histoire. La valeur d'un territoire dépend du potentiel qu'il contient, sol, sous-sol, forêt, etc. et il appartient au géographe d'apprécier, à un moment donné, ce potentiel. Or, avec l'historien qui introduit la dimension temporelle, cette valeur devient tout à fait relative, car elle dépend d'un certain nombre de facteurs changeants. Et à cause de cette relativité la richesse ou le potentiel des régions sont constamment mis en question. Aussi les régions sont-elles différemment appréciées, plus ou moins développées ou négligées, selon leur rapport de liaison avec des ensembles. Elles sont aussi, à diverses périodes, différemment définies : dans un temps 1, telle région peut être pauvre ou absolument dépourvue de valeur si la technologie ne permet pas d'en exploiter ou même d'en découvrir les richesses ; dans un temps 2, la même région peut se révéler très riche si la technologie lui découvre des potentiels ou la rend accessible ; dans un temps 3, cette région peut tomber en désuétude si, à cause de la technologie, elle apparaît comme fournisseuse de ressources dépassées et auxquelles la région ne peut rien substituer comme compensation. C'est ainsi que certaines zones de mono-production sont exposées à disparaître.

La deuxième proposition, appliquée comme elle l'est à l'histoire, fait injure à Ricardo lui-même. Le schème du célèbre économiste porte l'empreinte de son époque et de son milieu. Or, dans l'Angleterre de Ricardo, la préoccupation dominante était la rente (la rémunération du fonds productif), phénomène agricole, et la terre, entendue comme facteur dans la classique triade des fonds productifs, avait une signification agricole, presque exclusivement. Aussi, dans le contexte, le susdit principe ricardien de mise en valeur rappelle-t-il la terre d'utilité agricole dans une situation préalablement définie. Aucune référence aux méthodes de mise en valeur de cette terre n'y est faite. Le modèle ricardien ne tient pas compte de la variable technologique.

Dans les temps concret de l'histoire, au contraire, l'interprétation des événements économiques de la période longue où se définissent les types de localisation de l'activité économique et où se constituent en conséquence les configurations géographiques de l'œcoumène, la technologie revêt une valeur explicative de première importance, et pour deux raisons fondamentales. Premièrement, elle crée des ressources. En d'autres mots, elle confère de nouvelles dimensions à la terre qui n'avait autrefois qu'une dimension agricole. Deuxièmement, elle détermine l'utilité des nouveaux usages de la terre. Les ressources créées par la technologie peuvent-elles entrer dans le circuit des biens économiques et acquérir un prix ? Cela peut dépendre de la technologie encore, pour autant qu'elle informe les autres conditions de mise en valeur ; ce qui permet de dire que la mobilisation des ressources dépend d'une multitude de conditions historiques.

Dans notre contexte la notion de ressource va revêtir un caractère éminemment historique. Les ressources ne sont pas des données de tout repos : elles naissent, elles apparaissent sous l'impact de facteurs mouvants qui font éclater le modèle ricardien et le rendent impropre à expliquer comment les pays se développent ou devraient se développer. Le développement économique implique cet aspect de création destructive.

La notion traditionnelle ou banale de « ressource » que l'on retrouve dans le mémoire de la Chambre de commerce de la province de Québec s'avère trop étroite pour entrer dans un schème d'explication historique. Comment donc espérer y voir une source nouvelle d'interprétation économique de l'histoire du Canada et comment ose-t-on, à partir de cette notion rétrécie, expliquer la situation du Québec dans le processus de la régionalisation de l'économie canadienne.

Ne disputons point sur cette « atmosphère de libéralisme » dont il est question dans l'exposé de la Chambre de commerce et arrêtons-nous seulement à cette acception qui nous représente les « ressources » comme synonyme de matières brutes ou comme des données indestructibles. Certes, les matières brutes qu'on nomme « minerai de l'Ungava » ou « minéraux de Chibougamau » étaient là depuis fort longtemps. On pourrait parler également du zinc de Mattagami, et même des Chutes Churchill au Labrador. Comme richesses naturelles elles étaient en place en 1866, bien sûr, mais elles ne pouvaient prétendre au rang de « ressources », au sens économique du mot. Le nickel de Sudbury existait aussi mais l'incapacité de raffiner la matte le soustrayait au circuit des biens économiques, et même après qu'on eût résolu le problème de l'affinage, allait-il offrir des avantages comparables à ceux du nickel de Nouvelle-Calédonie ?

À l'échelle historique, il faut donc prendre soin de distinguer la matière brute et non économique de la matière élevée au rang de bien économique, ou la ressource naturelle au sens étroit et premier du mot, de la ressource économique qui résulte d'une combinaison et d'une interaction de facteurs. Ces facteurs, on peut les grouper sous les trois catégories classiques : terre, capital, travail, à condition d'y voir que l'évolution en modifie continuellement les contenus et les proportions.

Ressources et dynamique de l'histoire

Rappelons notre dessein d'expliquer l'économie du Québec au XIXᵉ siècle par rapport à la régionalisation de l'économie continentale, ou par rapport à la formation des réseaux d'échange et à la polarisation des activités dominantes. La représentation du développement économique comme phénomène de mobilisation de ressources nous place déjà sur la voie d'une explication conforme à ce dessein. Aussi convient-il de préciser une notion économique de ressource, puisque cette notion doit servir à l'analyse des problèmes pertinents.

Dans la perspective de l'histoire, on appelle « ressource » ce qui contribue à la production de biens économiques par un agencement harmonieux des facteurs énumérés dans la triade classique : terre, travail, capital. Au sens strict serait ressource « naturelle » ce que la nature offre à l'homme, et qui peut satisfaire quelque besoin sans qu'il soit nécessaire d'y imposer une transformation ou d'y appliquer un travail onéreux ou coûteux. Cette donnée ne répond plus guère à la réalité du monde technique d'aujourd'hui. Pourtant par abus de langage, par analogie (ou nostalgie), on continue d'employer ce vocable pour désigner, à la fois, un don de la nature et une matière brute qui entraîne ou exige des procédés complexes de mise en valeur. Parfois, dans ces procédés, la nature, entre autres facteurs, participe relativement peu à la création du bien visé. La part de la nature dans sa réalisation représente plutôt un point de départ, une première étape de l'évolution vers un terme où tout devient en quelque sorte ressource humaine, où l'art et la technique imprègnent toute chose susceptible de quelque utilité [4].

L'histoire du Québec fournit un exemple intéressant de la relativité et du caractère fonctionnel des ressources. Dans son immense étendue et formation précambrienne qu'on nomme Bouclier laurentien, elle montre bien ce qu'entraînent ces dons de la nature tels que le castor, le bois, l'eau, le minerai, dans leur succession historique, comme conditions de mise en valeur ; elle illustre comment les ressources naissent et disparaissent, et

---

4. Jean Gottmann, « De l'Organisation de l'Espace », *Revue Économique*, I, mai, 1950 ; sur les implications sociales voir W.F. Ogburn, « Changing Human Nature versus Controling Social Evolution » dans *Social Change*, N.Y., 1922, et « The Responsibility of the Social Sciences » dans *Recent Social Changes in the United States*, Chicago, 1927. Par contraste, H.F. Williamson illustre la faiblesse de conceptualisation dans l'usage du mot *ressource* : « Prophesies of Scarcity or Exhaustion of Natural Resources in the United States », *American Economic Review*, Papers & Proceedings, May 1945.

comment un même territoire peut être tantôt riche tantôt pauvre, comment une région peut être différemment appréciée à diverses périodes de l'histoire. Qui niera l'importance de cette perception globale des ressources dans l'étude des problèmes historiques de l'économie québécoise ?

Les vicissitudes du Québec à l'intérieur d'un univers qui conditionne son comportement, univers en perpétuel changement, reflètent la multiplicité des ressources nécessaires à son développement et la complexité des réseaux ou espaces économiques que pareilles ressources engendrent. Ces ressources, de toute évidence, ne sont pas toutes naturelles.

La démarche historique de la mise en valeur du territoire québécois procède du simple au complexe, le simple représentant un stade où l'agent humain subit fortement les contraintes de la nature et où, par contre, il attend beaucoup de la nature. Son comportement en est un d'adaptation passive. Au stade complexe, l'agent humain joue un rôle d'adaptation dynamique aux forces de la nature qu'il utilise à bon escient. Il peut aussi contourner ou éliminer les obstacles : ce qui est une autre forme d'adaptation dynamique. Dans la marche vers le stade complexe, les forces de la nature exercent de moins en moins de contraintes sur l'activité humaine et sur les modes de vie. Les contraintes géographiques diminuent à mesure que les techniques se développent. En revanche, les victoires de l'homme technique sur la nature deviennent des entreprises de l'homme de plus en plus associé à l'homme et dépendant d'efforts collectifs ; elles deviennent des paris de la culture sur la nature. De plus, ces victoires et ces paris revêtent une dimension comptable, et ils engagent le crédit des générations futures. Des victoires coûteuses engendrent des dettes dont il faut répartir le fardeau sur plusieurs générations ; elles exigent le concours de facteurs dispersés à travers plusieurs territoires politiques. Les entreprises contemporaines de haute technicité ont modifié l'échelle du temps et de l'espace. Elles ont bouleversé les calculs anciens, au niveau des entreprises et au niveau des gouvernements ; elles ont provoqué, depuis longtemps déjà au Québec et au Canada, l'avènement de l'économie mixte, ce paradoxal aspect du libéralisme économique des pays neufs au XIXe siècle.

Pourtant cette réalité fondamentale du monde contemporain ne doit pas obscurcir la réalité d'autrefois et nous empêcher de voir les étapes successives de l'adaptation au milieu nord-américain, l'évolution des formes d'adaptation, depuis la phase de moindre passivité jusqu'à la phase éminemment dynamique des temps contemporains, et depuis l'organisation locale ou régionale jusqu'à l'organisation pluri-territoriale. Car, l'histoire nous le révèle, chaque stade de développement a laissé sa marque dans les institutions du Québec.

Dans ce déroulement du simple au complexe, l'héritage social se développe et augmente d'autant l'efficacité de l'homme. Mais, en même temps, on dirait que les ressources deviennent de moins en moins naturelles et qu'elles se présentent davantage comme des potentiels chargés de résistance et inhibés de coûts. Transposés sur le plan de la finance publique, ces coûts engendrent une influence nouvelle : celle des dettes publiques sur les décisions politiques. On dirait que les finances pèsent plus aujourd'hui dans la balance des décisions que ne pesaient autrefois les contraintes du milieu physique.

* * *

Le facteur clef dans l'explication du processus économique de l'histoire, c'est la technologie qui modifie constamment les choses, le rapport des choses entre elles, et les relations humaines. Or ce facteur est absent du modèle ricardien auquel il a été fait allusion précédemment ; et pour cette raison le modèle ricardien s'avère inutile à l'analyse historique. Que si l'on veut retenir comme cadre d'analyse la trilogie classique des fonds productifs, il faut en dynamiser le contenu par l'insertion du facteur technologique.

La technologie est un attribut de la culture, l'apanage de l'homme pensant et dialoguant avec la nature, se donnant un outillage et le modifiant ou renouvelant sans cesse. C'est le facteur omniprésent ; il imbibe tout, il confère aux choses anciennes des dimensions nouvelles. Tout part de l'homme face à la nature, et avec l'homme tout devient dynamique.

Dans les sociétés industrielles d'aujourd'hui, les fonds productifs présentent une multitude d'aspects plus ou moins interdépendants, tous soumis à la loi du changement.

La nature (terre), sous l'impact des techniques, se révèle graduellement. Elle dévoile de nouveaux potentiels : agricoles, forestiers, miniers, hydrauliques, touristiques. Avec les techniques contemporaines de transport et de communication, les résistances s'affaissent ou disparaissent : obstacles topographiques, dispersion géographique des matières brutes, éloignement des marchés. La demande des centres métropolitains ou quelque autre forme de concentration des marchés permettent d'organiser la production massive à l'échelle des coûts décroissants.

Les instruments (le capital, de plus en plus complexe) se résolvent en capital financier, capital technique, capital social : transport, sociétés, gouvernements, enfin tout ce qui fait objet de savoir et d'organisation. Tout ce qui est nécessaire aux liaisons des fonds productifs sur des aires plus ou moins vastes apparaît ici sous forme institutionnelle.

L'homme (travail) signifie population active. Son efficacité est fonction de ses qualités naturelles, ou acquises par entraînement ou éducation. Au début de l'ère industrielle cette force était fractionnée, atomisée, individualisée. L'École classique d'économie politique en a fait une catégorie spéciale par besoin d'isoler les mécanismes de rémunération de ce nouveau facteur issu de la révolution industrielle. Par la suite l'histoire de ce facteur en fut une de socialisation graduelle par un mouvement soutenu de résistance à son contraire, le capital.

La résolution des catégories de fonds productifs en fonctions tour à tour multipliées et regroupées par la technologie en progrès depuis le début de l'ère industrielle nous place devant une masse de matériaux historiques, où toute chose semble dépendre de l'autre, un ensemble si complexe qu'on a l'impression de n'y trouver aucun avantage à l'aborder. Pourtant cette démarche nous semble nécessaire si l'on veut éviter l'ineptie d'une interprétation historique comme celle que proposait la Chambre de commerce de la province de Québec devant la Commission royale d'enquête sur les perspectives économiques en 1956. Dans ce schème d'interprétation l'on privilégie quelques éléments historiques, importants sans doute, mais on les déforme en les extrayant de leur contexte et en les dissociant des autres qu'on ignore systématiquement, et on leur impute valeur de causalité. Il en résulte une thèse claire et simple. Cet artifice qui semble à plusieurs innover dans l'historiographie du Canada peut procurer quelque satisfaction idéologique mais, comme effort d'explication globale, il répugne à l'économique parce qu'il omet l'essentiel. Mieux vaut donc affronter la complexité, quitte à livrer un produit incomplet et encore chargé de questions, que de donner une réponse claire mais infidèle aux réalités fondamentales du processus économique. Certes, toute histoire est un construit mais c'en est un qui doit respecter le caractère des matériaux qui le composent. Parce que les matériaux du passé occupent pour ainsi dire des lieux chronologiquement désignés et logiquement assignés de l'ensemble, il n'est pas loisible d'en faire un usage arbitraire, comme si l'on manipulait un passé sans histoire.

Points de repère

Par le biais des localisations économiques soumises à l'action du progrès technique, nous essayons de comprendre pourquoi, dans l'univers auquel appartient l'économie du XIXe siècle, se développent des inégalités entre les diverses sections de cet univers, et comment la province de Québec se situe par rapport à la tendance des activités dominantes à se concentrer en certains lieux. Les incidences de cette tendance, et donc l'impact de celle-ci sur les composantes géographiques, diffèrent selon les stades d'évolution technologique auxquels correspondent différentes formes d'accumulation de capital, à savoir : la canalisation, la construction des chemins de fer, l'industrialisation et la mécanisation agricole, la formation des complexes sidérurgiques, dans le cadre chronologique du XIXe siècle.

L'enquête sur l'efficacité (performance) de l'économie québécoise demeure une question difficile. Amorcée sous la férule de la Statistique, elle doit se continuer avec la collaboration de la Théorie et de l'Histoire. Du point de vue de l'histoire, on peut dire que la richesse d'un pays (une unité territoriale politiquement définie) dépend d'un certain nombre de facteurs réductibles à sa géographie, sa population, ses institutions ; et pourtant, même si un pays possède ou contrôle ces facteurs de base, il ne s'ensuit pas nécessairement qu'il réussisse à s'imposer économiquement. Pour devenir efficace, l'économie d'un pays doit réussir à produire une valeur croissante de biens en abaissant le coût des facteurs employés à les produire. Et telle est la notion de productivité : le rapport entre la valeur de production et le coût des facteurs mis en œuvre pour l'obtenir. Ce rapport dépend, entre autres conditions, de la qualité des facteurs, comme, par exemple, la teneur des minerais, leur accessibilité, etc. ou d'une substitution marginale d'un facteur à un autre.

L'efficacité industrielle d'un pays dans un ensemble donné dépend, fondamentalement, des richesses de la nature soumises à son contrôle. De ces richesses sont tirés des biens économiques par des procédés de plus en plus complexes. Les matières brutes n'étant que des potentiels, il faut, pour les transformer, recourir à des moyens coûteux. On peut donc dire que les biens économiques naissent de la combinaison des richesses de la nature et des richesses de la culture ; ce qui veut dire en somme, dans le temps concret de l'histoire, que l'aptitude économique se définit par rapport à la présence d'un potentiel, et d'une culture capable d'actualiser ce potentiel.

À cause des exigences techniques de l'économie contemporaine, il est assez rare que l'organisation économique d'une région ou d'un pays se réalise sans le concours de facteurs ou d'agents extra-territoriaux. En d'autres mots, les constituants techniques de l'organisation ne se trouvent pas tous ramassés dans un seul territoire politiquement organisé, et des liaisons se trament qui débordent les frontières politiques. Ainsi se créent des réseaux reliés à des pôles extra-territoriaux. D'où la notion d'espace économique pluri-national.

On peut donner de l'espace économique une définition négative et une définition positive. L'espace économique n'est pas une aire d'opération constituée d'éléments homogènes ou juxtaposés, non plus que cette réalité définie par les géographes ou les sociologues lorsque ceux-ci parlent, par exemple, d'une communauté rassemblée dans un espase concret et homogène ; il n'est pas non plus cette réalité contenue à l'intérieur de frontières politiques. L'espace économique se définit par un réseau de relations qui réunit les facteurs nécessaires pour obtenir un résultat économique. Il peut donc y avoir autant d'espaces économiques qu'il y a d'entreprises économiques. Ainsi, à l'entreprise sidérurgique en voie de développement au dernier quart du XIXᵉ siècle, correspond un espace économique qui déborde les cadres d'une seule juridiction politique.

Pour l'école française qui a développé cette notion, l'espace économique est un phénomène de « région polarisée », c'est-à-dire, « un espace hétérogène dont les diverses parties sont complémentaires et entretiennent entre elles et tout spécialement avec les pôles dominants, plus d'échanges qu'avec la région voisine »... C'est un « champ de forces », i.e. « une aire d'influences économiques » [5].

C'est un truisme de dire que l'activité économique se déroule à l'enseigne de la rationalité [6]. Cela veut dire que, normalement, l'acte économique se présente comme une rationalisation en vue d'une plus grande efficacité. Reste à voir comment, dans une société donnée, cette maximisation est mise en œuvre et réalisée. Alors, puisqu'il faut tenir compte des comportements réels, ou des déviations de la norme, on ne se demande plus si le social influe sur l'économique, ou l'économique sur le social. L'activité économique se déroule dans la société qui l'englobe ; elle reçoit de cette société des impulsions, elle engendre des effets sociaux. Les êtres humains, individus ou groupes, y sont impliqués. La formation des réseaux ou espaces économiques détermine la répartition géographique de la population, la formation d'un œcoumène.

Les changements économiques ont des conséquences sociales, et les situations sociales influent sur les comportements économiques, positivement ou négativement. La rationalité, qui s'exerce sur le choix des moyens essentiellement mouvants, implique perpétuel changement et renouvellement constant ; elle s'impose donc comme un défi aux individus ou aux groupes, ses sujets économiques. Quand, en réponse au défi, les écarts de rationalité sont trop prononcés, il peut arriver que les facteurs ne soient pas combinés de façon efficace ; quand, en général, les sujets économiques ne sont pas capables de répondre aux normes de l'efficacité, ils risquent d'être écartés ou ignorés. Ainsi, la rationalité et son corollaire, le changement, entraînent un processus de sélection au terme duquel les individus, les groupes ou les sociétés, incapables de s'adapter aux exigences du milieu ambiant, s'y trouvent éliminés ou retardés économiquement.

---

5. Encyclopédie Française, Vol. IX, Section H., ch. III.
6. Pas nécessairement inspirée de la psychologie élémentaire des Logiciens (homo oeconomicus) ni de la psychologie de l'homme *conditionné*. « C'est une rationalité composite, où les influences réellement rationnelles se mélangent intimement aux influences qui paraissent rationnelles ; de ce composé naît l'homme « réel », ni absolument cartésien, ni absolument conditionné ». Jean Marchal, *Cours d'Économie Politique*, Tome I, p. 335 ; Jean Lhomme, « Les Phénomènes Économiques en tant que phénomènes 'nombreux' », *Revue Économique*, I, mai 1950.

CHAPITRE II

La province de Québec: la voie laurentienne

L'ambition laurentienne d'occuper les pays d'en haut est née avec l'empire français en Amérique du Nord ; elle a eu pour complice l'expansionnisme de la traite des fourrures, c'est-à-dire la nécessité inscrite dans ce commerce d'étendre sans cesse son champ d'opération afin de maintenir un volume de production en proportion avec les dépenses fixes ou générales. À cette nécessité s'ajoutait le militarisme, c'est-à-dire, cette tendance à organiser la défense contre l'éventuel envahisseur qui logeait par delà les montagnes sur les côtes de l'Atlantique. Dans le sud-ouest, de l'Illinois à l'embouchure du Mississipi, et sur l'Ohio, commerce et milice s'appuyaient mutuellement. Le commerce se doublait d'un appareil militaire ; les fortifications protégeaient les routes de commerce. De part et d'autre, l'aventure était coûteuse, et les résultats se soldaient, au niveau de la finance publique, par des déficits, ou par des expédients monétaires propres à entretenir l'inflation. Les Français avaient vu grand, mais les administrateurs n'arrivaient point à résoudre les problèmes économiques qu'occasionnait cette politique de grandeur.

La Salle, Marquette et Jolliet avaient exploré la vallée du Mississipi depuis le pays des Illinois jusqu'à l'embouchure du Mississipi et ils avaient jeté les bases d'une colonie néo-française, la Louisiane. Détroit fut fondé en 1701 par de Lamothe Cadillac comme poste de traite et comme fort militaire. De la Vérendrye atteignit les montagnes Rocheuses en 1741, franc ouest, comme le tracé de la puissance du Canada établie en 1867 *a mari usque ad mare.*

Non, le Canada n'est pas une création anti-géographique et sans raison économique comme on a voulu le faire croire, et comme l'ont cru certains pour avoir accepté sans critique le donné géographique. En effet, des traits géographiques comme les chaînes de montagnes et les plaines ont amené certains observateurs à conclure que les axes d'activité auraient dû se tramer nord-sud et non est-ouest, et que l'aventure transcontinentale relève de la pure stratégie politique. Disons que cette assertion exprime une demi-vérité. Mais alors, quelle serait donc l'autre demi-vérité qui rende compte du transcontinentalisme comme réalité canadienne ?

Il faut bien reconnaître le caractère historique des faits en les inter-prétant en fonction de leur âge technologique. Or, à l'origine du Canada, l'on en était à l'âge du canot et le réseau hydrographique du nord permet-tait une expansion nord-ouest et ouest aussi bien que sud-ouest. De plus, la chasse aux animaux à fourrure qui soutenait la course vers l'intérieur entraînait davantage vers le nord-ouest que vers le sud-ouest. Voilà une autre dimension technologique. D'autres dimensions découlent de l'envi-ronnement.

Géographie et stratégie commerciale

Au sud du système laurentien se situaient des colonies du même âge commercial et assujéties aussi à certaines contraintes géographiques et dont les destinées, pour cette raison, auraient pu s'orienter sud, sud-ouest, dans les limites tracées par la chaîne des Appalaches. Mais la nature leur avait ménagé une voie d'accès vers l'intérieur. De New York par le fleuve Hudson vers le lac Champlain et, de là, par le Richelieu vers le fleuve Saint-Laurent d'une part et d'Albany sur le fleuve Hudson, par la vallée de la Mohawk vers le lac Érié, d'autre part. Au début, les pressions s'exercent du sud vers le nord, via lac Champlain pour le contrôle du Saint-Laurent. La vallée de la Mohawk était gardée par la plus intrépide des tribus indiennes, celle des Iroquois. La présence des Iroquois en cette vallée retardait l'avance des Anglais vers l'intérieur. Pour les Français, l'accès aux Grands Lacs s'avérait plus facile. Arrivés aux Grands Lacs les Français se trouvaient séparés des Anglais par les Iroquois, dans la mesure où ils pouvaient s'assurer de la neutralité des Iroquois. Les Fran-çais ont devancé les Anglais dans l'Ouest et dans le sud-ouest.

Dans la vallée du Saint-Laurent, en 1763, l'armée anglaise remplaçait l'autorité française, cependant que les Néo-Anglais des colonies atlantiques se préparaient à conquérir leur titre d'Américains. Tout est révolu en 1783. Et avec des frontières toutes neuves apparaissait une nouvelle pro-vince de Québec.

Pour les besoins de notre exposé essayons d'esquisser les traits géo-historiques de cette province de Québec de la conjoncture des années 1774-1783.

Parmi les caractères physiques de ce territoire susceptibles d'affecter fondamentalement le comportement de ses habitants et l'efficacité de leurs entreprises, il faut mentionner sa situation dans le plan global par rapport au voisinage, son climat, son sol, sa forêt, ses voies naturelles de transport et de communication. Ainsi envisagé le territoire présente des particularités curieuses. D'une part, une énorme péninsule tournée vers les mers du nord, immense plateau de formation précambrienne ; d'autre part, sa partie habitée (le plateau des Appalaches et la plaine laurentienne) s'y trouve disloquée du plateau laurentien par un fleuve immense qui prend sa source dans les mers intérieures à quelque douze cents milles des côtes et qui se déverse dans l'Atlantique du nord. La portion mineure du Québec, celle qui représente son œcoumène, i.e., la plaine et le plateau des Appalaches, est divisée géographiquement, Depuis la fin du XVIIIe siècle, on y trouve deux types de peuplement, deux univers : celui de la plaine, francophone de structure seigneuriale et de religion catholique romaine, celui des Appalaches, notamment les Cantons limitrophes des États-Unis, anglophone, de religion protestante, de structure agricole et commerciale.

Voilà comment se présente la province de Québec depuis l'invasion des Loyalistes dont on a reconnu les droits dans la constitution de 1774. On en avait fait une province bilingue, biethnique, bireligieuse, bicentrique, biculturelle. La province de Québec n'est plus une province française dans un environnement anglo-saxon ; elle est une province qui porte en elle-même une dualité de culture, l'ancêtre même du biculturalisme contemporain. Elle n'est pas une province à qui le fédéralisme a imposé le bilinguisme, elle est la province qui l'a engendré.

Dans le Québec proto-industriel les Canadiens français occupaient la partie la plus riche, la plaine laurentienne, qui se trouvait, du reste, la mieux située quant aux grandes voies commerciales ; mais ce territoire qu'ils occupaient était en quelque sorte encerclé. Il se trouvait bloqué en direction nord-est par les Laurentides car, hormis le bois de commerce, on ne voyait pas grande utilité dans ce rébarbatif Bouclier laurentien depuis l'affaissement du commerce des fourrures. L'Est gaspésien se dressait comme une barrière et l'habitat se limitait aux côtes. La population y vivait de pêche. La section appelée Cantons de l'Est était occupée par des Américains avides de terres à bon marché et que *Le Canadien* de Bédard comparait aux Ostrogoths des vieux pays. Ce coussin d'Anglais remplissait une fonction analogue à celle de l'Iroquoisie d'autrefois qui séparait les Français des Anglais. Les autochtones du Québec s'y trouvaient donc singulièrement limités à la plaine dont ils auront assez tôt fini d'occuper les terres cultivables. La navigation du fleuve qui servait de voie d'accès et de transport intérieur devait forcément fermer durant les mois d'hiver, soit environ cinq ou six mois durant l'année. L'écart entre l'été et l'hiver était si marqué qu'on croyait, d'un extrême à l'autre, y vivre en deux pays différents.

Si maintenant nous englobons dans notre perspective le Haut-Canada qui devient, dans le nouveau cadre constitutionnel de 1840, la section occidentale de la province du Canada, un contraste ne manque pas d'attirer l'attention entre le Canada de l'ouest qui s'étend vers le sud-ouest et un Canada de l'est qui se prolonge en bande étroite vers le nord-est et dont les centres d'activité sont pratiquement privés de hinterland. D'une part, un impitoyable éperon américain, cette partie inhabitée du Maine, pénètre en territoire québécois, d'autre part, la péninsule ontarienne présente la situation contraire : une intrusion ontarienne en territoire américain. Comme conséquence, les Ontariens (les habitants du Canada-ouest) auront pour voisins immédiats les grands centres d'entreprise américains, et les Québécois (les habitants du Canada-est) la faune du Maine : des ours et des orignaux. Un nouvel âge technologique va-t-il corriger cette distorsion ? En tout cas, on n'y pourra rien contre les rigueurs climatiques infligées au Québec ; et la côte nord restera rébarbative et sans utilité aussi longtemps que la technologie ne l'aura pas intégrée dans un réseau industriel.

Dans le mémoire de la Chambre de commerce de la province de Québec cité au chapitre premier et qui nous sert de propos de départ, il n'est pas dit que la situation biethnique du Québec a joué au détriment des Québécois francophones. On prête plutôt au Québec une homogénéité ethnique et culturelle qu'il n'a pas. Par contre, ce qui est postulé dans ce mémoire, c'est une situation résultant d'une association politique avec les anglophones, dans la confédération des provinces, et qui aurait eu pour conséquence de priver les Canadiens français de leur liberté de décision en matière économique. Établis principalement dans la région des Grands Lacs, les Anglo-Américains, les maîtres, auraient naturellement incliné à développer les entreprises dans cette région et à délaisser les autres de l'aval. Mais si les Anglophones avaient eu libre accès à la province de Québec, ou s'ils avaient été les seuls et premiers occupants de ce territoire, que serait-il arrivé ? Paradoxalement, l'économie de l'Ontario se serait-elle située en territoire québécois ? En répondant oui l'auteur du mémoire de la Chambre de commerce suppose vrai ce qui, précisément, est mis en question.

Commerce et technologie de la canalisation

Essayons donc de voir comment se sont présentés les avantages comparatifs des différents territoires et comment se sont effectuées les diverses mutations de types de localisation. C'est envisager l'économie du Québec objectivement, et non subjectivement ou par rapport à ses groupes composants. Car il faut dire, pour dissiper une ambiguïté, que l'économie de la province de Québec désigne l'économie d'un territoire présentant une certaine homogénéité spatiale, délimité politiquement mais non fermé aux relations extérieures. L'économie de la province de Québec fait partie d'un ensemble, elle se rattache à de multiples champs de force. Or l'activité qui se déploie dans ce vaste ensemble va-t-elle favoriser particulièrement telle ou telle partie de cet ensemble ? Quels sont les avantages particuliers au Québec, et qui inciteront les entreprises à se situer dans cette province, ou qui inclineront les décisions — ou les forces du marché, en sa faveur ? Nous essayons de répondre à cette question dans le présent chapitre en nous plaçant dans l'optique des promoteurs de la canalisation du Saint-Laurent après les troubles de 1837-38.

Pour le Québec la participation au grand commerce océanique impliquait une certaine liaison avec les régions du Canada de l'ouest et, conséquemment, une concurrence avec les Américains. Dans cette tension vers l'intérieur allait se décider les vocations métropolitaines de Québec, de Montréal et de Toronto, comme concurrentes de Portland, Boston, New York. L'attrait des Grands Lacs devait provoquer deux entreprises parallèles et concurrentielles : le canal Érié et la chaîne des canaux canadiens reliant Montréal aux Grands Lacs [1].

Le canal Érié devait relier Albany-Troy sur le fleuve Hudson à Buffalo et Oswego sur les lacs Érié et Ontario par la vallée de la Mohawk. Le projet avait été proposé pour la première fois par deux promoteurs dans une pétition à l'État de New York, le pressant de demander au Congrès une concession de terres à ces fins (4 000 000 d'acres) et une subvention en argent pour l'exécution des travaux, mais l'Ouest s'était montré réticent et avait soumis qu'il serait préférable d'utiliser les voies alternatives du Saint-Laurent et du Mississipi si seulement on se donnait la peine de faire les améliorations nécessaires. Mais c'est le canal Érié qui allait l'emporter, comme entreprise d'État. Et en 1817 le gouverneur de Witt Clinton ordonnait le commencement des travaux. Le canal Érié, une voie de 40′ x 4′ (pour barges de 30 tonnes) sur 360 milles de longueur fut terminé en 1825 au coût de $7,1 millions. Or tel fut le succès de cette entreprise qu'elle put amortir son capital en dix ans. D'autres États l'imitèrent, sans remporter toutefois un succès comparable à celui de New York. Dans l'État de New York encore le canal Champlain, terminé en 1832, reliait le lac Champlain au fleuve Hudson, première étape de la voie internationale Richelieu-Hudson.

Le canal Érié et son embranchement d'Oswego sur le lac Ontario (terminé en 1829) marquent une phase nouvelle dans le développement de l'Ouest, dans la promotion du rôle métropolitain de New York et dans le développement des centres commerciaux et industriels le long de cette

---

1. Le schéma I, p. 22, situe Québec et Montréal dans l'ensemble nord-américain à l'âge de la canalisation.

Schéma no I : réseau de navigation intérieure en 1833.

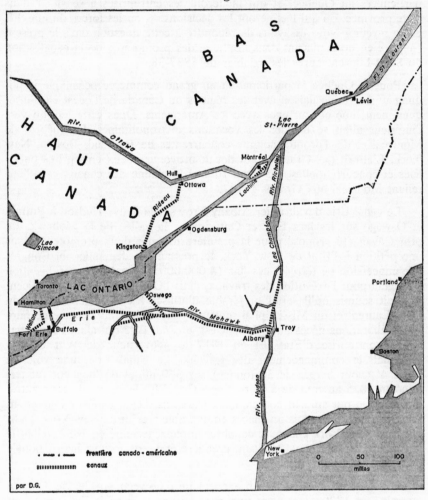

voie de navigation intérieure. L'Ouest y exporte ses surplus agricoles et importe des produits manufacturés de l'Est, au dixième du coût de transport d'autrefois. L'Érié devient la voie de pénétration pour les immigrants (4 jours de voyage de Troy-Albany à Buffalo) ; Buffalo devient un entrepôt de grains et l'industrie de la meunerie s'y développe. Sur le plan stratégique le système Érié-Oswego modifiait les réseaux de la concurrence nord-américaine.

L'exploit de l'État de New York fut interprété comme un défi par les provinces du nord qui rêvaient de conquérir une part du commerce des États de la région des Grands Lacs ou qui, tout au moins, acceptaient mal de voir le commerce du Haut-Canada se déverser sur New York. Le Saint-Laurent, don de la nature, n'était pas navigable comme tel dans tout son parcours. La dénivellation de sa course des Grands Lacs au hâvre de Montréal se fait par cascades qu'il fallait circonvenir par autant de barrages et d'écluses. Aussi les premiers efforts de canalisation remontent-ils au XVIIIe siècle. Entre 1779 et 1783, les ingénieurs royaux bâtissaient les premières écluses pour franchir l'étape du lac Saint-Louis au lac Saint-François. Les écluses en pierre de 40′ x 6′ à 30 pouces de profondeur, pouvaient accommoder des navires plats de 5,5′ de largeur par 35 pieds de longueur (bateaux). Ces écluses furent agrandies à 110′ x 12′ et approfondies à 4 pieds, de 1800 à 1804. Cette nouvelle dimension amena un nouveau type de navire, le *Durham boat,* sorte de barge américaine, pouvant contenir jusqu'à 350 barils de farine, soit dix fois plus que l'ancien « bateau » qui était une sorte de gondole.

Le premier canal Lachine fut terminé en 1825, l'année même de l'Érié dans l'État de New York. C'était aussi une entreprise d'État. Sa profondeur était de 4,5′. Le canal Rideau reliant Kingston à Bytown sur l'Outaouais, fut construit par le ministère britannique de la Défense à 5′ de profondeur ; il fut terminé en 1832. Le Colonel By avait dirigé les travaux. Quant à Welland, il en était question depuis 1818. En 1823, une Commission du Haut-Canada en recommandait la construction ; et en 1824 une compagnie commençait la construction de 40 écluses de bois de dimension 110 x 22 x 8′.

Ce premier canal Welland qui utilisait la route des rivières Niagara et Welland fut terminé en 1829 ; il fut reconstruit en 1833 et prolongé jusqu'au lac Érié [2].

Capital et développement économique du Haut-Canada

Tous ces travaux ont leur histoire financière. On y voit d'abord l'entreprise privée hésiter, tergiverser, puis faire faillite ou se désister et le gou-

2. J.A.L., Canada, 1849, App. B.B. (N) ; W. Kingsford, *The Canadian Canals,* Toronto, 1865 ; T.C. Keefer, « The Canals of Canada », *Transactions of the Royal Society of Canada,* 1893.

vernement assumer la tâche comme œuvre d'utilité publique. Le Haut-Canada, compromis dans l'entreprise du canal Welland, s'était déclaré incapable de prélever du capital au minimum nécessaire ; compromis aussi dans l'entreprise du canal Cornwall il avait dû suspendre les travaux pour des raisons financières et se déclarer insolvable. Il n'est pas inopportun d'insérer dans le présent contexte cette phase de l'histoire technique et financière de la canalisation antérieure au régime d'Union. Retenons son caractère d'urgence ou de nécessité.

Avant 1840, la navigation canadienne pour le service des pays d'en haut (la plaine laurentienne en amont de Montréal) s'avérait insatisfaisante et incapable de concurrencer efficacement le système rival du plateau de l'État de New York et de la vallée de la Mohawk, système qui allait servir de déversoir pour les produits du hinterland au profit de New York. Avec Lachine, Rideau et quelques aménagements mineurs sur la rivière Ottawa, on avait aussi ouverture sur le port de Montréal mais c'était une voie détournée et coûteuse ; une voie qui ne répondait pas aux exigences techniques d'un véritable système de navigation intérieure. Aussi, après qu'on eut suspendu les travaux de Cornwall au cours de la crise commerciale et financière du Haut-Canada, on commençait à parler d'un plan d'ensemble à base de responsabilité partagée entre le Haut-Canada et le Bas-Canada. De là allait se poser le célèbre problème de l'union des deux Canadas. Doit-on y voir une stratégie pour entraîner le Bas-Canada à partager la responsabilité d'une dette déjà contractée par le Haut-Canada ? Ce système de navigation dont on dit avoir besoin urgent, ne serait-il qu'un prétexte politique ? Et pourquoi le Bas-Canada appartiendrait-il à cet univers d'union, pourquoi ferait-il cause commune avec le Haut-Canada ?

Dans notre perspective la canalisation se présente comme une œuvre de grande portée économique, et l'Union comme une mesure constitutionnelle visant une restructuration fiscale. Elle se justifie d'elle-même du point de vue des affaires, indépendamment des impératifs politiques ou des visées impérialistes. Elle représente un bien public pour le Bas-Canada comme pour le Haut-Canada. Pareille entreprise d'État de la part d'une province divisée sur le plan culturel, et d'ailleurs fortement différenciée sur le plan géographique, allait quand même devenir sujet de tension politique. C'est explicable. D'abord, une voie navigable jusqu'à la tête des Grands Lacs mettait au jour les avantages comparatifs du Canada-ouest, puis on a dit que les dettes contractées pour la canalisation favorisaient davantage le Canada-ouest que le Canada-est.

La canalisation, entreprise d'État, était un acte d'intervention et de promotion, et non de création. Autrement dit, elle répondait à un besoin d'agents économiques déjà existants, elle possédait le caractère d'un investissement induit par l'activité commerciale. Elle ne découlait pas d'une décision autonome ou étrangère à la rationalité économique, elle ne revêtait pas le caractère d'un acte purement politique, puisqu'elle accomplissait ce que l'entreprise privée ne pouvait réaliser. Tour à tour effet et cause dans l'enchaînement des faits, elle était, au point de départ, un investissement de capital exigé par une activité économique déjà polarisée dans le Haut-Canada (Canada-ouest) et cherchant à se donner un axe de raccordement avec un port de mer. Il était normal que Montréal ambitionnât d'exercer, dans ce cadre, une fonction métropolitaine.

Déjà avant la guerre anglo-américaine de 1812 existait un réseau d'échanges entre les États américains des Grands Lacs et le Haut-Canada, échanges fondés alors sur la nécessité, car la province canadienne ne produisait pas assez pour se sustenter. Il y eut commerce clandestin durant la guerre et, après 1812, les relations normales reprirent comme auparavant. Puis il y avait eu migration de personnes et de capitaux ; des Américains avaient organisé une flotte de cabotage sur le lac Ontario. Des charpentiers s'y étaient établis comme constructeurs de navires. Jusqu'à l'ouverture de la navigation d'Albany à Buffalo, une partie du commerce du Vermont et de l'État de New York se transigeait via le Saint-Laurent sur l'axe Champlain-Richelieu. Avec l'Érié le Vermont s'américanise et toute la vallée de la Mohawk écoule ses produits par cette voie. Le Saint-Laurent s'y trouve délaissé : Québec et Montréal y perdent une partie de leur commerce. En 1831 des intérêts américains s'associent sous la raison sociale The Ontario and St. Lawrence Steamboat Company, par une loi de la législature de New York, au capital de $100 000. La compagnie a siège social à Oswego et son but avoué est de faire le cabotage des Lacs et du Saint-Laurent, elle fait aussi le commerce d'Oswego avec Syracuse et New York [3].

Jusqu'en 1835, selon le *Montreal Gazette* les exportations aux États-Unis avaient été des produits britanniques en transit. Les États-Unis et le Canada limitrophe produisaient sensiblement les mêmes produits mais, la population américaine augmentant, le bois et certaines denrées se font rares et des marchands américains achètent au Canada du bois et du blé, de la farine. De l'avis du *Montreal Gazette* ce trafic trouvait un stimulant dans la hausse des prix américains, surtout dans les régions américaines sollicitées par les mouvements migratoires vers l'Ouest que l'on disait plus fortes que jamais auparavant en 1835. On remarque aussi qu'il y a exportation de bois d'Ottawa à New York via Rideau et Érié. La Kingston Stave Forwarding Company emploie deux goélettes pour recueillir le produit des scieries aux divers ports du lac Érié pour Oswego via Welland, de même aux quais de Garden Island. Oswego est le port d'expédition vers New York. Le marché de New York pour le pin de l'Outaouais était apprécié comme substitut au marché incertain du Royau-

3. J. Ross Robertson, *Landmarks of Toronto*, Toronto, 1826 ; Henry Scolding, *Toronto of Old*, Toronto, 1878 ; R. W. Bingham, *The Cradle of the Queen City*, *History of Buffalo*, Buffalo, 1931.

me-Uni, vu qu'il était toujours question au Parlement britannique de réduire les tarifs sur les bois des mers du Nord et de la Baltique [4]. Mais la brièveté de la saison des approvisionnements crée une pression sur la demande de barges de transport, étant donné par ailleurs qu'on manque de moyens de transport du côté canadien. Les points les plus exposés à cette pression en souffrent. Rochester et Buffalo, Kingston et Toronto, sont des centres relativement isolés. La fermeture et l'ouverture de la navigation sont des facteurs déterminants dans le cours de leurs affaires.

L'intention stratégique du canal Rideau avait été d'éviter la voie internationale du Saint-Laurent ; son intention commerciale était de diriger le trafic des Grands Lacs vers Montréal et Québec, mais le courant contraire prévalait, d'Ottawa vers les États-Unis. L'économie québécoise de la région de Hull serait-elle axée sur le système de transport Rideau-Oswego-Érié, l'économie canadienne d'en haut serait-elle polarisée par Albany et New York ? On s'inquiétait de l'américanisation du commerce forestier ; les Américains, disait-on, demandaient des terres au Canada sans obligation de devenir sujets britanniques, ce qu'on interprétait comme une intention de monopole de la part des marchands et des financiers de New York. Contre un groupe de Canadiens qui avaient signé une requête insistant sur l'avantage du capital étranger dans la province, le *Montreal Gazette* protestait [5]. Il dénonçait cette requête comme un complot pour asservir Rideau aux intérêts d'Érié et au détriment des voies de l'Outaouais et du Saint-Laurent. Il est anti-britannique, disait-on alors, de laisser les Yankees acheter nos terres, s'emparer de notre commerce et encaisser chez eux les profits gagnés chez leurs voisins. On craint New York : en plus d'être un port de mer, il est un puissant centre financier, et un centre de courtage. Les Canadiens se plaignaient de ne posséder qu'un cinquième de la capacité bancaire de l'État de New York. Celui-ci avait une population de 2 000 000 habitants et possédait un capital bancaire de \$60 000 000 ; le Haut-Canada avait une population de 0,5 million habitants et possédait un capital bancaire de \$3 000 000. On se plaignait de ce qu'ayant les richesses naturelles on ne trouvât point le capital pour les développer au bénéfice des Canadiens. Montréal s'inquiétait aussi de ce que, le commerce des lacs Érié et Michigan se développant, son port ne pût recueillir une part satisfaisante du trafic d'en haut. Mais qu'est-ce que Montréal ? Sur la vocation de Montréal comme sur celle de Québec les opinions semblaient se partager, et le partage des opinions paraissait se faire en fonction des classes sociales plutôt que des groupes ethniques. Pour une opinion favorable à son développement commercial et industriel c'est dans les archives des chambres de commerce qu'il faut chercher et non dans les cahiers de doléances patriotiques. Si l'on écoute la voix de

---

4. *Montreal Gazette*, 11 juin 1835 ; *Kingston Herald*, 14 mai 1836 ; *Montreal Gazette*, 2 février 1836.
5.   27 août 1831.

Papineau l'atmosphère ne semble pas favorable à l'entreprise économique : on n'y parie point sur la vertu polarisante du port de Montréal. Papineau s'en prend à la commercialisation du Saint-Laurent, il s'oppose même aux pêcheries [6].

Mais Papineau n'a pas dirigé les destinées de Montréal ou de Québec, les deux villes réellement intéressées aux régions d'en haut. Montréal, au surplus, de même que Trois-Rivières, connaissaient un certain développement industriel, si l'on pouvait parler d'industrie à cette époque. Au début des années 1830, on construisait des engins à vapeur à Montréal, ceux du *Royal William*, par exemple, le premier vapeur à traverser l'Atlantique, ce qui témoigne de son progrès dans la fonderie. Dans la région de Trois-Rivières, les Forges de Saint-Maurice employaient 150 à 200 ouvriers. On produisait du verre à Saint-Jean. L'industrie de la tannerie se répartissait dans toute la province. Deux ou trois grandes tanneries dans le voisinage de Montréal mobilisaient un capital d'une cinquantaine de mille dollars. Enfin, parmi les industries dérivées des forges, il faut mentionner la fabrication des clous et des haches [7].

Ce début de développement industriel situait les régions de Montréal et de Trois-Rivières en sympathie avec le Haut-Canada, leur marché éventuel.

Donc, tout ne commence pas avec la canalisation du Saint-Laurent. Au contraire, c'est l'activité économique de la période post-napoléonienne qui exigeait et justifiait les dépenses d'investissement dans les grands travaux d'aménagement. Or si l'on ignore cette phase de croissance de l'âge commercial et proto-industriel, on s'expose à voir dans l'entreprise de canalisation un acte résultant tout simplement des forces politiques. En 1840 pourtant, on n'est pas au point zéro. Avec l'établissement des Loyalistes le Haut-Canada avait déjà fait un bond démographique [8]. La colonisation, l'agriculture et le commerce connurent un nouvel essor avec les nouvelles vagues d'immigration, après 1820, et la spéculation devint un facteur important de promotion économique. Ainsi dans chaque canton, on réservait un emplacement pour une ville : ce n'était souvent très tard

---

6. Le Canada n'a qu'une seule issue vers la mer, dit Papineau, et l'on voudrait faire de cette province une puissance maritime. *Montreal Gazette,* 19 janvier 1832. Il est contre les subsides aux pêcheries, y voyant une politique contraire à la vocation agricole de la province. H. A. Innis, *The Cod Fisheries,* Toronto, 1940, p. 281. Plus tard, il critique la politique de canalisation dans la même optique de pensée, à la session parlementaire de 1849. Antoine Gérin-Lajoie, « Dix ans au Canada, de 1840 à 1850 », *Le Canada Français,* Vol. XXIV, 1891, pp. 159-162 ; L.-P. Turcotte, *Le Canada sous l'Union, 1841-1867,* Québec, 1888.

7. S. P. Day, *English America,* vol. I, c. 9, 10, et vol. II, c. 3, 6 ; *Montreal Gazette,* 13 juin 1831.

8. Carl Schott, *Landnahme und Kolonization in Canada, am Beispiel Suedontarios,* Kiel, 1936 ; A. F. Hunter, *A History of Simcoe County,* Barrie, 1909, A. H. Ross, *Reminiscences of North Sydenham,* Owen Sound, 1924.

que la ville naissait et que les propriétés se développaient, mais l'emplacement était là, provoquant la plupart du temps une surenchère dans l'environnement. Souvent aussi ces villes (on les appelait villes de l'avenir) ne naissaient jamais et pourtant, même sur le papier, elles exerçaient une influence indéniable [9].

Dans le cas d'Adelaide en Middlesex on avait même choisi la « place de l'Opéra » [10]. Tantôt on annonçait dans les journaux des concessions de lots pour une église, la place du marché, l'hôtellerie [11], tantôt on promettait aux colons des commutations de taxes allant jusqu'à vingt-cinq ans, et même on offrait au premier colon un lot gratuit, du bois pour se bâtir et se chauffer. On cite des noms de villes de l'avenir tel que Romulus, Leith ; un port sur le Lac, près d'Owen Sound, fut fondé par un colon entreprenant [12].

Certaines « villes de l'avenir » se sont développées en réalité. Galt en est une. Un nommé Dickenson, le fondateur, possédait des terres dans la région. Sur le site de la ville de l'avenir il prit l'initiative d'ériger une scierie et une meunerie, puis une auberge s'y établit et d'autres services suivirent : magasin, boutique de forge, distillerie. En 1830 on y comptait 250 habitants, en 1831 les lots étaient tous vendus et vers 1840 on y comptait 2 000 habitants [13].

Ces villes de l'avenir, villes fictives, ont joué dans l'histoire de la colonisation un rôle important. Elles devenaient pour ainsi dire une technique de colonisation ou une façon de mettre en plan un noyau de peuplement. Le Bas-Canada, hormis les Cantons de l'Est, n'utilisait pas cette technique ; le Haut-Canada y réussissait là où le site était favorable : ordinairement aux sites hydrauliques permettant l'érection de meuneries et de scieries, noyaux de la petite industrie ou de l'atelier artisanal au service de l'agriculture environnante. Et le village favorisait l'expansion agricole dans l'intérieur des terres.

On ne peut pas dire qu'il existait des industries au sens contemporain du mot, encore qu'il y eût des chantiers de construction navale à Kingston, Toronto et Niagara. L'implantation d'industries s'avérait difficile en ce pays de colonisation ; l'essor industriel devait venir plus tard, avec l'entreprise des chemins de fer. C'est le commerce qui anime la colonisation, c'est le commerce et l'agriculture qui créent la ville. Les scieries

9. N. Robertson, *The History of the County of Bruce and the Minor Municipalities therein*, Toronto, 1906 ; A. F. Hunter, *A History of Simcoe County*, Barrie, 1909.

10. Carl Schott, *Landnahme*, p. 214.

11. Dick-Lauder, Carr, Keningham, Wodell, Stead, McMonics, al., *Wentworth Land Marks*, Hamilton, 1897.

12. E. L. Marsh, *A History of the County of Grey*, Owen Sound, 1931.

13. J. Young, *Early History of Galt and Settlement of Dumfries in the province of Ontario*, Toronto, 1880.

furent, à l'âge commercial et pré-ferroviaire, le point de départ du noyau
urbain pour la plupart des villes du Haut-Canada, mais les meuneries,
à un stade ultérieur de développement, devenaient plus importantes que
les scieries. Les unes et les autres exigeaient un certain capital ; les unes
et les autres constituaient des centres sociaux puisqu'on y demeurait en
attendant son bois ou sa moulée durant les jours d'affluence, ce qui entraînait la formation d'auberges. Puis venaient le magasin général et la boutique
de forge, cellules des villages-pionniers. Ouvriers, colons, commerçants y
fréquentaient, et le petit village devenait bientôt un marché agricole. On y
bâtissait une église, un bureau de poste ; un médecin y élisait domicile.
Les petites industries de l'ancien temps s'y développaient : potasserie,
tannerie, distillerie, brasserie, charronnerie, etc. Presque toujours un
homme animait le progrès de ces foyers de colonisation.

Les villes de l'intérieur se sont succédé à brefs intervalles, toutes reliées aux villes riveraines par la navigation. Brantford et London ont
conquis leur rang de villes-reines du hinterland grâce à leur situation sur
des rivières pénétrant dans l'intérieur des terres. D'autres villes les ont
imitées qui, à leur tour, ont propagé leur influence, et ainsi le front urbain
s'est éloigné des rives. Une densité croissante de peuplement dans les
anciens centres riverains assurait des relations constantes entre villes
anciennes et villes nouvelles. Brantford fut un produit de la route, au carrefour de la Grand River pour le voyage de l'Ouest. D'autres sont nées
de la fonction d'étape ; elles ont commencé avec une auberge. Les églises
proliféraient, chaque dénomination exigeant la sienne propre. Newcastle
dans le comté de Durham, avec une population de 500 habitants en 1850,
comptait six églises. Dans les villages de l'intérieur le magasin général
devenait lieu de rassemblement, centre d'information. On y effectuait des
transactions commerciales. L'esprit d'entreprise y trouvait un terrain plus
fertile que dans les agglomérations riveraines. La station postale, après
l'introduction du grand courrier, pouvait être aussi le point de départ d'un
village. Tel fut le cas de Haysville, par exemple, sur la route Huron,
dans le canton de Wilmot, qui groupait déjà 500 habitants avant la venue
du chemin de fer. Ce village avait commencé avec une auberge et une
étable pour cent chevaux.

En 1825, il n'y avait dans le Haut-Canada que deux villes de plus d'un
millier d'habitants : Kingston 5 000 et York 3 000 ; puis venait Niagara
avec une population de 800. Charles Fothergill, écrivant en 1822, énumère
les centres d'environ 100 habitants. C'étaient Amherstburg, Lancaster,
Barton, Bath, Belleville, Brockville, St. Catherines, Chippewa, Cobourg,
Cornwall, St-David, Dundas, Gananoque, Grimsby, Hallowell, Newark,
Newmarket, Penetanguishene, Perth, Port Hope, Port Talbot, Prescott,
Queenstown, Sandwich, Waterloo. Les établissements de hinterland les plus
remarquables étaient Perth, Newmarket, Waterloo. Il manquait à Kingston
un bon hinterland. Avec le déclin de la fonction commerciale du canal
Rideau, cette ville fut devancée par Toronto.

En 1830, on comptait cinq villes ayant une population supérieure à mille habitants : Kingston, York, London, Hamilton, Brockville. Après 1830, l'urbanisation augmente rapidement, si bien qu'en 1835 on comptait quatorze centres de mille habitants et plus.

TABLEAU I

Centres du Haut-Canada comptant 1 000 habitants et plus, en 1835

Toronto	9 700	Cornwall	1 700
Kingston	6 000	Cobourg	1 300
Hamilton	3 000	Brockville	1 200
Ottawa	2 400	Brantford	1 100
Niagara	2 000	London	1 000
Prescott	2 000	Port Hope	1 000
Belleville	1 800	Peterborough	1 000

Depuis 1825 environ l'industrie forestière supportait l'agriculture ; les produits agricoles trouvaient débouchés dans les ports des lacs Ontario et Érié sur les réseaux des canaux Rideau, Welland, Oswego. Les nouvelles régions agricoles du nord-ouest étaient polarisées par Goderich sur le lac Huron [14].

Les ports intérieurs d'exportation et d'importation oscillaient entre deux pôles d'attraction : Montréal et New-York. L'avenir de ces deux villes, leur succès comme intermédiaires dans le commerce maritime apparaissaient maintenant comme liés à leurs capacités respectives de s'acquitter de fonctions métropolitaines. Pour Montréal le succès commercial tenait pour beaucoup à l'amélioration de la voie fluviale depuis le lac Saint-Louis jusqu'aux lacs Érié et Huron, mais la section des rapides se trouvait dans le Haut-Canada et relevait de la juridiction de cette province. Or, à la fin de la décennie 1830, la finance du Haut-Canada était épuisée, le commerce était stagnant et le chômage sévissait. Il était réservé à Lord Durham, en sa qualité de Haut-Commissaire enquêteur et à Lord Sydenham, son successeur, de recommander des mesures radicales de restauration : reprise des travaux publics, recours à un emprunt massif à cette fin, absorption de nouveaux effectifs d'immigrants qu'on emploierait aux travaux publics dès leur arrivée [15].

Capital et politique

Le gouverneur Sydenham, chargé d'exécuter les principales recommandations de son prédécesseur, avait obtenu de son ministère, avant son

---

14. Carl Schott, *Landnahme* ; William Canniff, *History of the Settlement of Upper Canada, Ontario, with special reference to the Bay Quinte*, Toronto, 1869.

15. G. Poulett Scrope, *Memoirs of the Life of Charles Lord Sydenham*, London, 1843, pp. 208-209.

départ, la promesse que le gouvernement impérial, en cas de besoin, allait garantir un emprunt de £1 500 000 pour renflouer les finances du Haut-Canada et pour remettre en chantier la canalisation. À ce moment apparaissait l'urgence d'une structure fiscale proportionnée aux obligations financières qu'entraînaient les travaux publics et la nécessité d'un plan directeur commun aux deux provinces. Par ailleurs cette réforme de structure revêtait un caractère de stratégie politique. Pour les Anglais, l'occasion était venue de mettre les Canadiens français à la raison. L'un des buts avoués de l'Union, en effet, avait été la manipulation des Canadiens français [16]. Toutefois, Hincks devait écrire à LaFontaine de ne pas prendre au sérieux ce motif de l'Union, cependant que Bagot mettait tout en œuvre pour replacer le débat sur un plan purement pratique. Immédiatement, cela impliquait l'acceptation simultanée d'une réforme constitutionnelle (l'Union) et d'un plan de travaux publics, et aussi des rajustements tarifaires affectant l'économie coloniale. L'aventure était de taille [17].

L'on entend par canalisation l'ensemble des travaux entrepris et contrôlés par le gouvernement de la province du Canada, moyennant aide impériale, pour surmonter ou contourner les obstacles à la navigation du Saint-Laurent depuis Montréal jusqu'au lac Érié. Ces travaux comprennent aussi les aménagements sur l'Outaouais et sur le Richelieu.

Quel moyen allait-on prendre pour obtenir le capital nécessaire sans écraser la province sous le fardeau des dettes, anciennes et nouvelles ? La seule mesure possible, c'était de recourir à l'assistance du gouvernement impérial. Or celui-ci allait exiger des changements de structure susceptibles de faciliter la restauration du crédit du Haut-Canada, car les principaux canaux, depuis Welland jusqu'à Cornwall, se situaient dans cette province. L'union politique des deux provinces réaliserait ces changements de structure ; grâce à l'Union la responsabilité financière deviendrait celle d'une seule autorité politique. L'Union allait éliminer la difficulté douanière, elle allait permettre le rajustement des tarifs de façon à rapporter des revenus sans préjudice au commerce du pays. Enfin, sous un gouvernement unique on pourrait plus facilement systématiser et exécuter les grands travaux publics.

Le plan d'aide impériale exigeait une définition légale. On trouve cette définition dans la loi du 29 juillet 1842, que les statuts décrivent comme étant relative à la loi réunissant les provinces du Haut-Canada et du Bas-Canada. Autrement dit, c'était un corollaire de l'Acte d'Union. Quelques

---

16. Buller avait écrit à Peel, le 9 septembre 1841 : The French Canadians if rightly managed are the natural instrument by which the Government could keep in check the democratic and American tendencies of Upper Canada. Paul Knaplund, « The Buller-Peel Correspondence regarding Canada, 1841 », *Canadian Historical Review*, Vol. VIII, n° I.

17. W. P. Morrell, *British Colonial Policy in the Age of Peel and Russell*, Oxford, 1930.

passages de cette disposition légale nous éclairent sur son intention financière. Elle pourvoit à... « une garantie du paiement des intérêts sur un
emprunt de £1 500 000 à contracter par la province du Canada (...) un
emprunt qui serait exigible pour les travaux publics ou pour le paiement
d'une partie de la dette de la province (...) à un taux n'excédant pas quatre
pour cent par année »... dont le remboursement serait payé à même le
fonds du revenu consolidé de la province du Canada. Tel est donc l'objectif : la restauration du crédit canadien par engagement solennel du
crédit impérial [18]. Un autre corollaire de la loi d'Union consistait à établir
un Commissariat des Travaux publics en vertu de la loi 4 & 5 Vic., c. 38,
sec. 30, qui entrait en vigueur en 1842 et qui créait la fonction de contrôle
et d'administration de tous les travaux publics de la province. Le Commissariat présentait son premier rapport à la session de 1843 [19].

L'Assemblée a défini ainsi la politique du Commissariat. Les travaux
seraient adjugés, sur soumissions publiques. Les appels aux soumissionnaires seraient lancés à des périodes permettant de répartir aussi également que possible les dépenses annuelles, car certains travaux devaient
durer deux ou trois ans. De plus, on devait éviter une dislocation des travaux et procéder par sections successives, afin de rendre utilisable le plus
tôt possible la partie supérieure du fleuve. Des sections non reliées les
unes aux autres ne seraient d'aucune utilité. On a mis en question l'oppor-
tunité d'adjuger les contrats aux plus bas soumissionnaires car, disait-on,
certaines soumissions ne tiennent pas compte de toutes les spécifications.
Celles qui présentent des estimés inférieurs au coût probable entraînent
parfois des défections coûteuses : pertes de salaires, retard des travaux, etc.

Au cours des années 1842 et 1843 on a transformé le canal Welland
en construisant une nouvelle voie d'alimentation du canal avec les eaux
du lac Érié et en augmentant le nombre des écluses. En 1842, les travaux
sur le Saint-Laurent qui avaient été abandonnés durant la crise furent
repris sous l'autorité du Commissariat. On a construit des quais dans
différents ports sur l'Érié et sur l'Ontario et sur le fleuve, notamment à
Sainte-Anne-de-la-Pérade, à Saint-Maurice et à Berthier. De 1842 à 1845
on a aussi construit des routes dans les districts des Cascades, de Coteau-
du-Lac, London, Brantford, Port Sarnia, Chatham, Sandwich, Amherstburg, Hamilton, Detroit. Les travaux de canalisation et de navigation et
les dispositifs pour exploitation forestière, aussi compris dans le plan des
travaux publics, tels que barrages, glissoires, routes, ont coûté à la province du Canada $22 089 557. Si l'on ajoute les dépenses encourues pour
les mêmes fins avant l'Union, on obtient la somme de $29 605 200, inté-
rêts accumulés non compris.

---

18. *British Parliamentary Papers,* 1842, I, 385.
19. J.A.L., Canada, 1843, App. Q. ; J. E. Hodgetts, *Pioneer Public Service,* an
administrative history of the United Canada 1841-1867, Toronto, 1955.

Un examen sommaire de la répartition géographique des travaux peut s'avérer utile à l'intelligence d'un problème que les Québécois ont maintes fois soulevé et qui a provoqué certains remous dans l'opinion publique. En effet, on a plus d'une fois crié à l'injustice parce que sous le régime d'union, le Canada-est devait partager avec le Canada-ouest la dette encourue pour des travaux exécutés en majeure partie dans le Canada-ouest et au bénéfice exclusif de celui-ci, et même assumer une part de la dette contractée par le Haut-Canada avant l'Union. Comme le Haut-Canada était entré dans l'Union par nécessité financière on disait que le Bas-Canada avait défrayé la restauration économique du Haut-Canada. Les Canadiens de la section ouest ne partageaient pas ce point de vue, naturellement. Pour sa part, George Brown, dans son discours du 8 février 1865 [20], répondait à cet allégué d'injustice en disant que le déséquilibre provenait du fait que le Bas-Canada n'avait pas eu le génie de dépenser davantage. Dans le Bas-Canada, disait-il, on n'avait pas la même conception des dépenses publiques ; on avait attaché plus d'importance aux petits ponts de paroisse qu'aux travaux de portée nationale. C'était reprendre ce qu'avait écrit vingt-cinq ans plus tôt Lord Durham. Celui-ci avait aussi remarqué que, faute de système municipal grâce auquel on aurait prélevé les sommes nécessaires à l'entretien des routes, le gouvernement avait voté des sommes pas toujours conformes aux besoins réels de la province. Quoi qu'il en fût, les dépenses contractées pour la canalisation sous le régime d'union n'étaient guère mieux partagées géographiquement entre l'est et l'ouest de la même province. Sous ce régime, en effet, on a dépensé pour la canalisation et la navigation $6 083 200 dans le Canada de l'est et $8 176 376 dans le Canada de l'ouest. Mais inégalité n'est pas iniquité, et il faut bien jeter une part du blâme sur la géographie. Les accidents géographiques affectant le chenal du fleuve se situent pour la plupart dans le Canada-ouest. Les canaux du Canada-est, axés qu'ils sont sur le commerce avec l'amont, tirent leur utilité des autres qui leur sont connexes et complémentaires. Tous sont solidaires les uns des autres comme constituants d'un bien public dont tirent profit les deux sections de la province. Envisagée de ce point de vue, il semble donc que la tendance du Canada-est à voir l'Union comme la chose de l'autre et comme sujet d'injustice envers soi tient au manque à reconnaître ses espaces économiques.

La répartition était-elle différente en ce qui concerne les aménagements exigés par l'industrie forestière, et pour les ports et quais. Les dépenses dans la catégorie des ports et quais s'élevaient à $965 139 pour le Canada-est et à $1 702 724 pour le Canada-ouest. Pour les travaux utiles à l'exploitation forestière, on a dépensé $748 783 dans le Canada-est et $512 726 dans le Canada-ouest. La question des routes paraissait plus cruciale

---

20. W. P. M. Kennedy, *Statutes, Treaties and Documents of the Constitution*, Toronto, 1930, CLXXI, 579-586 ; Doc. Sess., Canada, 1867-68, V, (8), App. n° 70.

parce que, dans ce secteur, la politique locale pouvait jouer à plein. Or, on a dépensé pour les routes $1 694 893 dans la section est et $2 139 614 dans la section ouest, soit un total de $3 834 507. Où donc chercher l'injustice en tout cela ? De ces montants alloués à sa voirie le Canada-est a consacré 43% aux routes de colonisation et le Canada-ouest 40%. Mais ces pourcentages ne disent pas que le Canada-est utilisait à des fins locales les deniers du trésor public, fins auxquelles aurait dû pourvoir une organisation municipale. Le Canada-ouest (Haut-Canada) avait construit nombre de routes de colonisation avant l'Union et la dette contractée pour la construction de ces routes avait été assumée par le trésor de la nouvelle province du Canada en 1841. Il semble y avoir eu décalage chronologique entre le Haut-Canada et le Bas-Canada en ce qui regarde la voirie. Pour les travaux de colonisation dans le Canada-est on a dépensé $700 000 dont voici la répartition géographique : Cantons de l'Est : 28%, Gaspé : 20%, Saguenay : 17%, Saint-Maurice : 14%, Vallée de l'Outaouais : 12%, autres : 9%.

Un autre aspect, la répartition chronologique des dépenses capitales sous l'Union, offre un certain intérêt en regard des problèmes soulevés par les changements structurels — commerciaux et politiques — que ces dépenses entraînaient ou accompagnaient. La caractéristique générale de cette répartition, c'est qu'elle est inégale. Elle correspond aux hauts et bas de l'activité économique, elle se conforme à la conjoncture de l'économie nord-atlantique et aux vagues de migration internationale. Deux périodes de dépenses capitales, deux phases de prospérité : de 1842 à 1847, c'est l'exécution du plan Durham-Sydenham avec la construction de canaux, quais, routes, écluses forestières et estacades, etc. De 1853 à 1859, c'est la période de construction de chemins de fer. Pour éviter une énumération des dépenses annuelles, disons qu'on a dépensé pour les canaux, de 1841 à 1847, environ $2 000 000 par année en moyenne. Pour les chemins de fer, de 1853 à 1859, les dépenses des compagnies et du gouvernement s'élèvent à près de $18 000 000 par année, en moyenne.

Devant pareille injection de capital on s'interroge sur les anticipations des contemporains et sur les résultats réels. En ce qui concerne les résultats directs ou indirects, ou l'influence d'entraînement sur les entreprises du secteur privé, nous nous limiterons, conformément à l'intention du présent chapitre d'ailleurs, aux effets de polarisation dans le Canada-est et, plus particulièrement, sur Montréal comme fonction métropolitaine.

Pour ce qui était des travaux de canalisation les anticipations avaient été très optimistes. William Merritt, grand expert en cette matière et promoteur du canal Welland [21], avait établi de façon systématique que les

---

21. Hugh G. Aitken, *The Welland Canal, a Study in Canadian Enterprise*, Harvard University Press, 1954 ; J.A.L., Canada, 1850, (2), App. BB, nº 23.

canaux du Saint-Laurent se paieraient d'eux-mêmes en une vingtaine d'années, considérant les services qu'ils rendraient à la communauté commerciale et les marchés qu'ils ouvriraient, et aussi le revenu des péages, comme le système Érié-Oswego de l'État de New York. Or cette prévision supposait que la voie laurentienne allait servir de passage vers un port de mer (Montréal ou Québec) au commerce de l'Ouest, c'est-à-dire, le commerce des États américains des Grands Lacs (Ohio, Illinois, Wisconsin, Michigan) aussi bien qu'au commerce du Canada-ouest. Le calcul de William Merritt, comme tous les autres subséquents, supposaient la conquête commerciale d'un certain ouest américain et, bien entendu, la supériorité de la voie laurentienne par rapport au canal Érié que les Britanniques jadis avaient regardé avec mépris comme un fossé boueux. À quel avenir la ville de Montréal n'était-elle pas promise : terminus de la navigation intérieure, tête de navigation océanique, elle se situait, dans le schème de William Merritt, au centre d'un continent, pour autant que le centre de gravitation commerciale allait demeurer anglais. Expédier, exporter et importer via le Saint-Laurent, c'était, disait-on, choisir la route la plus courte. Pourtant, en régime de commerce multilatéral, la voie la plus courte n'est pas nécessairement la meilleure. Quand même, contre toute réaction possible à la concurrence laurentienne comme, par exemple, l'agrandissement du canal Érié et l'abolition de ses péages, les promoteurs et visionnaires canadiens pariaient sur les avantages que leur procurait le protectionnisme métropolitain de Londres en offrant des préférences tarifaires à ses colonies. Les exportateurs américains, croyait-on, éviteraient l'impôt douanier du Royaume-Uni en passant par Montréal ; ils allaient canadianiser leurs produits et les introduire sur le marché du Royaume Uni au tarif privilégié qu'on accordait aux colonies. C'était croire que cette politique métropolitaine allait durer longtemps. L'anticipation connut une phase heureuse, mais au prix de quels artifices. Phase brève d'ailleurs. Elle correspond aux années finales de la réforme amorcée par Huskisson vingt ans plus tôt, et qui se solde par la liquidation du régime préférentiel en faveur des colonies. Nous abordons ici une autre dimension de l'espace économique du Québec, celle des liaisons avec les marchés métropolitains. Toutefois, dans le présent chapitre nous nous limiterons aux conditions politiques de ces liaisons.

La période 1822-1846 marque la transition entre l'ancien régime mercantiliste et protectionniste et le libre-échange[22]. Le ministre William

---

22. Il convient de situer ce bref rappel de l'arrière-scène nord-atlantique dans le contexte mouvant de la technologie : L. H. Jenks, *The Migration of British Capital to 1875*, London, 1927 ; R. G. Albion, *Square Riggers on Schedule, The New York Sailing Packets to New England, France and the Cotton Ports*, Princeton, 1938 ; J. A. B. Scherer, *Cotton Trade as a World Power*, New York, 1916 ; Arthur H. Clark, *The Clipper Ship Era*, New York, 1910 ; Henry Fry, *The History of North Atlantic Steam Navigation*, London, 1896.

Huskisson au Commerce (1823-1828) lançait une série de réformes complexes affectant de diverses manières les diverses colonies et les pays faisant commerce avec l'Angleterre. Nous en dégageons les éléments essentiels et pertinents au commerce laurentien et partant de la situation créée par ces réformes, telle que nous la trouvons en 1825, pour indiquer ensuite les changements relatifs aux colonies, depuis 1825 jusqu'à l'abrogation des lois des *Corn Laws*. Premièrement, on a aboli la tradition de non-exportation de certains produits aux ports situés en dehors de l'empire — la fameuse *enumerated list*. Deuxièmement, on a conservé la règle exigeant que les marchandises échangées entre métropole et colonies soient transportées sur navires britanniques. Troisièmement, les produits britanniques reçoivent un traitement privilégié dans les colonies britanniques. Quatrièmement, les produits étrangers entrent dans les colonies sur navires britanniques, ou sur navires étrangers, pourvu que les pays auxquels appartiennent ces navires accordent aux Britanniques un privilège réciproque. Cinquièmement, les navires étrangers peuvent transporter n'importe où des produits coloniaux pourvu que les pays dont ces navires flottent drapeau accordent aux Britanniques un traitement réciproque. En somme, la législation du ministre Huskisson relâche quelque peu les liens mercantilistes et introduit le principe de réciprocité. D'autre part, les objectifs du commerce laurentien demeuraient les mêmes. Les Canadiens veulent obtenir une participation croissante au commerce de l'ouest canado-américain ; en d'autres mots, ils veulent que ce commerce s'achemine vers Montréal plutôt que vers New York, car telle est la condition du succès financier des canaux du Saint-Laurent. Jamais on n'a pensé que le transport des seuls produits canadiens suffirait à rendre rentables ces canaux : les prévisions et les ambitions laurentiennes reposent sur ce postulat. En plus, les Canadiens veulent obtenir du gouvernement métropolitain qu'il accorde un traitement aux produits coloniaux entrant dans le Royaume-Uni. La condition d'un pareil traitement, évidemment, c'est que le gouvernement métropolitain continue de pratiquer le protectionnisme : qui dit préférence ou privilège dit abaissement ou exemption de tarif dans le cadre d'une politique protectionniste.

Ce qui va se passer après 1825 et qui va aboutir au *Canada Trade Act* de 1843 peut être envisagé du côté métropolitain, comme des dérogations aux règles de 1825 plus haut définies et, du côté colonial, comme des efforts pour accorder les objectifs coloniaux avec les réformes libérales du gouvernement métropolitain.

Les tarifs préférentiels sur les bois remontent aux guerres napoléoniennes et demeurent après la guerre mais à l'intérieur d'un protectionnisme en baisse. Sur les céréales, les préférences font partie, depuis 1828, d'un protectionnisme dont les tarifs varient en fonction du prix des céréales (*sliding scale*), protectionnisme en baisse également. La législation de 1825 exclut du commerce avec les possessions britanniques les navires des pays qui n'accordent pas de privilèges réciproques. Or les États-Unis ayant refusé de concéder le réciproque, les Britanniques imposent, en 1826, un droit de tonnage de 4 sh. 4d. et une surtaxe de 10% sur les marchandises de commerce américain avec les colonies britanniques ; ce qui compromet l'approvisionnement en vivres aux Antilles anglaises. Or, pour obvier à cet inconvénient, on va acheminer les produits américains vers les Antilles anglaises via le Canada et les recevoir aux Antilles comme marchandises canadiennes ou coloniales. Dès lors on vise à l'abaissement des droits sur les produits américains entrant au Canada à destination des Antilles anglaises. Le Canada ne tient plus tellement à l'abolition des mesures défavorables aux États-Unis ; il s'accommode maintenant très bien d'une situation qui lui permet de fournir des vivres aux Antilles. Aussi, en 1831, on abolit les droits sur les provisions et le bois (*lumber*), blé et farine de blé importés au Canada. De plus on abolit les droits sur ces produits entrant dans les colonies britanniques de l'Amérique du Sud et des Antilles en provenance de colonies britanniques de l'Amérique du Nord. Par la même occasion des droits de 5 sh. par baril de farine de blé et de 12 sh. par quintal de bœuf salé et de porc, et divers droits sur les bois, sont autorisés lorsque ces marchandises entrent aux Antilles en provenance de pays étrangers. Les mêmes marchandises entrent en franchise lorsqu'elles proviennent du Canada, ou des États-Unis via le Canada.

En ce qui concerne les grains, la législation de 1825 impose un droit de 5 sh. par quart sur le blé importé dans le Royaume-Uni en provenance des colonies de l'Amérique britannique du Nord. Mais le Canada se déclare insatisfait et demande une préférence plus forte sur le marché métropolitain. Étant donné que le gouvernement métropolitain applique l'échelle mobile et rajuste périodiquement ses plafonds tarifaires vers le bas, la marge de préférence accordée aux colonies se rétrécit et devient fort aléatoire. D'où la requête canadienne de 1840 au gouvernement métropolitain « que la législature coloniale soit désormais autorisée à modifier les règlements de commerce de la colonie dans les cas où ces règlements pourraient être affectées par les lois impériales visant le commerce colonial en général » [23]. De la part du Canada, c'était quasiment demander l'indépendance fiscale. En effet, le gouvernement métropolitain se met incessamment à modifier sa politique fiscale de telle façon que les colonies s'en trouvent affectées, au moment où celles-ci, le Canada notamment, profitent encore de l'ancien régime. Une part de la production de l'Ouest américain s'achemine encore vers Montréal et, avec les canaux du Saint-Laurent, on anticipe un progrès constant de la fonction métropolitaine de Montréal.

Voilà qu'en 1842 une loi du Royaume Uni (*British Possessions Act*) affecte le Canada sur deux points. Premièrement, les droits du Royaume Uni sur la farine coloniale passent de 5 à 2 sh. par baril, et sur le bœuf

---

23. B P P, 1840, Vol. V. *Inquiry into the British Tariff*, Jos. Hume, Chairman.

salé et le lard de 12 à 3 sh. le quintal. Le bois ouvré est admis en franchise. Deuxièmement, cette loi imposait des droits sur marchandises importées dans les colonies du nord et dans les Antilles : question de protéger les producteurs canadiens et d'éviter que les États-Unis pénètrent directement aux Antilles. Or, selon les dispositions légales de l'échelle mobile, lorsque les Canadiens paient un shilling d'impôt douanier pour vendre leur blé en Angleterre, les étrangers en paient 14 pour y vendre le leur ; et il faut que le prix du blé monte à 73 sh. le quart pour que le tarif sur le blé étranger tombe à un shilling. Étant donné que le prix du blé se maintient à 67 sh. en moyenne, le Canada se trouve donc assuré d'une préférence substantielle. L'idéal serait, écrit Lord Stanley à Bagot, que le Royaume-Uni accepte le blé canadien en franchise mais, à ce compte, les blés américains passant par le Canada seraient aussi admis en franchise. Cela répugne aux producteurs britanniques, tant anglais que canadiens, qui exigent un minimum de protection. On peut, écrit encore Lord Stanley, admettre le blé canadien en franchise à condition d'imposer un droit sur les blés américains entrant au Canada ; mais ce droit, le Canada peut prendre l'initiative de l'imposer lui-même. S'il désire que son blé entre en franchise en Angleterre, qu'il se charge donc d'établir son propre tarif sur le blé et la farine de blé des Américains, et le gouvernement impérial fera alors les rajustements nécessaires. On convient alors que le tarif canadien serait de 3 sh. le quart ; on convient aussi qu'aussitôt que la loi canadienne serait passée le Canada demanderait une compensation égale sur le marché de la Grande-Bretagne. Conséquemment, le gouvernement britannique, fidèle à sa promesse, réduit le droit sur le blé canadien à 1 sh. le quart et accorde une réduction proportionnelle du droit sur la farine. La loi devient effective en octobre 1843. Dès lors le blé américain vendu en Angleterre par le Canada y est admis au même tarif que le blé canadien, c'est-à-dire à 1 sh. (ce qui équivaut à une quasi-franchise), grâce à la procédure du *milling in transit*. Autrement dit, le blé américain entrant au Canada paie un droit de 3 sh. le quart, mais s'il y est moulu ou simplement réexpédié il y a *drawback* ou exemption de droit. Alors il est admis en Angleterre au tarif de 1 sh. le quart comme produit canadien. Le Canada y trouve profit, les États-Unis y gagnent, et les producteurs canadiens ont la satisfaction d'obtenir protection de leur marché domestique contre le blé américain.

Les avantages acquis sur le marché du Royaume-Uni en faveur des produits canadiens dépendent du niveau des prix. Or, jusqu'en 1846, le prix moyen n'excède pas 55 sh. auquel niveau le droit frappant le blé étranger s'élève à 18 sh. ; et cela donne une préférence substantielle au cours des années précédant l'abolition des *Corn Laws*. Après 1846, et durant le rajustement qui mène à 1849, le minimum des tarifs britanniques est fixé à 4 sh. mais à ce niveau-là meuniers et armateurs y perdent tout avantage. On comprend l'impulsion donnée aux armateurs et aux meuniers de la région de Montréal de 1843 à 1846. C'est une impulsion qui se traduit par des investissements dans les quais, entrepôts, meuneries. Aussi l'abolition des *Corn Laws* en 1846 fut-elle fatale à nombre d'entreprises. Une fois encore la région de Montréal devient un centre de perturbation sociale et d'agitation politique. Le trafic du Saint-Laurent ne sera pas ce qu'on avait anticipé. Il faudra reviser les prévisions pour un nouvel avenir, et en fonction de réalités nouvelles. Sous le nouveau régime de commerce, les rôles sont renversés. Les États-Unis essaient de reprendre le trafic de l'Ouest et d'attirer à eux le trafic même du Canada-ouest. Effectivement, c'est la concurrence organisée entre la voie de l'Érié et la voie du Saint-Laurent, entre Montréal et New York. Portland et Boston apparaissent aussi comme de nouvelles rivales de Montréal.

Situation du Québec et du Canada à l'âge des canaux

La technologie des canaux, à cause de la fonction métropolitaine et portuaire de Montréal, situe la province de Québec entre deux réseaux de forces et d'influences, auxquels elle participe sous des rapports différents. Montréal compte sur les régions des Grands Lacs pour alimenter son commerce en produits agricoles, elle compte sur les marchés britanniques pour la vente de ces produits à des conditions préférentielles. Économiquement, elle exerce une fonction d'étape en polarisant une partie de la production d'un hinterland qu'elle dispute à ses rivales ; politiquement, elle prolonge le régime mercantiliste de la métropole impériale : elle veut perpétuer les préférences tarifaires dans une conjoncture où ces préférences sont en train de disparaître à cause de l'abaissement des barrières protectionnistes. Son attitude est ambiguë, partagée entre deux pôles contraires.

Par son commerce extérieur, la province de Québec appartient à l'espace économique nord-atlantique, ses marchés sont britanniques, les politiques qui la favorisent sont celles d'un protectionnisme différencié en faveur des colonies ; elle appartient aussi à l'espace anglo-américain par ses liaisons commerciales avec les régions d'en haut dont elle a besoin pour supporter le coût de la canalisation et le poids des frais fixes de son économie. De part et d'autre, le mécanisme des rapprochements, les réseaux d'influences et de connexions sont mouvants : ils changent avec les techniques et, conséquemment, avec les politiques économiques. Sous le régime de l'Union, les deux sections de la province du Canada (les anciens Canadas) deviennent de plus en plus différenciées, culturellement et économiquement. Dans l'univers anglo-américain, la province du Canada elle-même se différencie des États-Unis. On se rappelle les propos de Lord Durham à ce sujet. Il voit un contraste entre les colonies britanniques du nord et leurs voisins du sud : progrès au sud, stagnation au nord. La province du Canada appartient toutefois, comme les États limitrophes au milieu géographique qui leur impose des contraintes communes. D'où certaines idées ou conceptions politico-économiques qui fondent une communauté d'idées. Dans la question des travaux publics, par exemple, il existe une tradition qu'on peut appeler nord-américaine sur la façon de concevoir le rôle du gouvernement, l'usage et l'allocation des ressources, dans les travaux d'aménagement des grands espaces. Déjà dans les écrits de Washington [24], on trouve l'idée ou la vision d'un grand pays à faire qui a donné naissance à l'entreprise publique des aménagements ; l'idée qu'une communauté américaine existe et qu'à cette communauté doivent s'associer les nouveaux États nés de la colonisation et du commerce. Au Canada, pareille idée semble se manifester après les guerres napoléoniennes mais elle est étouffée par les conflits internes ; elle est ensuite ravivée par l'enquête de Lord Durham et mise en plan par le programme des gouverneurs Sydenham et Bagot. À cet égard toutefois, la province de Québec, à toute fin pratique, c'est Montréal, puisque la communauté commerciale de Montréal veut l'Union.

On ne peut pas en dire autant de la province de Québec comme groupe francophone. Les Canadiens français n'ont pas été consultés sur la question de l'Union ; elle leur fut imposée. Mais ils s'y sont adaptés, ils ont même participé aux grandes décisions politiques de ce régime qui fut pour eux le prélude à la Confédération. Sur la question de la Confédération, ils ont été consultés ; on peut dire même qu'ils y ont consenti. Dans la vision fédéraliste du régime d'Union, la province de Québec a retrouvé le legs mercantiliste de l'économie de la Nouvelle-France en butte à la concurrence des colonies néo-anglaises, cette tension vers les pays d'en haut. Et pour la seconde fois dans l'histoire de l'Amérique du Nord la contrainte des coûts fixes et de l'endettement cumulatif produisait un effet d'expansion territoriale disproportionnée aux capacités financières. En tant que financiers les artisans du régime d'Union, dont les plus éminents vont figurer parmi les Pères de la Confédération, ont procédé sur une base d'anticipation ; ils ont anticipé que le peuplement serait rapide, que le revenu du pays augmenterait si l'on agrandissait l'aire des opérations commerciales. Quel était le fondement de cette anticipation ? C'était la vision que le Canada devait jouer un rôle de premier plan dans l'économie nord-atlantique, que sa position géographique lui permettrait de jouer ce rôle si seulement on transformait le fleuve en boulevard commercial. L'anticipation impliquait le maintien d'une politique impériale favorable aux colonies, protectionniste et préférentielle au surplus, grâce à laquelle les États-Unis auraient accès facile aux marchés britanniques s'ils voulaient bien expédier leurs produits par l'intermédiaire des ports de Montréal ou de Québec. Leur

---

24. Kendrick C. Babcock, *The Rise of American Nationality*, 1811-1819, New York, 1906, c. xv ; Albert B. Hart, *National Ideals historically traced*, New York, 1907, c. xvi.

espace économique tenait compte d'une dimension britannique ; il tenait compte aussi des États-Unis avec lesquels ils voulaient partager un hinterland : le Midwest et les régions bordant les Grands Lacs.

À ce stade technologique de l'âge pré-ferroviaire, le Nord-ouest britannique (l'Assiniboine) leur était inaccessible : un désert économique les séparait des plaines de l'Ouest, assez peu connues d'ailleurs comme potentiel agricole. C'est dans une autre région qu'allaient se jouer les destinées canadiennes. Depuis 1825 durait une concurrence qui allait s'accentuer dans les années 1830 et peser lourdement sur l'économie canadienne. L'État de New York ouvrait une voie navigable d'Albany à Buffalo. C'était une voie nettement concurrentielle à la voie du Saint-Laurent. Dès lors le projet canadien de canalisation devait revêtir un caractère d'urgence. Il fallait renchérir sur les Américains, de sorte que la voie canadienne offrirait de meilleures conditions de transport. D'où les grands travaux de canalisation des années 1843-1847. La nouvelle canalisation, plus que jamais, plaçait Montréal dans le contexte nord-américain de la concurrence, rivale de New York en particulier dans la conquête du commerce intérieur, et indirectement rivale de Nouvelle-Orléans dans son rôle d'intermédiaire entre Chicago et les marchés britanniques [25].

Avant l'Érié, les comtés en bordure du lac Champlain expédiaient leurs produits à Montréal via Richelieu [26]. On avait suggéré une canalisation du lac Champlain vers le sud dans le dessein d'amener ces produits sur le marché de New York mais, à cette époque-là, l'État de New York s'occupait plutôt de construire des routes, sans compter que le volume de trafic n'aurait pas justifié pareilles dépenses de canalisation. Lorsqu'on décida de construire le canal Érié, New York anticipait que cette voie devait lui amener tout le trafic de l'Ohio et des autres États des Grands Lacs, et même conquérir un commerce de bois ouvré qu'on exportait via Québec. Déjà à l'âge du *Durham Boat* Montréal avait dépassé Nouvelle-Orléans dans le commerce des produits périssables, blé et farine, Nouvelle-Orléans était désavantagée par les courants chauds du Golfe ; New York avait dépassé Montréal pour une autre raison : via Montréal on atteignait les marchés européens plus tard, et après l'arrivée des blés de Dantzig.

Si déjà dans les années 1830 la concurrence Montréal-New York joue à plein, les nouveaux canaux du Saint-Laurent ne vont pas assurer davantage la suprématie de Montréal. Et les chemins de fer vont bouleverser les anciens réseaux, fortifier la fonction métropolitaine de Montréal par rapport au reste de la province mais l'affaiblir par rapport à l'ensemble continental comme concurrente des ports américains de l'Atlantique.

25. B. H. Meyer, *History of Transportation in the United States before 1860*, Washington, 1917.
26. W. A. Mackintosh, « Canada and Vermont », *Canadian Historical Review*, Vol. VIII, n° 1.

CHAPITRE III

La province de Québec: les chemins de fer

Dans la plupart des pays neufs, au Canada notamment, les chemins de fer sont apparus à la phase du développement primaire de leur économie. Si, par exemple, en Angleterre, les chemins de fer reçurent leur impulsion des textiles et des charbonnages, et sur le continent européen, des mines et de la métallurgie, au Canada et aux États-Unis, par contre, les premiers réseaux ferroviaires eurent pour déterminants l'agriculture et l'exploitation forestière. Il ne faut donc pas se surprendre si les motivations des investissements dans le chemin de fer reflètent la prédominance des intérêts agricoles et forestiers et si la localisation des premiers réseaux ferroviaires s'effectue en fonction de besoins créés au cours de la phase précédente de développement, besoins que la technique des canaux n'avait pu résoudre adéquatement.

Au Canada encore, le chemin de fer revêt un caractère politique à cause de la fonction que lui assignent les politiciens dans l'orientation des courants commerciaux en vue de promouvoir des intérêts régionaux ou métropolitains.

Pour George-Étienne Cartier, le projet d'un chemin de fer Montréal-Portland se présentait comme « une œuvre véritablement nationale » [1].

1. Discours du 10 août 1846, in Joseph Tassé, éd., *Discours de Georges Cartier*, Montréal, 1893, pp. 5-8.

Et ses commentaires sur le projet nous le montrent comme une œuvre éminemment montréalaise. Il est clair que, dans la pensée des promoteurs de cette voie canado-américaine, le chemin de fer devait compléter le canal et suppléer ce qui manquait à l'exercice des fonctions métropolitaines de Montréal. Toutefois, les choses n'allaient pas se passer ainsi, car le chemin de fer avait vertu d'innovation ; il allait bouleverser certains réseaux et reconstituer de nouveaux espaces. La pensée des promoteurs de la ligne Montréal-Portland se modèle encore sur le mercantilisme, système qui subordonnait l'activité économique aux ambitions politiques, et non sur le capitalisme qui eût confié à la dynamique des marchés l'aménagement des réseaux. Certes, le mercantilisme anglais s'était effrité sous l'impact de l'industrialisation, comme en témoigne l'abolition des *Corn Laws* et des *Navigation Laws,* mais il semblait survivre au Canada dans les ambitions de Montréal et de Toronto. Ainsi, Montréal cherchait dans un chemin de fer, qu'on disait complémentaire aux canaux, un moyen de renforcer ses fonctions métropolitaines. Ce schème d'anticipation, qui minimise le rôle d'innovation inhérent au transport ferroviaire, allait dominer longtemps la politique économique du Canada, malgré l'évidence des résultats contraires. Il faut tenir compte de ce schème et le dépasser, si l'on veut assumer la perspective historique et dialectique des anticipations-résultats. Dans le processus s'intercale l'innovation. Aussi, compte tenu du contexte mouvant de la technologie il convient, en premier lieu, d'identifier, de nommer les voies ferroviaires qui, au XIXᵉ siècle, ont affecté directement ou indirectement le milieu ambiant de l'économie du Québec. Il faudra, ensuite, les étudier par rapport à leur fonction économique dans la création des réseaux ou des espaces. Cette perspective nous permet d'accéder à trois paliers d'analyse historique : celui de l'entreprise, celui des politiques canado-américaines de rapprochement, et celui des effets de polarisation régionale.

Aperçu des grands réseaux

Disons tout de suite qu'on a construit dans l'Ontario deux fois plus de chemins de fer que dans le Québec pour des raisons géographiques et économiques principalement [2]. On explique donc cette inégale répartition par les besoins économiques ou l'existence de centres relativement évolués et par la dynamique des échanges, c'est-à-dire en somme, par l'héritage de l'époque précédente, celle de la technologie du canal ; on comprend mal cette inégale répartition si, au point de départ, on l'impute aux décisions du pouvoir politique seulement. La présente narration n'explique pas tout, elle dit surtout qu'on a peine à discerner la politique de l'économique chez les promoteurs de chemins de fer.

---

2. J. M. & Edward Trout, *The Railways of Canada for 1870-1,* Toronto, 1871. Le même sujet est repris au c. VII pour une période ultérieure et sous des rapports différents.

En 1867 la province du Canada possédait 2 188,21 milles de chemin de fer, dont 220,25 étaient situés en territoire américain [3]. Le progrès de la construction avait été comme suit.

TABLEAU II

Progrès de la construction des chemins de fer dans la province du Canada, de 1846 à 1867

1846-51 :	91,76	1856 :	437,00
1852 :	98,00	1857 :	69,00
1853 :	212,00	1858 :	140,50
1854 :	329,75	1859 :	248,79
1855 :	236,14	1860-7 :	325,21

Ces 2 188,25 milles de chemin de fer se répartissaient en trois groupes :

Great Western	352,25
Grand Tronc : en territoire canadien	1 156,25
" " américain	220,25
Total :	1 728,75

Une douzaine de petites compagnies :

Northern (Ontario Simcoe & Lake Ontario)	96,75
London & Port Stanley	24,00
Cobourg, Peterborough	28,00
Érié & Ontario	17,00
Ottawa & Prescott	54,00
Carillon & Grenville	12,75
St-Laurent et Industrie	12,00
Port Hope, Lindsay & Beaverton	56,50
Welland	25,00
Brockville & Ottawa	86,50
Stanstead, Shefford, Chambly	43,00
Peterborough, Cheming Lake	4,00
Total :	459,50

Grand total : 2 188,21

Le Great Western tire son origine d'une charte accordée en 1834 pour construire un chemin de fer de London à Burlington Bay, le London & Gore Railway. En 1845 le Gouvernement lui octroyait un droit d'extension vers l'ouest jusqu'à Windsor et Détroit et vers l'est jusqu'à Niagara

---

3. Doc. Sess., Canada, 1867-68, no 7 ; Doc. Sess., 1906, Travaux Publics no 20 ; R. Dorman, *A Statutory History of the Steam and Electric Railways of Canada*, Canada, Department of Transport, Ottawa, 1938.

et la compagnie prit le nom de Great Western Railroad. L'intention était d'en faire une route de transit pour le trafic américain à travers la péninsule ontarienne. Le projet fut lancé en 1849 mais la construction ne débuta qu'en 1851 sous l'impulsion d'intérêts américains et sous la direction de Samuel Zimmerman, un américain émigré au Canada [4]. La compagnie changea son nom en Great Western Railway, l'année même où elle inaugura son premier service entre Hamilton et Niagara. C'était en novembre 1853. En décembre de la même année elle inaugurait son service entre Hamilton et London, et en 1854 entre Windsor et Hamilton et ouvrait un embranchement sur Galt. En 1855 la liaison se faisait avec Niagara et Suspension Bridge et Buffalo. La même année fut inauguré le service entre Hamilton et Toronto. En 1860 la compagnie s'amalgamait la ligne de Galt et Guelph. De 1860 à 1864 elle montait à Hamilton ses usines de service et un laminoir pour la fabrication de rails.

Sous l'empire des intérêts américains, le Great Western devint manifestement un rival du Grand Tronc. Il faisait la liaison entre le New York Central et les lignes du Michigan et de l'Illinois en territoire canadien et offrait un service de transport rapide et direct entre New York et Chicago. Il avait construit des embranchements sur Toronto, sur Guelph et sur Sarnia [5].

Le Great Western opposait New York à Montréal. Le Grand Tronc, au contraire, servait les intérêts métropolitains de Montréal, Portland et Boston. Son objectif était d'orienter le trafic aussi loin que possible vers l'est sur l'axe laurentien ou vers Portland si nécessaire, comme port d'hiver, via Montréal et Sherbrooke. Né d'un amalgame d'entreprises constitué en 1853, le Grand Tronc avait été à son origine une initiative montréalaise, la compagnie du chemin de fer du St-Laurent et Atlantique : St. Lawrence & Atlantic Railway Co. Cette compagnie construisit la ligne de Montréal à la frontière américaine, via Richmond. La section Lévis-Trois-Pistoles et plus tard Rivière-du-Loup, fut construite par la compagnie du Grand Tronc de l'Est — The Grand Trunk Company of Canada East, la section Lévis-Richmond fut construite par le Quebec & Richmond Railway, la section Montréal-Toronto par la compagnie du Grand Tronc même, The Grand Trunk Railway of Canada, et enfin la section Toronto-Guelph-Sarnia par le Toronto-Guelph Railway Co.

Le St. Lawrence & Atlantic obtint sa charte en 1845, mais son premier tronçon Montréal-St-Hyacinthe (30 milles) ne fut terminé qu'en 1848. Son homologue, entreprise américaine, l'Atlantic & St. Lawrence devait traverser trois États pour rejoindre le St. Lawrence & Atlantic, à Island Pond. Il reçut sa charte du Maine en 1845, du New Hampshire en 1847

4. R. W. Geary, « Samuel Zimmerman », *Welland County Historical Society, Papers & Records*, Vol. III.

5. H. Beaumont Small, *Chronicles of Canada*, Ottawa, 1868, pp. 155-6.

Schéma no II : réseau ferroviaire du Canada-est en 1866.

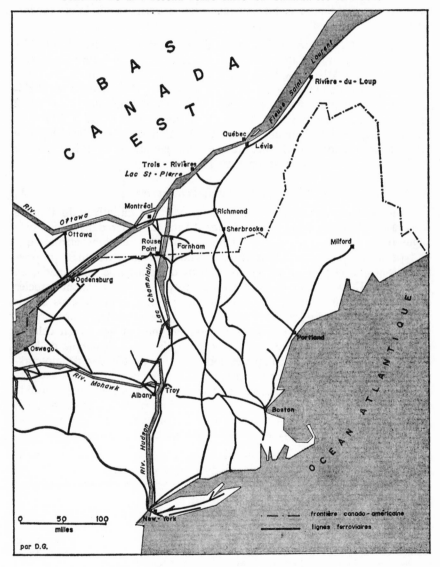

et du Vermont en 1848. La liaison des deux voies fut terminée en 1853 assurant un service régulier entre Montréal et Portland, et Lévis-Portland, via Richmond. La même année, la compagnie du Grand Tronc était constituée par amalgame des diverses compagnies canadiennes et elle se portait acquéreur de l'Atlantic & St. Lawrence par emphytéose [6]. (Voir schéma no II.)

En 1867 Québec avait 575 milles de voie ferrée, Ontario 1393 [7]. Le Grand Tronc possédait deux tronçons en territoire américain : la section construite par l'Atlantic & St. Lawrence, de Portland à la frontière canadienne (Island Pond) et la section Port Huron et Détroit dans le Michigan. Quinze ans plus tard, la province de Québec n'avait encore que 1812 milles, soit un mille par 750 habitants, le rapport étant de 1-500 pour l'Ontario et de 1-531 pour l'ensemble du Canada. Adolphe Chapleau disait de la province de Québec qu'elle « n'a jamais été favorisée comme l'a été l'Ontario » [8]. (Voir schéma no III.)

A. *Le chemin de fer : le point de vue de l'entreprise*

Pour bien comprendre le sens et la portée des initiatives du Canada dans la construction des chemins de fer il faut les situer dans le contexte anglo-américain de l'entreprise et tenir compte des relations étroites que ce type d'entreprise engendrait entre promoteurs, entrepreneurs, propriétaires fonciers, et politiciens. Les politiciens d'avant-garde au Canada, au milieu du XIXᵉ siècle, étaient des propriétaires fonciers ou étaient associés de près ou de loin à quelque compagnie de terres. Comme tels, ils anticipaient une hausse du prix des terres et ils étaient disposés à prendre les moyens qui s'offraient à eux pour provoquer une hausse ; et en cela ils n'avaient pas besoin d'inventer, ils n'avaient qu'à suivre l'exemple de leurs congénères américains. Or l'un des moyens à la portée des promoteurs-politiciens était la concession de chartes à des groupes de citoyens associés qui en faisaient la demande. Les gouvernements canadiens ont concédé un grand nombre de chartes de 1830 à 1850 dont plusieurs ne contenaient que des projets fantômes. Ces chartes d'entreprise fictive jouaient quand même un rôle dans le prix et la vente des terres [9].

Des spéculateurs terriens, l'intérêt se propagea aux propriétaires agricoles qui avaient des surplus de production à écouler, aux courtiers et commerçants des centres urbains. Les citoyens et politiciens du Maine et du Québec, de Montréal et de Portland, les deux pôles métropolitains, ont assumé la cause du chemin de fer Montréal-Portland. Dans son début,

---

6. J. A. L. Canada, 1856, 1, App. 13 ; Canadien National, « Transport par chemin de fer », reproduit du volume *Nos Moyens de transport*, Ottawa, 1954, p. 120. Bibliothèque des chemins de fer nationaux (CN), Montréal.

7. J. M. & E. Trout, *The Railways of Canada*, p. 46. En 1870, Ontario : 1407 milles, Québec : 575 milles ; coût : $108,000,000.

8. *Débats de la Chambre des communes*, Ottawa, 12 avril 1884.

9. J. M. & Edw. Trout, *The Railways of Canada*, pp. 51-56.

Schéma no III : réseau ferroviaire du Canada-ouest en 1866.

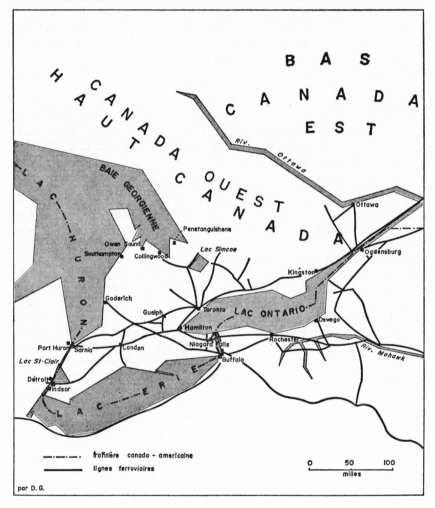

l'entreprise ferroviaire était essentiellement canado-américaine, sa stratégie
prolongeait celle des canaux, sa motivation était régionaliste, montréalaise ;
du côté américain, elle illustrait la jalousie de Portland et de Bangor
contre Boston et New York ; du côté canadien, elle illustrait la défense
de la voie laurentienne contre la voie de l'Érié et des chemins de fer en
construction dans la vallée de la Mohawk [10]. Premier stade d'une longue
histoire, et premier stade assez bref d'ailleurs ; mais l'expérience dura
assez longtemps pour prouver l'impuissance technique et financière du
Canada dans ce type d'entreprise. L'expérience commençait avec le projet
d'un chemin de fer vers un port d'hiver de l'Atlantique et se terminait en
1853 avec la fusion d'entreprises plus ou moins indépendantes. Et alors
que s'ouvrait une ère de grandes entreprises avec les compagnies du
Grand Tronc et du Great Western qui inaugurait un type nouveau de relations entre métropole et colonies et de collaboration canado-américaine.
La seule histoire du chemin de fer St. Lawrence & Atlantic résume bien
cette phase ; elle explique comment s'est installé au Canada et au Québec
le régime capitaliste favorisé par l'État.

Le chemin de fer St. Lawrence & Atlantic obtint sa charte en 1845.
Il fallait donc présenter le chemin de fer comme innovation bénéfique et
gagner l'opinion montréalaise à la cause de la nouvelle compagnie. On
tint des assemblées publiques, notamment celle du Champ de Mars, 10 août
1846, où George-Étienne Cartier adressa la parole. « Toute ville, disait
Cartier, qui a l'avantage de devenir l'aboutissant d'un chemin de fer, voit
doubler la valeur de ses propriétés : témoin Buffalo, Albany, Boston,
New York, Philadelphie, Baltimore. » Dans l'exécution de cette œuvre
le Canada trouvera une occasion d'associer sa fortune à celle des voisins
du sud. Il faut souder nos chemins de fer « à ceux d'un peuple entreprenant, séparé de nous par une ligne imaginaire, par une ligne qui, hélas !
ne devient que trop visible lorsque nous faisons contraster notre apathie
et notre paresse avec l'activité incessante, l'énergie fébrile et l'esprit
d'entreprise de nos voisins » [11]. Cartier exprimait aussi le point de vue
que Montréal sans chemins de fer ne pourrait pas remplir adéquatement
son rôle d'entrepôt du commerce de l'Ouest. En construisant une ligne,
débouchant sur un port de l'Atlantique, Montréal ouvrait une voie de
transport entre les États de l'Ouest et les États de l'Est, Montréal devenait
une étape nécessaire. Autre avantage de la voie Montréal-Portland : le
chemin de fer favoriserait l'approvisionnement de la ville de Montréal en
bois de chauffage et lui éviterait de payer son bois trop cher durant la

---

10. R. G. Albion, *The Rise of New York Port, 1815-1860*, London, 1939 ;
William Willis, *The History of Portland from 1832 to 1864*, Portland, 1865.
Thomas C. Keefer, *Philosophie des Chemins de fer*, Montréal, 1853. F. W. Stevens,
The Beginning of the New York Central Railroad, N.Y., 1926. G. R. Baker, *The
Formation of the New England Railroad Systems*, Cambridge, 1937. H. Raymond,
The Relations between American and Canadian Railways, Boston 1889.
   11. Joseph Tassé, éd., *Discours de Georges Cartier*, p. 6.

saison d'hiver. Le chemin de fer serait aussi bénéfique aux producteurs agricoles en leur permettant d'écouler leurs surplus en période de hausse de prix et en leur évitant de garder de gros inventaires. Enfin le projet du chemin de fer de l'Atlantique serait l'occasion d'attirer au Canada des capitaux étrangers. Il suffirait à la ville de garantir £ 125 000 en obligations, ce qui est peu en comparaison des sommes votées par les petites villes américaines pour les mêmes fins. Et les industriels, les ouvriers et les commerçants en profiteraient avant même la fin des travaux. Montréal doit devenir « le grand entrepôt de l'Ouest ».

Devant l'Assemblée législative, le 15 février 1849, George-É. Cartier plaidait la cause d'un chemin de fer « bénéfique aux districts des villes de Montréal, Trois-Rivières et Québec, utile aux canaux qui y trouveraient un surcroît de trafic. Si les produits pouvaient atteindre le marché anglais durant l'hiver, nos marchands profiteraient des hauts prix ». En 1850, Thomas C. Keefer, dans une mémorable brochure publiée à Montréal, exprimait le même point de vue : pas de chemin de fer pas de marché d'hiver. Ce que Montréal perd à cause de son isolement saisonnier suffirait à construire cinquante milles de chemin de fer annuellement [12].

La compagnie offrit en vente des actions à $50 payables à 50% de leur valeur nominale. La liste des actionnaires est caractéristique. Parmi ceux-ci figurent des compagnies, des politiciens, des officiers de la compagnie, la ville de Montréal, entre autres.

TABLEAU III

Principaux actionnaires de la compagnie de chemin de fer
St. Lawrence & Atlantic

British American Land Co.	1 000	actions
Black, Wood & Co.	4 739	"
William Molson	208	"
Ville de Montréal	5 000	"
C. Hagen	584	"
Thomas A. Stayner	84	"
G. B. Symes	100	"

La British American Land Company propriétaire de terres dans les Cantons de l'Est prêtait en outre à la compagnie de chemin de fer £ 25 000 et le séminaire de St-Sulpice aussi £ 25 000. La firme Black, Wood & Co. des États-Unis exécutait les travaux [13].

Les difficultés financières amenèrent tôt la compagnie à demander de l'aide au Parlement et soulevèrent même toute la question de l'entreprise de canalisation. La question était facile à soulever : selon les promoteurs

---

12. *Philosophie des chemins de fer*, Montréal, 1853, p. 15.
13. J.A.L., Canada, 1851, 2, App. U.U.

et politiciens de Montréal, le chemin de fer prolongeait le canal, il faisait partie intégrante d'un capital indivisible. Pourtant le chemin de fer introduisait au Canada une fonction nouvelle, dans le sens capitaliste du mot. Il ne s'agissait plus seulement d'un prolongement de l'aventure axée sur la voie laurentienne contre le canal Érié mais d'une aventure nouvelle susceptible de détourner le trafic en dehors de Montréal, ou indifférente aux intérêts métropolitains de Montréal. Les premières démarches de Hincks en Angleterre en vue d'organiser la finance des chemins de fer s'appuyaient sur un schème mercantiliste de raisonnement, elles postulaient les objectifs d'un empire laurentien dans le plan nord-américain ; pour lui tout engagement financier d'un gouvernement colonial devait être soutenu par le gouvernement impérial. Or les démarches de Hincks en Angleterre pour négocier une garantie d'emprunt au Colonial Office devaient aboutir à l'inverse : c'est le gouvernement canadien qui engagerait son crédit pour garantir la finance britannique investie dans l'entreprise privée. Et l'entreprise serait britannique, comme la finance ; elle se prévaudrait des offres de garantie et d'aide votées par la province du Canada en 1849 et restreintes, à compter de 1851, aux grands réseaux [14].

Hincks entretenait l'idée que, tôt ou tard, ces entreprises tomberaient aux mains du gouvernement. Pourtant une certaine opinion s'était déjà élevée contre la forme étatique d'entreprise dirigée par un ministère du gouvernement. On connaît les gaspillages qu'entraîne cette forme d'entreprise publique, écrivait le *Globe,* l'on sait qu'elle confère trop de pouvoirs au gouvernement. D'ailleurs, en Chambre, William Merritt avait situé l'entreprise dans la perspective nord-américaine en disant qu'aux États-Unis et au Canada l'expérience ne justifiait pas de confier au gouvernement la construction et l'administration des chemins de fer. Il citait l'exemple de l'État du Michigan où l'on avait fait valoir que le Central Railway comme entreprise d'État, créerait de l'emploi. En fait, le chemin de fer avait engagé des personnes incapables de remplir leur office de façon efficace et avait dû, en définitive, se confier à la gestion de l'entreprise privée, au prix de gros sacrifices financiers de la part du gouvernement [15].

Pour les entrepreneurs britanniques, l'occasion était donnée de pénétrer en territoire canadien, ils avaient été occupés depuis vingt-cinq ans à construire en Angleterre et en Europe et maintenant ils se tenaient à l'affût de contrats nouveaux.

> Dans le cours de leurs opérations gigantesques, il s'est formé une armée de gens qui dépendent d'eux ou qui sont retenus par eux, armée qui se compose de plusieurs milliers de personnes, et ils se croient obligés de leur fournir de l'emploi. Une division considérable de cette

14. *Elgin-Grey Papers,* 1846-1852, éd. A. G. D. Doughty, Vol. II, 870-875.
15. *Elgin-Grey Papers,* II, 881, 876-877.

armée de vétérans, se composant d'artisans et de journaliers habiles
régulièrement organisés sous leurs surintendants des travaux, archi-
tectes, arpenteurs et contremaîtres, etc., etc., était sur le point d'être
transportée et domiciliée en France, lorsque sous certaines influences
leurs patrons les induirent à tourner leur attention vers l'Amérique
Britannique du Nord. À certaines conditions, qui je crois ne paraîtront
nullement irraisonnables, ces personnes sont prêtes à faire de ces
provinces, qui ont toujours été négligées par les capitalistes anglais, le
champ de leurs futures opérations et de transporter ici cette force
disciplinée qui les a fait si triomphalement réussir dans autant de
grandes entreprises [16].

L'optique est britannique ; l'argument se résume à ceci : la main-
d'œuvre spécialisée suivra le capital au Canada, l'entreprise ouvrira des
possibilités nouvelles d'émigration en Amérique. Pour les Canadiens les
chemins de fer pouvaient être envisagés dans les perspectives de l'expérience américaine, anticipant des effets multiples d'entraînement dans la
vente des terres, le développement de l'agriculture, des mines et de la
forêt, des usines de construction et de réparation. Toute station de chemin
de fer allait constituer le noyau d'une ville. Allaient en tirer avantage les
parties de la province capables d'y contribuer par leurs ressources ou de
participer, par des moyens politiques, au mécanisme des décisions. Or les
Cantons de l'Est pouvaient effectivement influencer les décisions en leur
faveur. La British American Land Co. [17] dont les directeurs s'occupaient
de politique en avait fait son fief, le district Sherbrooke possédait déjà un
noyau d'industrialisation [18] et, entre Sherbrooke et Portland, s'était formé
un axe de collaboration dont le principal artisan, J. A. Poor, de Bangor,
travaillait à organiser un groupe de pression pour gagner les promoteurs
canadiens à l'idée que le chemin de fer devait passer par Sherbrooke, à
travers la partie anglaise de la province, et se brancher sur Portland. Il
était remarquable en effet que le premier mouvement en faveur de ce
chemin de fer partît des Cantons de l'Est et que le choix de Portland
comme port maritime fût arrêté à l'occasion d'une mémorable démarche
de J. A. Poor auprès de la Chambre de commerce de Montréal [19]. Nombre de politiciens au Canada cherchaient à provoquer de quelque manière
la hausse éventuelle. Il convient, sur ce point, d'observer les relations
entre J. A. Poor, la compagnie de construction américaine et la compagnie
des terres des Cantons de l'Est dirigée par A. T. Galt, politicien. La compagnie de Galt demeurait toutefois favorable à la finance de Londres.

---

16. Papiers parlementaires n° 3, Journaux du Conseil Législatif de la province
du Canada, 1852-53, App. Z.
17. Compagnie dirigée par A. T. Galt et constituée par la Canada Land du
Canada-ouest.
18. C. M. (Mrs.) Day, History of the Eastern Townships, Montreal, 1869.
19. J. P. Baxter, « Reminiscence of a Great Enterprise », Maine Historical
Society, Vol. 3, 1892 ; L. Elizabeth Poor, Life and Writings of John Alfred Poor,
New York, 1892.

Effectivement, du côté de Londres, Galt a reçu l'appui des épargnants anglais qui avaient investi dans la propriété foncière au Canada. Pour eux aussi, développer les réseaux de transport, c'était hausser la valeur de leurs terres en les rendant plus accessibles. De plus, par l'influence qu'ils exerçaient sur le marché de la finance, ces propriétaires fonciers préparaient la collusion entre politiciens ou promoteurs canadiens et financiers anglais. De cette collusion résultèrent deux modalités importantes de l'entreprise ferroviaire au Canada : la participation directe d'entrepreneurs anglais à la construction, et l'aide du gouvernement canadien [20], A. T. Galt a défini ainsi la politique d'aide : confier l'entreprise ferroviaire aux compagnies privées tout en créant des conditions propres à induire les capitalistes à y participer. D'où les lois de garantie provinciale de 1849 et 1851. La loi de 1853 autorisait l'amalgame des compagnies constituantes du Grand Tronc, avec pouvoir de construire le pont Victoria reliant Montréal avec les lignes de la rive sud, les Cantons de l'Est et Portland, Maine [21].

La venue de l'entreprise de construction britannique au Canada ouvre une ère nouvelle dans l'histoire du mouvement des capitaux de la Grande-Bretagne vers les pays d'outre-mer. Traditionnellement les capitaux britanniques avaient été utilisés à des fins commerciales principalement, i.e. affectés au roulement du commerce à court ou moyen terme ; avec l'entreprise ferroviaire outre-mer la finance britannique s'engage à long terme et à condition d'une garantie découlant de la responsabilité des gouvernements intéressés à promouvoir l'aménagement des transports dans leurs territoires. Pareil transfert de responsabilité impliquait autonomie du gouvernement colonial en matière de finance et virtuellement, concession du gouvernement responsable ; il impliquait également une nouvelle conception de la colonisation basée sur l'implantation outre-mer d'institutions britanniques et sur la pratique d'une fiscalité responsable des emprunts contractés. La Grande-Bretagne y trouverait une soupape à son surplus de capital et de population, et un débouché à certains produits de ses manufactures [22]. Dans les années 1840 le surplus des capitaux britanniques cherchant des débouchés était évalué à £ 60 000 000, en moyenne annuelle. Il servirait à supporter les compagnies britanniques de construction ferroviaire qui terminaient leur activité dans les pays continentaux d'Europe et qui se cherchaient de nouveaux emplois. En 1845, l'*Economist* de Londres commençait à publier un supplément qui s'appliquait à analyser l'impact de la révolution ferroviaire sur le marché des capitaux [23]. La poussée vers l'entreprise du chemin de fer ne venait pas tellement des leaders traditionnels de la finance, elle venait de la province et principalement de l'épargne terrienne. La propriété terrienne y voyait la condition de sa

---

20. Arthur Helps, *Life and Labours of Mr. Brassey* (1805-1870), London, 1872.
21. F.-A.-A. Talbot, *Railway Conquest of the World*, s. 1, 1911, p. 79.
22. L. H. Jenks, *The Migration of British Capital to 1875*, New York, 1927, c. 2.
23. *The Economist.* 4 octobre 1845.

promotion. En Amérique, la propriété terrienne, forme d'épargne d'une certaine classe mercantile, expliquait l'identification du chemin de fer avec la politique. « Le chemin de fer, voilà ma politique. » (Alan McNabb). La terre jouait le rôle d'un facteur clef dans le mécanisme de développement économique de caractère spéculatif, mais c'était un caractère absent des régions seigneuriales du Québec, au sens où nous l'entendons dans le présent contexte. C'est pourquoi la construction ferroviaire au Québec n'eut jamais ce caractère explosif qu'on lui trouvait dans le Canada-ouest au cours des années 1850-1860, et auquel il faut reconnaître un rôle de stimulant dans la promotion de l'économie. Les Cantons de l'Est (Bas-Canada) présentent toutefois une particularité : la British American Land Co., apparentée à la Canada Land Co. par les liens de la finance, les associe en quelque sorte à l'univers capitaliste du Haut-Canada. Psychologiquement, cette compagnie accrédite le marché financier de Londres ; en réalité, elle constitue le fondement de la relation entre propriétaire foncier, politicien et entrepreneur en construction ferroviaire. Ses propriétaires fonciers du type Edward Ellice ont amené le marché financier de Londres en faveur de l'entreprise anglaise du Canada. D'autre part, des politiciens de Montréal et de Toronto, intéressés à la valeur des terres et, avec Ellice, engagés dans l'aventure foncière, jetaient leur dévolu sur l'entreprise ferroviaire, parce que celle-ci devait, selon eux, provoquer une vague d'aventures susceptibles d'entraîner une hausse de la rente foncière. Le schème d'anticipation de l'entreprise ferroviaire diffère du schème impérial de canalisation. La finance des compagnies de chemin de fer a sa source dans le marché des valeurs spéculatives ; elle est anglaise, américaine, canadienne. Elle est protégée par les gouvernements coloniaux ; elle implique une politique d'État favorable à l'entreprise privée. Par sa politique des terres et de concession facile de chartes aux compagnies de chemin de fer, le gouvernement stimule même la spéculation en permettant que des entreprises fictives se constituent et que les municipalités, grâce à un système facile d'emprunt, participent au mouvement général de l'entreprise [24].

B. *La promotion du chemin de fer canado-américain :* le rôle de la politique économique

Les investissements massifs des années 1840-1850 avaient été réalisés par le moyen d'importation de capital financier. Ces investissements de-

---

24. Daniel Thorner, *Investment in Empire, British Railway and Steam Shipping Enterprise in India,* 1825-1849, University of Pennsylvania Press, 1950 ; E. B. Biggar, *The Canadian Railway Builders,* Toronto, 1917. « At this very period Australia, New Zealand and South Africa were starting on their railway era by building their lines as public works under government control and ownership. The contrast by results is striking — public ownership has kept public life in the antipodes up to a comparatively clean and wholesome level ; private ownership in Canada, as in the United States, has contaminated the sources of law and justice and spread its pollution into almost every department of public life », pp. 73-74.

vaient constituer un équipement de base essentiel à l'expansion industrielle et commerciale. Ils répondaient à des besoins existants et ils étaient condition indispensable du succès futur de l'économie canadienne. Les canaux, et les premiers chemins de fer, qu'on considérait comme complémentaires aux canaux, répondaient donc aux besoins d'une économie déjà constituée ; ils avaient le caractère d'un investissement induit. L'immigration, tant américaine qu'anglaise, dans les Cantons de l'est et de l'ouest avant 1837 avait servi d'amorce à la colonisation et la demande de capitaux avait été orientée de façon stratégique, britannique et anti-américaine. L'axe laurentien était le contraire du système Érié-Oswego, New York contrariait Montréal et Québec. Dans ce schème, le Canada apparaissait comme appendice d'une Angleterre mercantiliste, le Canada espérait, supposait, que l'Angleterre allait continuer de pratiquer une politique protectionniste favorisant les colonies. Son activité économique et sa politique économique s'étaient ajustées au modèle mercantiliste ; elles en avaient fait la pierre d'assise des anticipations. Non seulement le Canada avait supposé que la Grande-Bretagne ne changerait pas sa politique mais il avait supposé que, les anciennes structures demeurant en place, le développement économique du Canada se déroulerait au même taux que celui des États-Unis. Or les grandes décisions de la politique de l'Angleterre au cours de la décennie 1840-1850 allaient modifier radicalement les données du problème. On aurait dû pressentir des décisions et s'y préparer ; et pourtant, elles eurent l'effet d'événements fortuits et inattendus chez les Canadiens. En même temps que la Grande-Bretagne abolissait son ancien régime, la marche du peuplement et de la colonisation vers la région des Grands Lacs et la formation d'un réseau de canaux, de routes et de chemins de fer convergeant vers les Grands Lacs, venaient compromettre l'orientation de l'économie canadienne. Les faits contrariaient les anticipations ; ils semblaient inviter l'économie canadienne à se brancher sur les réseaux américains. La construction de voies ferrées au Canada et aux États-Unis, le peuplement intensif du Midwest américain et l'extension des voies américaines vers cette région, les politiques de *drawback* et de *bonding*, le prolongement ou l'intégration de certains chemins de fer canadiens au réseau américain, le traité de réciprocité, créaient des rapports de collaboration entre les deux pays et présageaient la vocation continentale de l'économie des provinces britanniques du centre. On aurait dit alors que, les contrôles mercantilistes se relâchant, l'économie canadienne allait s'orienter davantage dans la direction des forces du marché et accepter l'attraction des pôles capitalistes de l'Amérique du Nord. Pour l'économie canadienne, c'était franchir un tournant décisif. Elle serait capitaliste, et en deux sens. Premièrement, les décisions d'investissement allaient obéir aux règles de maximisation du revenu des placements et de minimisation des coûts d'opération dans le jeu libre des forces du marché. Deuxièmement, les politiques économiques obéiraient aux décisions des investisseurs, elles consolideraient ou renforceraient les décisions ou les réalisations, elles renonceraient à servir les ambitions nationales. Le rôle de l'État deviendrait un rôle d'adaptation et non de création ou de promotion. Le *Railways is my Politics* de McNabb résumait le point de vue nouveau : je modèlerai ma politique économique sur les décisions des promoteurs de chemins de fer. Dès lors, les visées impériales ne comptaient plus tellement dans la balance des décisions ; les forces du marché entraînaient des décisions d'investissement, et celles-ci des décisions politiques. Or les chemins de fer ne seraient plus nécessairement complémentaires aux canaux qu'on avait construits sur le modèle d'un impérialisme laurentien et anti-américain ; ils allaient plutôt jouer dans le sens contraire en raccordant une part du trafic canadien au réseau américain si telle semblait être la condition du rendement capitaliste.

Ainsi la province du Canada s'insérait d'une certaine façon dans l'économie américaine, elle y trouvait son milieu ambiant, un nouvel espace économique. La technologie nouvelle l'orientait ainsi. Pourtant, dans cet ensemble, elle apparaissait comme partie mineure, inférieure à certains égards. D'abord, et depuis longtemps, par rapport à l'immigration dont elle recueille un apport marginal seulement et puis, par rapport aux coûts de production et de transport. Les contemporains ne s'étaient pas encore aperçus de la cassure entre l'ancien régime et le nouveau et certains politiciens n'arrivaient pas à se consoler du revirement de la politique impériale. Pourtant ils acceptaient d'adapter l'économie canadienne au réseau de trafic américain comme en témoignent la législation relative au transit des marchandises (1845-1846) et le traité de réciprocité (1854). Des lois du *drawback* au traité de réciprocité il n'y avait qu'un pas. Et, naturellement, ce qui rendait acceptable et même désirable, cette législation, c'était la disparition des liens mercantilistes qui avaient relié les colonies à la métropole.

Les *drawbacks* sont des restitutions d'impôt douanier pour des fins particulières. Adam Smith définit cette pratique comme une exigence du commerce multilatéral dans l'Angleterre protectionniste du XVIIIᵉ siècle.

« Avant la révolte de nos colonies d'Amérique du Nord, nous avions le monopole du tabac de Maryland et de Virginie. Dans ce temps nous importions 96 000 cochons, cependant que la consommation domestique n'était pas censée dépasser 14 000. Pour faciliter la grande exportation, car il fallait bien disposer du reste, on restituait intégralement les droits douaniers, à condition que la ré-exportation s'effectue en dedans de trois ans. » [25] Cela veut dire que l'Angleterre payait son tabac de Virginie avec du porc importé du Danemark, un produit sujet à l'imposition douanière. Mais le but du tarif douanier est de protéger le marché domestique et d'encourager la production du porc en Angleterre, et non de nuire à

---

25. Adam Smith, *La Richesse des Nations*, Livre IV, c. 4.

l'exportation. Aussi, dans le cas d'une ré-exportation, le porc du Danemark était considéré *quasi in transit*. Il y avait là commerce de convenance.

Autre procédé, l'acceptation de marchandises en entrepôt (*warehousing, in bond*) pour fin de transit. D'où *transit trade, bonding system* de part et d'autre, en vertu d'accords canado-américains. C'est en 1845-1846 que les États-Unis adopteront les mesures *drawback, warehousing* et *bonding* permettant aux céréales canadiennes d'être exportées via les États-Unis sans payer des frais de douane. Les taux de freight océanique dans les ports américains étant moins élevés neutralisaient les avantages inhérents aux exportations via Montréal. C'était une réplique au *Canada Trade Act* de 1843 dont l'intention avait été de détourner le trafic vers Montréal. De plus, les États-Unis avaient vu venir le libre-échange et ils s'étaient préparés à recevoir les exportations canadiennes. Le Canada accordait aux États-Unis les privilèges réciproques. Effectivement la concurrence reprenait entre les deux axes traditionnels de transport ; c'était la lutte entre New York et Montréal réorganisée sur une base nouvelle à cause de la technologie du chemin de fer, et maintenant, à cause de la disparition des règlements protectionnistes et préférentiels, la lutte apparaissait plus clairement comme une course à l'efficacité. La question avait été, elle demeurait, une question de coûts et d'avantages à apprécier sur le plan continental, et même sur le plan général de l'économie nord-atlantique. Devant le fait accompli les dernières oppositions au projet de chemin de fer Montréal-Portland s'étaient abattues. L'ouverture effective du marché britannique aux céréales étrangères en 1847 coïncidait avec la crise commerciale et avec la fin des travaux publics. Les marchands de Montréal eurent à supporter de gros inventaires. Les tories réactionnaires s'en prenant au gouvernement impérial organisaient un mouvement en faveur de l'annexion aux États-Unis [26].

Les lois concernant les céréales avaient été abolies en 1846 mais les lois relatives à la navigation demeuraient. Or, sous l'emprise des *Navigation Laws,* les navires américains, en tant qu'étrangers, ne pouvaient pas transporter de produits canadiens à Montréal, tête de la navigation océanique ; ils ne pouvaient pas communiquer avec deux ports canadiens sans l'intermédiaire d'un port américain. La navigation du Saint-Laurent leur était fermée entre Québec et Montréal. Or ces restrictions n'avaient plus aucune raison d'être depuis l'abrogation des *Corn Laws*. En effet, tant qu'on avait pu offrir aux Américains les avantages inhérents au vieux système, la voie laurentienne jouait en faveur des États qui voulaient recourir au service des armateurs britanniques. S'ils y acheminaient leurs produits ils se trouvaient à les canadianiser et par conséquent, ils pouvaient profiter des préférences substantielles accordées par la Grande-Bretagne aux produits

---

26. BPP, Accounts and Papers, 1850, VII ; G. N. Tucker, *The Canadian Commercial Revolution*, 1845-1851, Yale University Press, 1936, c. IX ; Notes Documentaires, CHR, V, pp. 236-261.

canadiens. Or, avec l'abolition des préférences, les produits canadiens et américains étaient admis en Grande-Bretagne à conditions égales et les Américains n'avaient plus besoin du transit canadien pour y accéder. Devant pareille situation les Canadiens n'avaient plus qu'un seul recours, et c'était d'inviter les Américains à utiliser la voie du Saint-Laurent pour leur négoce avec la Grande-Bretagne en la présentant comme la plus courte, la plus facile, la plus économique ; ce qui supposait, naturellement, qu'on allait lever les restrictions légales interdisant aux étrangers l'usage de cette voie, des Grands Lacs à l'Atlantique. Des groupes canadiens de pression le demandaient et enfin le gouvernement même, stimulé par l'énergique attitude de Lord Elgin, le proposait formellement. La requête conjointe du Conseil législatif et de l'Assemblée expédiée à Londres en 1849 faisait savoir que les restrictions à la navigation américaine dans le Saint-Laurent contrariaient la vocation originelle de ce fleuve à s'attirer le trafic des États américains des Grands Lacs. Pourtant, les restrictions imposées à la navigation du fleuve ne tenaient pas qu'aux *Navigation Laws,* abolies en 1849. En ce qui concernait les Américains les restrictions s'appliquaient encore après 1849, pour la raison que la section Québec-Montréal leur avait été fermée en vertu d'une clause du traité de Jay en 1794. C'était donc matière à négocier entre Britanniques et Américains, c'était une question de traité : « L'action exécutive d'un gouvernement affirmant un droit qui découlait d'une entente conclue par traité interdisait l'usage du Saint-Laurent aux navires américains. » Il faut bien distinguer cette interdiction de toute autre qui pouvait résulter des *Navigation Laws* et bien voir qu'on pouvait l'abolir indépendamment de ces lois [27]. Les négociations menées en vue d'obtenir l'ouverture du Saint-Laurent à la navigation américaine se confondent avec celles qui ont précédé le traité Elgin-Marcy. La section IV de ce traité de réciprocité canado-américain déclarait que les navires américains étaient admis à naviguer sur le fleuve Saint-Laurent et sur les canaux canadiens au même titre que les navires britanniques, sujets aux mêmes taux de péage. Le traité prit fin en 1866 mais l'entente fut rétablie une fois pour toutes en 1871 par le traité de Washington. En retour les États-Unis concédaient aux Britanniques le droit d'usage du lac Michigan et des canaux d'État le long de la frontière.

Le régime de bon voisinage fortifiait les positions de concurrence américaine, il avivait la vieille ambition laurentienne de régner sur un vaste hinterland. Cette ambition, elle était maintenant incarnée dans le système canadien de canaux et elle se présentait sous la forme d'une dette publique qu'il fallait amortir. Rien de surprenant alors qu'on allait tenter encore de reprendre une part du commerce de l'Ouest. En effet, par un arrêté ministériel du 28 mai 1860, le gouvernement canadien abolissait

---

27. Section 3 du traité de Jay, 1794 ; G. N. Tucker, *The Canadian Commercial Revolution,* ch. V, 130.

les péages sur les canaux de la province, à certaines conditions. Les nouveaux règlements stipulaient :

> 1. — Les vaisseaux passant par Welland continueraient à payer au taux courant mais 90% des péages ainsi perçus seraient remboursés aux vaisseaux qui passeraient les canaux du St-Laurent ou se rapporteraient à l'intérieur à un port canadien sur le lac Ontario ou sur le fleuve. À l'inverse, les cargos remontant le St-Laurent par les canaux ou venant d'un port canadien, et traversant le canal Welland, allaient payer seulement 10% du taux de péage à ce dernier canal.
> 2 — Tous les vaisseaux passant les canaux du St-Laurent seraient exemptés de péages, sans condition.

Tel était le régime en vigueur de 1860 à 1863 dont la province du Canada espérait obtenir un résultat sans précédent. En effet, étant donné que l'État de New York n'avait pas encore amélioré son canal (il devait le faire quelques années plus tard), on espérait que cette générosité allait suffire à détourner le trafic vers le Canada, de sorte que les revenus des douanes (avec le nouveau tarif Cayley-Galt) compenseraient la perte de péages. Les taux de péages avaient été, en 1850, de $0.60 par tonne pour Welland et de $0.375 par tonne pour les canaux du Saint-Laurent. On les avait graduellement réduits en raison de la concurrence du rail. En 1859, ils étaient de $0.20 par tonne pour Welland et de $0.22 pour les canaux du Saint-Laurent.

Qu'allait-il résulter de cette politique de laissez-passer ? Durant cette période de gratuité laurentienne, les taux ont augmenté sur le canal Érié : en 1860, les péages ont doublé pour le trafic remontant à l'intérieur ; ceux du trafic en sens inverse ont augmenté de 25% en 1861. Or, malgré la gratuité de la voie canadienne, malgré la hausse des taux de péages sur la voie Érié, le trafic continue de prendre la voie américaine, et à un rythme croissant. Par rapport au tonnage de 1859, le trafic de l'Érié avait augmenté de 32% en 1862. Le trafic de Welland avait augmenté un peu, mais celui du Saint-Laurent accusait une diminution de 17%. On se rendait compte, après trois ans d'épreuve, que le système laurentien, non seulement n'avait pas réussi à gagner une part proportionnelle de l'accroissement du trafic total, mais qu'il y avait perdu absolument [28].

Phénomène remarquable : le Canada avait, encore une fois imité les États-Unis mais sans tenir compte, apparemment, des résultats obtenus par les États-Unis. Dix ans plus tôt, en effet, la direction du canal Érié avait mis à l'essai une politique de réduction de péages. Par exemple : réduction en 1846, à la suite d'une convention avec les États de Pennsylvanie et d'Ohio, après que ceux-ci eurent terminé leurs canaux ; autre réduction en 1852. Or ces États y avaient perdu des revenus sans augmen-

---

28. Doc. Sess., Canada, 1863, 2, no 3 ; J.A.L., 1857, 5, App. 29 ; J.A.L., 1852-53, 8 App. CCCC.

ter le trafic de leurs canaux, mais ils s'étaient aperçus au moins, qu'il n'existait pas de relation directe entre le taux de péage et le volume de trafic. Peu attentifs à l'expérience des autres, les Canadiens ont toutefois appris eux aussi, de leur propre expérience, que le mouvement des marchandises est gouverné par d'autres facteurs, tels que la production, la consommation, les services de finance et de mise en marché, ou autres attributs dérivés des économies d'agglomération. On se rendait compte que les artifices politiques ne pouvaient réussir à attirer un commerce multi-régional vers un point que ne favorisaient pas les forces du marché [29]. Les libéraux rétablissaient les péages en 1863.

Cette politique de promotion laurentienne, espèce de prolongement colonial du mercantilisme, découlait d'une politique impériale déjà révolue. À l'époque de la Confédération, en effet, l'orientation du trafic n'obéissait plus aux décrets politiques mais aux forces du marché auxquelles se conformaient les compagnies de chemin de fer et les compagnies de transport océanique. Les unes et les autres favorisaient la formation de grands ports à vocation métropolitaine parce qu'elles y trouvaient les conditions de leur efficacité et de leur rentabilité. Le gouvernement britannique ne faisait que reconnaître ces conditions en accordant des subsides aux paquebots qui allaient amarrer dans les grands ports des États-Unis de préférence à Montréal.

Il ne sera question dans la suite du présent chapitre que des chemins de fer et de leur convergence vers les ports. Le rôle des compagnies de navigation sera examiné dans un chapitre subséquent.

C. *Le chemin de fer : l'influence dans la formation des pôles régionaux*

La seconde phase de grande capitalisation au Canada, celle des chemins de fer, se déroulait à l'enseigne de l'entrepreneur et selon les normes capitalistes de l'entrepreneur. Une richesse s'était déjà accumulée par accaparement des terres avant 1840, les grands propriétaires avaient constitué deux compagnies : Canada Land Co. et British American Land Co. Ces hommes, qui dominaient la politique avaient comme intérêt commun la promotion des chemins de fer. Aussi la spéculation sur les terres était liée au développement ferroviaire. Mais les profits de spéculation demeuraient un phénomène du Canada-ouest principalement. L'Est, du moins dans sa partie seigneuriale, était immunisé contre ce genre de dévergondage pourtant utile à la promotion économique de type capitaliste.

Le réseau ferroviaire de la province du Canada se constituait donc en fonction de nouvelles anticipations ; ce qui entraînait, entre autres conséquences, la jonction des voies canadiennes aux réseaux américains et, par

---

29. Voir rapports du Commissaire des Travaux Publics pour les années 1862 et 1863, Doc. Sess., Canada, XXI, 2, no 3, et XIII, 2, no 4.

conséquent, une certaine disjonction de Montréal par rapport à la région des Grands Lacs ou à la section ouest de la province du Canada, Montréal n'étant plus l'étape nécessaire qu'elle avait été sous l'ancien régime. Toronto, Hamilton, Brockville, Prescott devenaient des rivales, dans la mesure où elles choisissaient de se joindre aux réseaux américains convergeant vers Boston ou New York ou autres rivales de Portland. On a dit des chemins de fer qu'ils doublaient les canaux ou qu'ils les remplaçaient durant les mois de navigation close. Cette demi-vérité pouvait s'appliquer à la partie de la province du Canada axée sur Montréal avec le Grand Tronc. Dans l'ensemble, et cela s'applique à tous les chemins de fer de la province du Canada, les chemins de fer avaient vertu d'innovation. Ils étaient créateurs d'utilité (accessibilité de nouvelles régions) [30] et ils contrariaient même certains objectifs qui avaient présidé à la formation de la section est du Grand Tronc. Et en orientant le commerce vers des centres américains ils mettaient au jour la vocation continentale de l'économie canadienne. Montréal apparaissait comme à la marge du développement ferroviaire. C'est ce que veut illustrer l'organigramme du réseau canadien de l'époque de la Confédération. Avant l'avènement des entreprises transcontinentales ou interprovinciales, la seule extension ferroviaire à l'est de Richmond était celle du Grand Tronc jusqu'à Rivière-du-Loup. Le Canada de l'Est n'a pas connu le développement spectaculaire de voies ferrées qui, durant la décennie 1850-1860, avait été dans le Canada-ouest, un excellent moyen de promotion régionale (et peut-être l'occasion d'un premier démarrage industriel).

Les chemins de fer canadiens directement intéressés à profiter du trafic américain étaient le Grand Tronc et le Great Western ; plus tard le Canadien Pacifique. Le trafic en franchise (*bonded trade*) comprend le transit domestique. Le transit des marchandises américaines était particulièrement important pour le Canada, le transit pour leurs propres marchandises était plus important encore pour les États-Unis. Le transit des marchandises américaines augmentait avec l'extension des services vers l'Ouest. On exportait des céréales de l'Ouest américain via Chicago aux ports sur les lacs et de là, par les canaux et le Grand Tronc jusqu'à Montréal. Après l'ouverture d'un terminus à Parry Sound, le Grand Tronc devenait comme un chaînon dans le système américain. Le transit du Great Western servait aux États qui avaient liaison avec des ports sur les lacs Huron et Supérieur et avec les régions desservies par le réseau du New York Central. Le système allait se développer davantage avec le Canadien Pacifique et devenir un sujet de controverse. À la fin du siècle existait un mouvement d'abolition du bonding. Sur cette question toutefois, l'opinion n'était pas unanime, comme autrefois sur la question de réciprocité. Le Maine avait

---

30. Le but final d'une nouvelle voie de transport n'est pas de diminuer les coûts de transport mais de réduire les frais de production. Voir Jules Dupuit, *De l'utilité et de sa mesure*. Écrits choisis et republiés par Mario de Bernardi, Torino, 1933, p. 46.

intérêt à se lier au système canadien ; il avait la sympathie de Chicago qui voyait dans le système canadien une protection contre les taux arbitraires du système américain et contre l'impérialisme de New York. Le Nord-ouest (Minnesota, Dakota) voyait d'un bon œil le système canadien.

Le Great Western constituait la principale connection entre le Michigan et l'État de New York jusqu'à l'ouverture du Southern Railway comme rival en 1873 [31]. Le Great Western était amalgamé au Grand Tronc en 1882 et, en 1887, le Canada Southern passait sous le contrôle du Michigan Central.

Des liaisons se faisaient aussi à partir de lignes secondaires aux lignes principales et, par celles-ci, aux lignes américaines. De la dizaine de voies ferrées centrées sur Montréal à la fin du siècle, cinq étaient branchées sur des réseaux américains. Ces réseaux américains étaient commandés par trois centres : Portland, Boston, New York, trois rivales métropolitaines, trois ports maritimes ouverts au trafic canadien par la fonction ferroviaire.

Portland offrait l'avantage d'être le port le plus rapproché des marchés britanniques et ne manquait pas de faire valoir cet avantage auprès des marchands de Montréal. Sa plus proche concurrente, comme ville portuaire, était Boston, mais les Montréalais s'en méfiaient à cause de ses liaisons ferroviaires avec la vallée du fleuve Hudson et Ogdensburg. Le promoteur de chemins de fer J. Alfred Poor accorda son appui à Portland, construisit l'Atlantic & St. Lawrence qu'il céda ensuite au Grand Tronc. Avec l'extension vers l'Ouest, et la construction du pont Victoria, une liaison directe était assurée de Portland à Sarnia-Port-Huron sur la rivière St. Clair, en 1860. Dans cette entreprise Portland avait joué de stratégie envers sa rivale Boston en construisant la ligne de l'Atlantic & St. Lawrence avec un écartement de 5′ 6″, déterminant ainsi l'écartement de toutes les voies du Grand Tronc. C'était une tactique de l'État du Maine de se dissocier des autres États et de s'approcher des provinces britanniques et d'attirer, à travers le territoire britannique, par raccourci, le trafic du Midwest et Nord-ouest. Les intérêts de Boston avaient adopté l'écartement standard de 4′ 8½″. Certains centres du Maine, jaloux de Portland, avaient adopté l'écartement standard et se rangeaient dans l'orbite de Boston. Augusta en était : son chemin de fer supporté par les intérêts de Boston s'étendait à l'est de Portland jusqu'à la rivière Kennebec et gagnait vers le Nord, traversant Augusta et, coupant à travers la voie large de l'Atlantic & St. Lawrence (Grand Tronc), se rendait à Skowhegan. Les intérêts de Montréal avaient l'appui de la finance britannique. De Montréal, le St. Lawrence & Atlantic avait d'abord adopté l'écartement standard mais la jonction avec la ligne de Portland du côté américain l'obligeait ensuite à adopter l'écartement de 5′ 6″. Les intérêts du Grand

---

31. William J. Wilgus, *The Railway Interrelation of the United States and Canada*, Toronto, 1937, p. 83.

Tronc imposaient leur modèle de construction à d'autres voies importantes dont celle du Great Western. Et pourtant le Great Western était standard. Plus tard le Great Western ajoutait un troisième rail à sa route pour s'adapter aux exigences du New York Central.

L'écartement canadien était de 5′ 6″, mais, exception importante, les voies rayonnant de Montréal vers Boston et New York avaient l'écartement standard des voies américaines qu'elles prolongeaient. Cela rendait impossible le transfert du matériel roulant au-delà de Montréal.

Trois troncs ferroviaires convergeaient vers le port de New York : New York-Albany-Buffalo, New York & Érié, New York-Jersey. Les deux premiers troncs aboutissaient directement aux réseaux britanniques du nord. Au début, leurs lignes n'avaient pas toutes le même écartement, mais les amalgames constituant le New York Central et le New York & Érié imposaient le modèle standard auquel toutes les voies canadiennes devaient finalement s'adapter [32]. Le Great Western, par exemple, ajoutait un troisième rail à sa voie pour s'adapter aux voies américaines. Ainsi, il pouvait procurer un transport direct de Chicago à New York en faisant le raccordement avec les lignes du Michigan à Détroit par traversier-vapeur et avec les lignes de New York à Clifton par le Suspension Bridge. Il faisait le raccordement avec le Grand Tronc par l'embranchement Hamilton-Toronto et par l'embranchement Harrisburg-Guelph, en passant par Galt ; il construisait une ligne de Komoka à Sarnia, et une extension jusqu'à Petrolia. À Hamilton, il érigeait des élévateurs à grain et des entrepôts [33].

Le Grand Tronc avait été conçu pour transporter les produits du pays le plus loin possible à l'Est, et donc pour accommoder Montréal en reliant cette ville à Québec, Richmond et Portland, Maine. Son intention principale était de servir les localités canadiennes sans toutefois négliger le trafic américain de transit. Il s'était d'ailleurs placé en lice pour le trafic de l'Ouest en construisant une extension en territoire américain de Port Huron à Détroit. Dans les années 1860 il acquérait un contrôle du chemin de fer Buffalo-Lac Huron (de Buffalo à Goderich sur le lac Huron). À Buffalo un traversier assurait sa jonction avec les chemins de fer de New York. Il acquérait aussi un contrôle du chemin de fer Montréal & Champlain qui assurait un débouché à Montréal sur Boston et New York. Il possédait enfin les lignes secondaires de St. Mary's-London, et Arthabaska-Doucet Landing, vis-à-vis Trois-Rivières. De Lévis, le Grand Tronc s'étendait à Rivière-du-Loup.

Le chemin de fer London et Port Stanley était d'intention régionale, destiné à desservir la ville de London et la campagne environnante. Le petit chemin de fer de Welland était un portage pour atteindre les cargos

32. Norman Thompson & Major J. H. Edgar, *Canadian Railway Development from earliest time*, Toronto, 1933, ch. III et IV.

33. H. Beaumont Small, *Chronicles of Canada*, Ottawa, 1868, p. 155-156.

incapables de franchir le canal. Le Northern Railway reliait Collingwood à Toronto et desservait la contrée intermédiaire. Il supportait une flotte pour le transport entre son terminus et les ports du lac Michigan. Les chemins de fer Port Hope, Lindsay & Beaverton, de même que l'embranchement à Peterborough, avaient été construits pour le développement agricole et l'exploitation forestière des régions qu'ils desservaient. Le chemin de fer Cobourg & Peterborough servait au transport de produits forestiers. De même le chemin de fer Brockville & Ottawa était une voie forestière desservant la vallée de l'Outaouais et la région intermédiaire et assurant un débouché sur le fleuve et sur la voie du Grand Tronc. L'Ottawa & Prescott Railway faisait la jonction avec le chemin de fer américain à Ogdensburg vers Boston ou New York.

Cette esquisse historique s'arrête à la Confédération mais l'histoire ne s'arrête pas si tôt. La construction de voies ferrées continue après la Confédération et la province de Québec y double la longueur de son réseau, la province d'Ontario davantage, de sorte que la province de Québec, malgré les subsides du gouvernement, accuse quand même un progrès notablement inférieur à celui de l'Ontario. Durant la période préconfédérative, période décisive, où semble se préciser la vocation urbaine et industrielle du sud-ouest de l'Ontario, le Canada-ouest a construit, en plus des longues voies du Great Western et du Grand Tronc, quantité de voies ferrées qui étaient vraiment, selon l'expression d'un historien régional, « l'œuvre d'une participation populaire » (grass-roots roads) [34].

Absorbés par les grandes compagnies et perdus dans l'anonymat, aujourd'hui ces chemins de fer ne témoignent plus de l'animation populaire et de la concurrence interrégionale qui ont joué, dans le développement économique du Canada-ouest, un rôle prépondérant. Ce facteur n'aurait exercé dans le Canada-est, qu'une influence marginale, disons dans le sens géographique du mot : la marge étant la région sud de Montréal et les Cantons de l'Est. Dans le Canada-ouest la majeure partie de la population était constituée d'immigrants, auxquels la propagande avait inculqué l'idée que le pays à faire, le leur, dépasserait un jour leur pays d'origine si seulement on y mettait de l'austérité au travail et si on y ajoutait un effort d'épargne. Parmi cette population immigrée, l'expérience anglaise des premiers chemins de fer avait eu des résonances [35]. Les journaux de l'Assemblée législative du Haut-Canada relatent, en effet, que de 1825 à 1840, dix-sept pétitions pour incorporation de chemins de fer avaient été inscrites au feuilleton de la Chambre, toutes émanant de citoyens du Sud-ouest de la province. Par exemple, dès 1832, dans le village de

---

34. John F. Due. *Railways into Huron, Grey & Bruce*, Lawson Memorial Library, The University of Western Ontario, London, 1955, document miméographié, 11 pages, Bibliothèque des chemins de fer nationaux (CN), Montréal.
35. J. J. Talman, « The Impact of the Railway on a Pioneer Community », *The Canadian Historical Association*, Report of the Annual Meeting, 1955.

London qui n'avait alors que six ans d'existence, on tenait une assemblée publique et on y préparait une résolution demandant une charte pour construire un chemin de fer de London à la tête du lac Ontario. La raison alléguée dans cette pétition, c'était le besoin additionnel de moyens de transport pour les surplus agricoles. La requête fut envoyée à la Législature et de là soumise à un comité, présidé par le député de la région, naturellement sympathique au projet. Le comité, tout en approuvant le projet, soumettait qu'il faudrait dans un avenir prochain autoriser la construction d'autres chemins de fer, nommément, de Goderich à London, et de Sarnia à London, via Adelaide. Comme conséquence, le London & Gore fut incorporé en 1834 dont plus de la moitié des souscripteurs étaient des citoyens de London. C'était, de leur part, voir plus grand que ne leur permettraient leurs ressources financières, mais l'esprit d'entreprise était là, le besoin de projet et le goût du risque, enfin toutes qualités qui caractérisent les promoteurs commerciaux. L'affaire allait languir faute de fonds, et la charte étant amendée, l'entreprise changeait de nom et devenait, en 1853, le Great Western Railway. On avait concédé ainsi, sous le régime d'Union, plusieurs chartes de chemins de fer dont quelques-unes furent plus tard modifiées ou révoquées, mais qui, par l'effet de la spéculation n'en exerçaient pas moins leur influence sur la mentalité de la population. Elles étaient à l'origine des « villes de l'avenir ».

L'aventure ferroviaire avait aussi un fondement pratique dans le degré de développement existant à l'époque. Nous savons déjà que les canaux avaient été en quelque sorte induits par l'activité commerciale des Grands Lacs. Le cabotage et l'activité de transit amenés par les canaux favorisaient les centres riverains comme Hamilton et Toronto. Hamilton, par exemple, faisait fonction de desservir un arrière-pays, et celui-ci développait de petits pôles d'attraction territoriale : London jouait le rôle d'étape à l'intérieur des terres, cherchant à se raccorder aux points d'expédition maritime tels que Goderich, Sarnia, Hamilton, et ceux-ci aux grands centres continentaux. Pour savoir comment ces relations se tramaient il faut interroger la petite histoire des villages qui, plus tard, allaient devenir les villes de la péninsule ontarienne. « Le chemin de fer a mis fin à l'isolement des premiers temps de la colonisation. Les canaux de l'âge antérieur ne pouvaient exercer une influence aussi marquante car, sauf exception, ils ne faisaient que compléter les voies existantes de communication. Par contre le chemin de fer a frayé son passage à travers la forêt inculte et a établi des communications rapides entre établissements isolés jusque-là. » [36]

Si maintenant nous jetons un coup d'œil sur la carte du réseau ferroviaire des provinces centrales à la fin du XIXᵉ siècle, nous discernons deux types de chemins de fer : l'un transcontinental, l'autre régional. Le type transcontinental est représenté par le Grand Tronc englobant le réseau du Great Western après 1882, et le Canadien Pacifique. Les principales sec-

---

36. Id., « The Impact... », p. 10.

tions du Grand Tronc relient Détroit à Port Huron en passant par le territoire américain et de là à Montréal via Toronto, et de Montréal à Portland via Richmond, avec une section supplémentaire de Richmond à Rivière-du-Loup via Lévis. Le Great Western relie Détroit à London et de là à Niagara via Paris, pour rejoindre le réseau du New York Central. L'un et l'autre débouchent en territoire américain, de même que le Canadien Pacifique qui emprunte la voie raccourcie du Maine pour se rendre à St. John, N.-B. Les autres chemins de fer devaient être des tributaires du Grand Tronc et du Canadien Pacifique. Dans le Québec confédéré, en dehors de quelques chemins de fer provinciaux comme celui du Lac-St-Jean (1887) et celui de la rive nord (1879) la fonction des nouvelles voies consistait à raccorder des artères transcontinentales entre elles : Arthabaska à la navigation fluviale (Doucet Landing), Sherbrooke-Lévis, Montréal-Sorel [37].

Les lignes des nouveaux transcontinentaux : Grand Tronc, Pacifique Canadien Nord, si importantes pour le Québec, n'ont été construites qu'au XXe siècle. En somme, la grande construction au Québec se fait au XXe siècle. En Ontario la première vague de construction de lignes subsidiaires coïncidait avec la construction des grandes lignes et elle s'accompagnait de spéculation sur la propriété foncière. Le *boom* était celui du Canada-ouest. L'Est (la province de Québec) n'a pas subi cette poussée de spéculation inhérente à cette vague de construction qui a fait franchir à l'Ontario un stade primaire de démarrage. Le Québec n'en fut guère affecté. La deuxième vague de construction en Ontario (1878-1884) fut en quelque sorte entraînée par le développement consécutif à la première. À la même époque dans le Québec, de nouvelles lignes reliaient aux vieux ports de navigation fluviale des centres colonisés par des anglophones grâce à l'entreprise du Grand Tronc.

C'est notre point de vue que la formation des réseaux ferroviaires résulte davantage du jeu des forces économiques que des décrets des politiciens ; c'est aussi notre point de vue que les politiques économiques ont contribué à réaliser ce que, peut-être en certains cas, les entrepreneurs seuls n'auraient pas réussi en s'appuyant sur les forces libres du marché. La référence aux politiques peut donc aider à comprendre comment ou par quels moyens on a réussi à construire les réseaux, mais elle n'explique pas pourquoi on s'est décidé à les construire, et pourquoi on les a situés en telle région ou orientés en telle direction. Envisagées dans la perspective du temps écoulé les réalisations ferroviaires du XIXe siècle nous paraissent plutôt résulter d'un complexe de facteurs entremêlés et l'on conçoit que, pour les expliquer, il serait bien plus facile de réduire la causalité des forces brutes et complexes aux décisions transmises sous forme de lois, décrets ou arrêtés ministériels ; et pourtant ces décisions ont pour fondement un calcul économique, surtout dans une société où se confondent

---

37. Doc. Sess., Canada, Rapport du Ministre des Travaux Publics, 1903.

politiciens et promoteurs de travaux publics. Il ne faudrait pas exagérer l'importance des politiques économiques dans l'orientation de l'économie québécoise au XIXe siècle. Ce serait accepter sans critique le témoignage des contemporains que de donner prépondérance aux décisions politiques, car, certaines décisions, comme la plupart des lois qui les expriment, recouvrent souvent des faits accomplis et c'est à travers elles, en recherchant leurs motivations, qu'on découvre parfois l'essentiel des problèmes. D'autres décisions politiques ne font qu'orienter, réprimer ou corroborer des tendances existantes.

Durant la période d'abolition du régime préférentiel, des représentations coloniales ont exprimé l'avis que la perte des privilèges inhérents à ce régime ruinerait la colonie, et qu'on pourrait sauver la colonie par de nouvelles lois de protection ; mais ces représentations venaient principalement d'une classe de capitalistes qui subordonnaient le bien commun à leurs intérêts propres. Durant cette période d'instances coloniales auprès du gouvernement impérial pour conserver ou renforcer des liens surannés, d'autres liens se forgeaient sur le plan extra-impérial, des espaces économiques nouveaux se tramaient. Oeuvre des facteurs économiques en travail, les espaces nouveaux avaient des résonances politiques et ils finissaient par trouver leur forme légale dans la promulgation des politiques économiques.

Commandées qu'elles étaient par les techniques nouvelles et par la production industrielle, les politiques économiques de la seconde partie du XIXe siècle venaient confirmer, et parfois tardivement, une situation de fait, ou un état de chose latent. Tout au plus, allaient-elles ouvrir des voies nouvelles aux tendances existantes. Une historiographie pas assez attentive à la technologie a donné à ces politiques la réputation d'avoir été des mesures révolutionnaires. Certes les politiques économiques du XIXe siècle allaient modifier la situation relative du Québec, mais fondamentalement, c'était le changement technologique qui l'affectait. Et donc, quand les politiques économiques représenteraient une dimension importante de l'économie, il faudrait demeurer prudent dans l'appréciation qu'on en fait comme élément de causalité historique.

CHAPITRE IV

Le port de Québec à l'âge du bois et de la voile

La technologie du bois et du coton [1], de la voile et de l'esclavage, a soutenu le démarrage industriel de l'Angleterre. Les réseaux d'échange qui étayaient cette première phase d'industrialisation résultaient d'arrangements anglo-américains ; et c'est à titre de participant à cette dynamique anglo-américaine que la ville de Québec devait connaître son apogée économique. Tant que se maintinrent les structures de l'ancienne technologie, soit jusqu'à la guerre de Sécession, approximativement, l'hégémonie laurentienne du port de Québec semblait indisputable ; sitôt que la technologie vint modifier les espaces économiques et favoriser l'industrialisation dans la région américaine des Grands Lacs, le port de Québec, lieu d'exportation de bois et de construction de navires en bois, se trouva pour ainsi dire disloqué du grand ensemble anglo-américain. Sa nouvelle situation résultait de causes complexes, certainement pas réductibles aux seuls aspects laurentiens comme, par exemple, la rivalité de Montréal qu'aurait favorisée la navigation à vapeur.

---

1. On trouve dans le *Canadian News* du 25 octobre 1862, p. 259, l'observation suivante : « Cotton and Lumber are intimately connected ; ... while cotton has been rapidly advancing in price from the shortness and uncertainty of supply, wood the consumption of which ceased with the stoppage of cotton manufactures, has been declining. » Voir aussi J. A. B. Scherer, *Cotton Trade as a World Power*, New York, 1916.

En 1870, François Langelier, pressé de remettre une chronique sur la ville de Québec à son éditeur, écrivait : « Mais de quoi voulez-vous que j'y parle ? De politique ?... de commerce, d'affaires ? Mais vous ne devez pas ignorer qu'il ne s'en fait pas à Québec. Ce qui s'y passe en ce moment peut se dire en trois mots : on danse, on dîne, et l'on parle de M. Veuillot. » [2] Déjà G.-É. Cartier s'était plaint que les riches désertaient Québec plutôt que d'y rester et d'y investir : « Québec a été en quelque sorte gâtée par ce facile commerce de bois carré qui lui venait de l'Ottawa. Cette ville a produit plus de princes marchands que Montréal, elle produit aussi plus d'hommes qui peuvent se retirer des affaires et aller s'établir en Angleterre avec de grandes fortunes (...) Il n'y a pas d'endroits dans la Puissance où la main-d'œuvre soit aussi bon marché qu'à Québec pendant sept mois de l'année. » — « Donnez-nous un commerce avec l'étranger », lance un auditeur. — « Vous l'avez, réplique Cartier ; les textiles ! grâce au bas prix de notre main-d'œuvre nous pouvons vendre à l'étranger meilleur prix que Manchester. » Et le politicien ajoutait sur un ton semi-apologétique que « si les industries sont en aussi petit nombre dans le Bas-Canada et surtout à Québec, les capitalistes et les marchands en sont seuls responsables, et qu'il ne faut pas en faire retomber la faute sur la politique fiscale du gouvernement fédéral » [3].

Les capitalistes quittent Québec, le commerce du bois demeure stagnant et menace de se fixer à Montréal ; la construction navale décline, et c'est toute l'économie du port et de la ville qui s'en ressent. De toute évidence, Québec est engagée sur le versant d'un changement technologique qui ébranle les bases mêmes de son économie traditionnelle.

La technologie couvre ici un ensemble de conditions découlant des techniques ou reliées de quelque façon aux techniques de production de biens et de service. L'Amérique du Nord n'arrive plus à produire à meilleur coût les voiliers pour le trafic nord-atlantique. Les coûts de construction augmentent aux États-Unis et au Canada, et les États-Unis ont perdu le leadership dans l'architecture navale. Les routes de commerce se déplacent ; le commerce anglais aux Antilles perd de l'importance, il cesse avec le Sud des États-Unis durant la guerre de Sécession. La Grande-Bretagne se tourne du côté de l'Inde, de l'Amérique du Sud, de la Chine et de Honk-kong et, utilisant la voie de Suez, développe une flotte nouvelle. De 1860 à 1870 sa flotte vapeur-fer augmente de 144% ; la participation des États-Unis au commerce britannique, en termes de tonnage, tombe de 58%. Il faut aménager en fonction des routes nouvelles une flotte de navires plus gros et plus rapides. Durant cette décennie le tonnage en voiliers diminue de 6,6% dans le commerce domestique ou côtier et de 23,6% dans le commerce extérieur. Le tonnage en bateaux à vapeur augmente de 85% dans le commerce domestique et de 174% dans le

---

2. *L'Opinion Publique*, 22 janvier 1870.
3. *Ibid.*, 8 janvier 1870.

commerce extérieur. Et cependant que le tonnage moyen des voiliers employés au commerce extérieur n'augmente que de 26%, celui des bateaux à vapeur augmente de 31%. On continue d'équiper à la voile le nouveau bateau de type *composite* mais en proportion moindre, ou l'on ajoute l'engin à la voile ; mais l'engin s'accommodait mieux de la structure métallique, et ainsi l'usage du bateau-vapeur accélérait la construction métallique.

La transition de la voile à la vapeur a précédé celle du bois au fer. C'est la première qui a affecté la structure des coûts dans la construction navale et modifié les conditions de localisation des chantiers. Le commerce d'Orient accentuait la tendance. Le tableau suivant enregistre quelques variations dans les routes de trafic océanique.

TABLEAU IV

Augmentation (moyenne quinquennale) des exportations britanniques aux colonies de l'Amérique, à l'Australie et Nouvelle-Zélande, aux États-Unis, à la Chine et à Hong-kong [4]

	Colonies	Australie & N.-Z.	États-Unis	Brésil	Chine & Hong-kong
1840-44					
1845-49	11	26	61	7	42
1850-54	46	361	96	26	4
1855-59	−14	37	5	33	48
1860-64	45	15	−24	11	65
1865-69	42	9	48	35	71

C'est la demande du trafic en Australasie qui exigeait un type nouveau de navire — le *composite,* construit de bois de haute qualité, monté sur structure métallique et revêtu de cuivre ; c'est la route de Suez qui allait exiger la mécanisation du navire. Hutchins a bien dégagé les conséquences de ce changement [5]. Premièrement, le nombre de firmes capables de produire des vaisseaux océaniques diminua. La technique artisanale étant dépassée, on entrait dans l'ère de capitalisation lourde, on s'engageait dans la voie d'une concurrence nouvelle. Deuxièmement, les matériaux de construction étaient fournis par des entreprises exerçant des pouvoirs semi-monopolistiques sur le marché ; d'où tendance à l'intégration dans l'industrie de la construction navale. Troisièmement, les nouveaux navires mettaient au jour la possibilité de grandes entreprises de transport mari-

---

4. *Journal of the Royal Statistical Society,* XXXV Part I, 1872.
5. J. G. B. Hutchins, *The American Marine Industries and Public Policy, 1780-1914,* Cambridge, Mass., 1941, p. 326.

time et entraînaient la formation de combines parmi les armateurs, et une guerre de tarifs entre grandes entreprises.

La substitution de la vapeur à la voile avait déclenché le mouvement créant des conditions de coûts croissants pour les entreprises anciennes de construction et de navigation. Mais la mécanisation du navire créait des problèmes que la construction métallique devait résoudre [6]. Dans les colonies et les États américains du littoral le prix du bois augmentait en raison de la distance croissante des sources d'approvisionnement, et même la construction en bois ne pouvait plus soutenir la concurrence des chantiers anglais qui achetaient leur bois de Scandinavie ; ce qui explique que la production de bateau de bois tombait plus vite en Amérique qu'en Grande-Bretagne après 1856. Le leadership britannique s'affirmait vers 1859 [7]. L'industrie canadienne allait toutefois survivre plus longtemps que celle des États-Unis pour des raisons de milieu : abondance de main-d'œuvre non sollicitée par l'expansion agricole et par l'industrie, plus grande facilité de se procurer du bois [8]. Mais le prix des navires en bois est à la baisse en Angleterre en raison de la concurrence du navire de type *composite*. Le commerce du bois décline à Québec et l'immigration se dirige de plus en plus vers New York et Boston. Les deux sommets de la courbe de construction navale, celui de 1854 et celui de 1864 présentent deux significations différentes. Dans les années 1850 les navires sont rares, dans les années 1860 c'est le trafic qui se fait rare et le prix des navires s'en ressent. En 1878 « le marché de l'Angleterre virtuellement n'en est plus un pour le Canada » [9].

Du point de vue du transport, la situation de Québec n'a pas été avantageuse car, hormis le bois, les marchandises de cargaison se faisaient rares ; bien plus, les navires qui y venaient, pour la plupart, n'y trouvaient point de cargaison à transporter, surtout depuis que les immigrants y venaient moins nombreux. Les navires évitaient Québec parce qu'il répugnait aux armateurs de voyager à lège. Et enfin, la politique impériale sur laquelle les Québécois avaient fondé des espoirs s'effritait sous l'impact des changements technologiques ; elle devenait incompatible avec les nouvelles conditions. Il convient donc d'examiner cette politique en regard des réalités anciennes qui l'ont fondée et des réalités nouvelles qui en disposent.

Impérialisme et capitalisme

Les circonstances d'après-guerre, le besoin de rajuster la politique aux réalités nouvelles entraînaient des tensions et divisions parmi les diri-

---

6. Hutchins, pp. 326-333.
7. Hutchins, p. 403.
8. Hutchins, p. 410.
9. D'après Levasseur, constructeur de navires à Québec, in Premio-Real, *Divers Mémoires,* Québec, 1879.

geants et les notables de la société britannique et donnaient lieu, au cours
de la décennie 1830-40, aux mémorables débats sur l'économie britannique, et notamment sur les colonies comme dimension, à assumer ou à
rejeter, de cette économie. Pour plusieurs raisons, John Stuart Mill, dans
un célèbre essai de jeunesse, y voyait un « âge de transition » [10], les plus
jeunes ne sachant trop d'où ils venaient et les plus âgés se demandant
où ils allaient. Les plus âgés, malgré les plus jeunes, ou les conservateurs
malgré les libéraux, n'osaient pas encore ajuster la politique aux réalités
économiques ou ne voulaient rien faire avant d'avoir obtenu la preuve
d'inaptitude de la politique traditionnelle. Dans les années 1830, la
question coloniale se situait au centre du débat et la clause préférentielle
en faveur du bois colonial constituait un lieu important dans le débat [11].
Sur la question coloniale les Anglais se divisaient en *Little Englanders* et
Greater Englanders. C'est l'avis de Schuyler que « durant la décennie
1830-40 l'idée que les colonies allaient inévitablement se séparer de la
mère patrie était devenue un lieu commun dans les milieux radicaux et
libéraux. La révolte de 1837 au Canada avait forcé le gouvernement de
s'occuper des affaires canadiennes et, au cours des débats du Parlement,
on parlait fréquemment de doctrine séparatiste » [12]. À cette doctrine, toutefois, le traditionalisme faisait contrepoids. La politique impériale oscillait
entre deux pôles d'opinion. D'une part, les tories (la classe des propriétaires terriens) aspiraient à resserrer les liens entre métropole et colonies et,
d'autre part, les libéraux (industriels et commerçants), les philosophes,
notamment les Radicaux comme Hume, Place, Bentham, Mill, croyaient
venu le temps où les colonies devaient se détacher de la mère patrie comme
le fruit mûr de son arbre. Les uns et les autres partageaient quand même
la commune vision d'une économie anglaise qui devait se tramer sur des
aires très vastes, mais ils envisageaient en constituer les réseaux par des
moyens différents. Les uns pensaient y arriver par liaison avec les colonies
comme éléments périphériques d'un grand ensemble dont l'Angleterre
constituerait le centre, et au moyen d'une législation protectionniste à cet
effet, les autres comptaient que les forces libres du marché allaient d'elles-
mêmes réaliser les conditions du développement économique de la Grande-
Bretagne. En réalité, de ces deux contraires allait résulter un compromis
qu'on a appelé impérialisme libéral ; et c'est à ce compromis qu'il faut
imputer le prolongement d'une politique favorable à l'importation de bois
des provinces britanniques de l'Amérique du Nord ; et c'est dans ce
cadre précaire que se jouaient en quelque sorte les destinées du port de
Québec à l'âge du bois et de la voile. L'Angleterre allait maintenir ses
tarifs préférentiels sur le bois mais en les relâchant graduellement jusqu'à

---

10. John Stuart Mill, *The Spirit of the Age,* with an introductory essay by
F. A. Von Hayek, Chicago, 1942.
11. W. P. Morrell, *British Colonial Policy in the Age of Peel and Russell,*
Oxford, 1930 ; Norman Gash, *Politics in the Age of Peel,* London, 1953.
12. R. L. Schuyler, *The Fall of the Old Colonial System,* London, 1945, p. 76.

leur entière abolition en 1870. Durant cette période d'adaptation le centre de gravité de ce commerce allait se déplacer sur Montréal. Graduellement les politiques économiques obéissaient au mécanisme des marchés. Dans un cas, la structure d'exportation favorable à Québec dépendait du commerce océanique de l'Atlantique du Nord, dans l'autre, la structure nouvelle favorable à Montréal dépendait de la demande continentale, c'est-à-dire des marchés du Canada et des États-Unis.

Du point de vue international et britannique les transformations de structure qui ont affecté la vie économique de la ville de Québec remontent à des événements complexes. Nous les abordons par le côté le mieux connu des politiques économiques de la Grande-Bretagne, puis nous examinons la modification des réseaux d'échange qui a occasionné ou accompagné les changements politiques ; et enfin, nous rappelons certains facteurs reliés au contexte nord-américain.

Préférences impériales en faveur du bois colonial, production canadienne, et formation de nouveaux réseaux d'échange

Les politiques tarifaires des années d'après-guerre et notamment l'attitude du Comité parlementaire sur le commerce, constitué en 1821, révèlent des conflits d'intérêts et la perplexité du gouvernement. Le programme Durham-Sydenham pour la restauration de la prospérité avait l'appui de la classe commerciale et de la presse que cette classe commanditait. Pour cette raison le succès lui était assuré. Mais quelle sorte de prospérité allait-on restaurer ? Celle qui, avant les troubles, s'appuyait sur trois types interdépendants d'entreprise : l'immigration, les travaux publics, l'exploitation forestière. Il était normal qu'une prospérité momentanément interrompue fût rétablie selon les conditions anciennes auxquelles ni la crise financière de 1837 (nord-atlantique) ni les troubles de 1837-38 (régionaux) n'avaient apporté de modification fondamentale. La structure de l'économie demeurait la même ; d'où la confiance de la classe commerciale dans la restauration. Il était convenu que la reprise du commerce dépendait simplement de cette modification de la structure administrative que Lord Sydenham en somme proposait.

L'immigration à Québec n'a toujours été qu'une fonction britannique ; elle a été conçue avant tout comme solution au problème des Îles britanniques. L'Angleterre du XIXᵉ siècle avait connu un taux d'accroissement démographique sans précédent, attribuable à la baisse du taux de mortalité et à la relocalisation de l'activité humaine autour des industries nouvelles favorisant une hausse du standard de vie. Cette transformation s'accompagnait d'une réforme agraire qui occasionnait une déportation de travailleurs ruraux que l'industrie ne pouvait suffire à absorber. De façon générale, on peut dire que le taux de développement économique dans le Royaume-Uni demeurait inférieur au taux d'accroissement démographique ou à l'offre de main-d'œuvre [13]. Le gouvernement impérial, en finançant les travaux publics au Canada, avait en vue l'émigration d'un surplus de population [14]. Mais de toute cette immigration, Québec ne profite guère. Son port n'est qu'un débarcadère ; c'est un lieu de transit vers l'Ontario et vers les États-Unis, de l'époque pré-ferroviaire principalement. Très peu d'immigrants (ils sont anglophones) s'établissent dans la province, hormis dans les Cantons de l'Est [15]. Avec les chemins de fer, les arrivages d'immigrants aux ports de Québec et de Montréal s'effectuent à taux décroissants, comme l'illustre le tableau suivant :

TABLEAU V

Nombre d'immigrants arrivés aux ports de Québec et de Montréal, d'après les recensements de 1851, 1861, 1871 [16]

1829-1833	33 530	1856	22 439
1834-1838	19 272	1857	32 097
1839-1843	24 772	1858	12 810
1844-1848	39 270	1859	8 778
1849	38 494	1860	10 150
1850	32 292	1861	19 923
1851	41 076	1862	22 176
1852	39 176	1863	19 419
1853	36 699	1864	19 147
1854	53 183	1865	21 355
1855	21 274		

Ces arrivages semblent assez peu représentatifs de l'immigration nette, car de Québec et de Montréal on procède vers l'Ontario et vers les États-Unis. Mais les ports de Québec et de Montréal offraient des avantages comme débarcadères. La taxe de 5 shillings per capita qu'on y percevait avait pour but de financer les soins médicaux aux pauvres et de les aider à se rendre quelque part dans le pays et de les soutenir jusqu'à ce qu'ils trouvent de l'emploi. Cette taxe demeurait sensiblement pareille à celles qu'avaient établies les lois de 1832, 1834, 1838 et 1841. Toutefois la loi de 1841 avait introduit une nouvelle disposition : aide temporaire jusqu'à ce que l'immigrant ait trouvé un emploi [17]. Le port de Québec offrait un autre avantage. Non seulement l'immigrant pouvait y trouver de l'assistance dès son arrivée mais il lui en coûtait moins cher pour s'y rendre, à

---

13. Julius Isaac, *Economics of Migration,* London, 1947.
14. BPP, 1842, XXXI, 303-305.
15. W. D. Lighthall, « English Settlement in Quebec », in *Canada and its Provinces,* Shortt & Doughty, éd., Ottawa, 1914, XV, pp. 121-164.
16. Doc. Sess., Canada, 1863, 4, App. n° 1 ; pour une série remontant à 1828, voir JAL, 1856, 5, App. n° 44.
17. Bagot to Stanley, BPP, XXI, 346, 13 avril 1842.

cause de la disponibilité des cargos prenant des émigrants à bord comme
lest [18]. Ainsi, le problème de Québec n'était pas tellement d'attirer des
immigrants mais de les garder. Il est remarquable, écrivait Buchanan dans
son rapport de la fin de 1841, qu'un grand nombre d'immigrants refusent
de s'établir à Québec, à Montréal et même à Kingston. Ils aspirent, disait-il,
au marché du travail de l'ouest de la Province, croyant obtenir meilleur
salaire à Toronto. Ces immigrants étaient pour la plupart des tisserands
écossais et des cardeurs de laine très pauvres. Buchanan remarquait aussi
que, dans les régions de Québec et de Montréal, on avait besoin de ma-
nœuvres durant les mois d'été mais qu'il était difficile de les y garder. S'ils
y restaient, c'était dans le dessein de gagner leur passage vers l'Ouest, soit
pour rejoindre des amis ou des parents, soit pour y travailler à meilleur
salaire. Le marché du travail était vite saturé dans le voisinage des villes,
et à la campagne tous les cultivateurs n'avaient pas les moyens de louer
de la main-d'œuvre. Et là où il y avait emploi agricole, les salaires étaient
plus élevés dans les Cantons de l'Est ou dans les Cantons de l'Ouest que
dans les régions de Montréal et de Québec.

Comme débarcadère d'immigrants britanniques le port de Québec ne
faisait qu'exercer une fonction marginale dans un grand ensemble. Au
centre de cet ensemble se situait New York et à la marge, Québec. Or
New York était une base du triangle du coton qui mobilisait une flotte de
navires pour le transport de 2 583 000 balles de coton américain (chiffre
de 1860), soit environ un demi-million de tonnes, du sud des États-Unis
à l'Angleterre seulement. Les trois quarts des cotons consommés en Angleterre à cette époque provenaient des États-Unis. De Québec on exportait
du bois. En 1860, l'Angleterre achetait encore des colonies de l'Amérique
50 à 60% de ses importations de bois. Ainsi, les immenses cargos utilisés
pour le transport de coton et de bois de l'Amérique à l'Angleterre et à
l'Europe constituaient une capacité de cargaison utilisable en sens inverse.
Nassau Senior s'est fait l'économiste de cette disponibilité. Il voit dans
l'émigration un moyen parmi d'autres de résoudre le problème britannique
de population. Malthus n'avait pas envisagé l'émigration comme soupape
à la pression démographique, car en son temps, le transport d'émigrants
outre-mer eût été une entreprise fort coûteuse. En 1850, il en coûtait presque rien : « Plusieurs navires britanniques transportent des émigrants à
New York, remarque Senior, et, après les avoir débarqués, continuent leur
voyage vers le sud des États-Unis pour y chercher du coton ou vers le
Canada pour y chercher du bois. » [19] Québec y recevait sa part d'immigrants, mais c'était dans l'ensemble une part relativement faible, un résidu,
que Québec d'ailleurs allait graduellement céder à Montréal.

18.   H. I. Cowan, *British Emigration to North America, 1783-1837,* University
of Toronto Studies, vol. 4, nº 2 ; F. Morehouse, « Canadian Migration in the
Forties », *Canadian Historical Review,* IX, 1928.

19.   Cité en C. R. Fay, *Youth and Power,* London, 1931, p. 197.

Les importations britanniques de bois de Québec correspondaient de moins en moins à la rationalité économique d'une Angleterre en voie de s'industrialiser et de livrer ses forces productives au jeu de la concurrence. Les producteurs étrangers pouvaient fournir à l'Angleterre, plus facilement et à meilleur marché, les essences forestières dont elle avait besoin, tandis que, du côté de Québec, les coûts de production et de transport augmentaient. L'inévitable allait donc se produire ; c'était la fin du régime préférentiel. L'histoire de ce régime mérite bien d'être retenue, car elle illustre la précarité de la fonction commerciale de Québec dans le cadre de l'économie nord-atlantique. Aussi convient-il d'en rappeler les principales étapes.

Au milieu du dix-neuvième siècle déjà, des groupes d'intérêts métropolitains avaient alerté l'opinion publique anglaise sur l'inopportunité des politiques protectionnistes frappant l'importation de bois en provenance de pays étrangers. En 1841, l'alerte provoquait la nomination d'un nouveau Comité parlementaire pour l'étude de la question. Or ce Comité se prononçait contre la politique de préférence aux colonies [20]. Contrairement à cette recommandation une requête du district de Québec, signée par 8 960 habitants, demandait que soient maintenus les tarifs sur les bois importés en Grande-Bretagne. Cette requête rappelait que la politique tarifaire du gouvernement impérial, depuis longtemps, avait encouragé ce commerce d'une façon spéciale, en accordant des tarifs de préférence, au désavantage des fournisseurs des ports baltes. Ce tarif différentiel, élément du système impérial (mercantiliste), depuis quelque temps déjà, perdait de la vigueur. En effet, après les guerres, l'Angleterre avait subi une crise de sous-emploi et, vers 1820, on mettait en question l'efficacité des contraintes commerciales que le régime de guerre avait imposées. Les importateurs métropolitains demandaient une revision de l'échelle tarifaire qui eût permis d'importer du bois de territoires non britanniques. À tarif égal, les marchands britanniques-anglais auraient trouvé avantageux d'orienter leurs achats vers les pays scandinaves. Mais un Comité spécial de la Chambre des communes en avait décidé autrement, i.e. en faveur d'une échelle différentielle depuis lors appliquée aux provinces de l'Amérique du Nord. En 1831, la même question avait été soumise à la Chambre des communes, et celle-ci maintenait l'ancienne échelle tarifaire. En 1835, nouveau Comité d'enquête. Ce Comité, pourtant favorable à la théorie du libre-échange ou, comme on dit, libre-échangiste en principe, recommanda, pour des raisons pratiques, le maintien du tarif différentiel tel que rajusté en 1821. Et sous ce régime tarifaire s'était développé, de 1821 à 1837, un commerce d'importation en Grande-Bretagne de bois équarri. Le capital investi dans les quais et entrepôts ou autres formes d'équipement exigeait la continuation

---

20. BPP, 1841, XXXIX, 573-574.

du régime ancien. Aussi, la nouvelle qu'un Comité parlementaire venait d'être nommé pour étudier l'amendement ou l'abrogation de ce régime devait inquiéter la population de la région de Québec. Et alors que les habitants de cette région adressaient au gouvernement impérial une requête soumettant que l'abandon des droits préférentiels ruinerait un commerce essentiel à la vie économique de la colonie et utile à la métropole, étant donné « ... qu'une forte proportion du capital de la colonie est investie dans les scieries, les quais ou autre équipement essentiel à la marche de ce commerce, et qu'une faible modification des tarifs protecteurs ruinerait la valeur de ce capital. » Le commerce de bois avait en outre, disait-on, des effets bénéfiques sur la métropole et sur la colonie à la fois. « Il faut reconnaître au commerce de bois qu'il procure du bien-être à la population, un marché au fermier, de l'emploi saisonnier », et qu'il fournit un moyen facile de transport aux immigrants dans les navires qui, autrement, feraient la traversée sur lest [21].

Ce commerce de bois qui procurait la prospérité au port de Québec était celui des bois équarris et flacheux (*waney*) en provenance de la Mauricie, des Grands Lacs et principalement de la vallée de l'Outaouais. Jusqu'en 1870 environ, la région outaouaise écoulait encore la moitié de sa production sur les marchés britanniques via Québec, et presque la totalité de sa production de bois ouvré sur les marchés américains, comme l'illustre le tableau suivant.

TABLEAU VI
Valeur des exportations de bois de la Vallée de l'Outaouais, 1861-1869. En dollar courant [22]

Année	À tous les pays	À la Grande-Bretagne	Aux États-Unis
1861	8 693 630	6 408 789	2 065 870
1862	10 051 147	4 896 533	3 253 589
1863	12 264 178	7 713 316	4 165 290
1864-5	13 008 595	7 971 991	4 758 539
1865-6	12 741 983	6 445 137	6 055 546
1866-7	13 224 704	6 325 995	6 671 438
1867-8	13 752 084	6 339 474	7 091 972
1868-9	14 483 157	7 508 817	6 566 520

À mesure que la demande de bois se diversifiait les points d'expédition se multipliaient et l'exportation tendait à se faire de Montréal. Du côté de l'Angleterre la demande de bois ouvré s'orientait davantage vers les pays d'Europe du Nord. La progression est remarquable.

21. Id., *ibid.*
22. *The lumber Trade of the Ottawa Valley*, brochure anonyme, Ottawa, 1871.

TABLEAU VII

Importations de bois en Grande-Bretagne : pourcentage des importations
totales de bois brut et de bois ouvré provenant de pays étrangers
et des colonies, 1843-1883 [23]

	Bois brut % venant de		Bois ouvré % venant de	
	Pays étrangers	Colonies	Pays étrangers	Colonies
1843	18	82	45	55
1853	50	50	55	45
1863	50	50	60	40
1873	87	13	73	27
1883	88	12	72	28

Il semble donc que déjà, à compter de 1860, l'ancienne structure s'effrite sous la pression d'une double diversification des produits forestiers et des marchés. Pour Québec, cette structure avait étayé un commerce relativement facile : les bois équarris de l'Outaouais, du Saint-Laurent et du lac Ontario, étaient transportés en trains flottants jusqu'aux anses du port de Québec (depuis la rivière Saint-Charles jusqu'à Cap-Rouge). À Québec, l'abondance de bois en consignation dans les anses soutenait une industrie importante : la construction de navires en bois ; et de Québec on expédiait sur le marché anglais bois et navires en bois. L'économie britannique dans son ensemble tirait bon parti de cet arrangement parce que les sources d'approvisionnement en coton brut qui soutenaient son industrie textile étaient aussi nord-américaines dans la proportion de 80% environ. C'est dire que le commerce océanique de l'Angleterre était principalement axé sur l'Amérique du Nord. De son côté, l'Amérique du Nord achetait de l'Angleterre des produits industriels et recrutait des Îles britanniques 80 à 90% de son immigration [24]. Et les États-Unis, jusqu'en 1860, dominaient l'entreprise de transport océanique et fournissaient des navires à l'industrie du transport. Aussi la construction navale avait tendance à répéter les cycles de l'activité cotonnière. Celle-ci dominait le trafic maritime du réseau nord-atlantique et, pour cette raison, répercutait sur l'entreprise de la construction navale. Telle avait été l'ancienne structure.

Or l'ancienne structure allait céder graduellement à de nouveaux arrangements et, en ce qui concerne les approvisionnements cotonniers, presque subitement, à cause de la guerre américaine de Sécession. Dans le commerce du bois il y avait, des deux côtés de l'Atlantique, demande croissante de bois ouvré à mesure que la construction urbaine s'accélérait en

---

23. Statistiques compilées d'après *Accounts & Papers,* Trade, Navigation and Shipping, BPP.
24. Julius Isaac, *Economics of Migration,* c. III, sect. 4.

raison de l'industrialisation et de l'urbanisation. Les producteurs canadiens produisaient davantage de bois ouvré et de moins en moins de bois équarri, une tendance qui s'accuse nettement dans les statistiques d'exportation de bois au port de Québec. À ce changement correspondait, chez les Canadiens, une substitution quasi proportionnelle du marché américain et domestique au marché britannique, à mesure que la demande globale augmentait. Ainsi le marché des produits canadiens devenait de plus en plus continental et le transport du bois devenait une fonction ferroviaire plutôt que maritime, à mesure que l'Est américain et le Midwest remplaçaient l'Angleterre comme pôle d'attraction. Québec y perdait dans son rôle d'étape, Montréal y gagnait dans sa fonction métropolitaine.

Cet aperçu de la transformation des réseaux qui affectait radicalement la vie économique de la ville de Québec correspond à des événements complexes. Aussi convient-il d'expliquer davantage en distinguant :

A — les facteurs reliés à l'économie européenne et nord-atlantique,

B — les facteurs reliés au contexte nord-américain.

La plupart des facteurs reliés à l'économie européenne ont un caractère international et répercutent sur l'économie nord-américaine ; ils apparaissent comme concomitants de la révolution industrielle. Les facteurs reliés au contexte nord-américain sont à dominante continentale ; ils apparaissent comme concomitants de l'industrialisation dans la région des Grands Lacs dont Pittsburgh allait constituer le pôle principal de développement.

A. *Facteurs reliés à l'économie européenne et nord-atlantique*

À compter de 1860 la demande totale de bois en Grande-Bretagne continuait d'augmenter mais cette demande subissait une double modification. Premièrement, elle s'orientait vers une proportion croissante de bois ouvré ; deuxièmement, elle comprenait une variété croissante d'essences forestières. Particulièrement, il y avait substitution du bois franc au bois mou pour les besoins de la construction urbaine et navale. Les achats en provenance des pays étrangers augmentaient, cependant que diminuait la proportion des approvisionnements en provenance des colonies. Cela nous paraît évident à l'examen des rapports officiels de la Grande-Bretagne pour la période 1867-1897, et des statistiques des exportations au port de Québec pour la période 1845-1894 [25]. Une diversification des marchés d'outre-mer avait momentanément compensé la perte occasionnée par la guerre de Sécession américaine. William Quinn avait visité l'Europe, non sans succès, à la recherche de clients et, à la suite de ses démarches, Québec pouvait expédier plusieurs cargaisons à Bremen, Anvers, Dieppe, Le Havre, Honfleur, Nantes, Bordeaux, Montpellier, Marseille et Toulon [26],

---

25. BPP, *Accounts and Papers ;* Doc. Sess., Canada, 1895, nᵒ 8A, Tableau 20.
26. *The Canadian News,* 21 janvier 1864.

cependant qu'en Angleterre « des acajous d'Afrique et de Panama, des cargaisons abondantes de bois blanc des Îles Canaries, et aussi des bois rouges de Californie, gagnent de plus en plus la faveur des consommateurs,
en raison de leur qualité et de leur coût », écrivait, à la fin du siècle, un
observateur du marché britannique [27].

   À cette orientation nouvelle de la demande britannique correspondait,
du côté de la politique, l'abandon des préférences aux colonies, conséquence du libre-échange, et du côté de la technologie, la formation de
nouvelles routes de commerce et l'effondrement du triangle nord-atlantique
dont le groupe de colonies bénéficiait. La formation de nouvelles routes
résultait pour une part de la cassure de l'axe cotonnier reliant le Lancashire aux États du sud des États-Unis, elle résultait aussi de l'intérêt
croissant des investisseurs dans la région de l'Orient et de l'Amérique du
Sud. La route de Suez ouverte aux steamers britanniques en 1869 facilitait
le trafic avec l'Orient et l'accès aux nouvelles sources d'approvisionnement en coton [28]. Un correspondant de Bombay au *Times* observait en
1865 l'impact de ce revirement du trafic européen sur l'Inde :

   « C'est à se demander si jamais cité ou communauté humaine a présenté
un aspect aussi extraordinaire que Bombay au cours de cette révolution
commerciale que cette ville subit actuellement. La découverte inattendue
d'or a produit moins d'effet sur Melbourne que ce déluge de monnaie
d'argent qui a coulé en torrents sur Bombay au cours des derniers quatre
ans, de 1861 à 1864. Les anomalies sociales, et aussi je le crains, la dété-
rioration morale, ont moins marqué la colonie anglaise qu'ils n'ont marqué
cette ville de l'Inde durant cette vague subite et peut-être passagère de
prospérité qui lui a donné l'illusion de devenir la Liverpool de l'Orient »...

   « Les prix ont doublé en dix ans à Calcutta. L'importation de monnaie
métallique, à Bombay seulement, a été de £ 16,3 millions en 1860 et 1861,
et de £ 40 millions par année, de 1862 à 1864. » [29]

   Enfin, une classification des importations de coton en Angleterre par
régions fournisseuses nous éclaire sur la réorientation géographique des
flux de ce commerce [30].

   Le tableau (p. 82) nous révèle qu'il y eut, d'une part, diminution notable
des importations totales (tous pays), et, d'autre part, une baisse drastique
des importations des États-Unis. C'est dire que l'Angleterre, et particulièrement le Lancashire où se trouvait concentrée la production des coton-
nades ressentirent, plus que les autres pays ou régions, les effets de cette
révolution. En effet, la guerre américaine de Sécession avait eu l'effet
d'une catastrophe sur l'industrie cotonnière de l'Angleterre, parce que les

---

27. *Timber and Woodworking Machinery,* 16 février 1895.
28. *The Economist,* 11 mars 1865.
29. Id. *loc. cit.*
30. Id., 10 mars 1866.

TABLEAU VIII

Valeur des importations de coton en Angleterre, 1860-1864.
Millions, Livre sterling.

Année	Pays producteurs		
	Inde Chine Brésil Égypte	É.-U.	Tous pays
1860	37,0	44,7	274,9
1861	42,1	49,4	248,9
1862	62,9	27,7	225,9
1863	83,6	19,6	217,5
1864	94,6	17,9	210,5

États du Sud américain avaient été les principaux fournisseurs de coton brut. Aussi observait-on déjà en 1861 : « La conjoncture dans laquelle nous allons nous trouver est temporaire et immédiate... C'est un secours immédiat et non éloigné, dont nous avons besoin. Nous devons donc, cela est évident, diriger nos efforts et borner nos espérances à tirer les plus grandes quantités possible de coton des pays où il existe déjà et où il forme déjà la production régulière de la terre... »[31] Il fallait donc réorienter une forte proportion des ressources maritimes en fonction des régions productrices de coton pour remplacer les approvisionnements américains, c'est-à-dire, vers l'Inde, l'Égypte et le Brésil. Le défi était de taille car, comme le signale Hubert Galle, « La situation était à peu près identique pour les autres États européens ; la prépondérance des cotons américains y est peut-être même plus sensible »[32].

Ce rajustement qui pesa si lourdement sur l'industrie du Lancashire et qui, durant la courte période de « famine », eut l'effet d'une catastrophe sur l'industrie cotonnière de l'Angleterre, produisit pourtant des résultats bénéfiques dans l'ensemble de l'économie impériale. Faute de préciser quantitativement l'apport de l'entreprise cotonnière dans la réorientation du trafic maritime, disons qu'il a été un facteur d'accélération dans un mouvement déjà amorcé par le développement ferroviaire en certaines régions continentales de l'Orient et par l'intérêt des milieux financiers dans l'ouverture de régions nouvelles soutenue par l'entreprise ferroviaire[33]. Durant cette période s'effectuait une transformation des méthodes commerciales avec l'introduction du *liner* et l'extension des lignes télégraphi-

---

31. Id., 13 juillet 1861 ; Hubert Galle, *La « Famine du Coton », 1861-1865.* Bruxelles, 1967, p. 75.
32. Galle, *op. cit.*, p. 74.
33. J. H. Clapham, *An Economic History of Modern Britain, 1850-1886,* c. VI ; Daniel Thorner, *Investment in Empire,* University of Pennsylvania Press, 1950, c. V.

ques vers l'Orient. On se fait une idée de l'importance de cette poussée vers les Océans Indien et Pacifique si l'on observe que déjà en 1879, 2 263 000 tonnes de marchandises franchissaient le canal de Suez dont 80% étaient britanniques [34]. Ainsi disparaissaient, du côté de l'Atlantique, les avantages comparatifs du port de Québec, cependant qu'il était, du côté nord-américain, délaissé ou remplacé par Montréal.

À mesure que se tramaient les réseaux d'échange dans les régions nouvelles de l'Orient on enregistrait une baisse des taux de transport pour ces régions et une hausse des taux dans les régions anciennes de l'aire nord-atlantique. Les demandes concurrentes de navires des anciennes régions et des nouvelles accentuaient la différence des taux, dans le transport du bois notamment. Cette baisse des taux dans les régions nouvelles résultait d'innovations dans la construction de navires adaptés aux exigences de la navigation en ces régions, dont le bateau en fer, et avant le bateau en fer, celui de construction mixte, le *composite,* de structure métallique avec revêtement en bois. Dans cette conjoncture, la demande de construction de navires en bois adaptés au transport de bois se trouvait dépassée, à l'échelle des coûts. Le prix du bois augmentait comme matériau de construction navale au Canada, cependant que le prix du fer diminuait en Angleterre. D'où le désavantage des anciens chantiers coloniaux de construction navale et rareté conséquente d'une disponibilité de cargos pour le transport du bois au port de Québec, surtout en fin de saison. Les bateaux à vapeur remontant le fleuve recherchaient des cargaisons moins encombrantes et plus rémunératrices que le bois ; ils préféraient les cargaisons de produits agricoles qui les attendaient au port de Montréal. Une agence de Québec notait en 1895 [35], qu'il y avait diminution du commerce dans le port, que certaines essences de bois se faisaient rares, que d'autres coûtaient de plus en plus cher, et enfin que l'adoption de nouvelles techniques de chargement du bois favorisait le vapeur et accentuait la tendance à expédier de Montréal par vapeur plutôt que de Québec par voilier. Le steamer, disaient les commerçants anglais, avait révolutionné les importations : à Glasgow presque tout le bois arrivait sous forme de madriers. Au Canada, les livraisons de bois dans les ports de Montréal, Lachine et Sorel, avaient augmenté de 247% en 1880-1881, cependant qu'elles avaient augmenté de 47% seulement dans le port de Québec [36].

À ces facteurs s'ajoutent ou se combinent les exigences techniques de la construction navale et les interventions politiques qui déclassent nettement Québec comme concurrent.

Avec les chemins de fer et les routes convergeant vers les ports, l'industrie du transport océanique soulève des problèmes de discipline et

---

34. Clapham, *op. cit.*, p. 214-215.
35. *Timber and Woodworking Machinery,* 9 février 1895.
36. *Le Moniteur du Commerce,* vol. II, nᵒ 11, 4 novembre 1881.

d'organisation où joue, au surplus, le rôle complémentaire de la télégraphie [37].

Cette industrie, on l'avait observé [38], pouvait maintenant fabriquer des routes commerciales, elle pouvait établir un mouvement entre un point du globe et un autre, c'est-à-dire créer des espaces économiques. Tantôt un réseau de transport répondait simplement à une demande préalable ou pré-établie, tantôt un réseau de transport se développait en avance de la demande pour créer, provoquer ou développer la demande ; et dans ce cas certaines villes apparaissaient comme des produits de la route. L'ancien système de navigation correspondait à un type de demande existante ; celle-ci, avons-nous vu, s'inscrivait à l'intérieur d'un développement industriel et urbain dérivé de la révolution industrielle. Dans le nouveau système, l'aménagement de la navigation maritime s'effectuait en fonction du chemin de fer qui avait vertu novatrice dans la mise en valeur des régions continentales. Avec le chemin de fer, le nouveau bateau et le télégraphe devenaient créateurs de villes. Tout compte fait, on pouvait dire que la nouvelle technologie créait des bases nodales et modifiait les espaces économiques [39].

Dans les chantiers navals la construction continuait d'être un foyer d'assemblage et elle tendait comme auparavant (Québec n'échappait pas à cette règle) à se situer en ces endroits où il en coûtait le moins cher d'amener les matériaux et d'en faire l'assemblage. À l'âge du bois, cela pouvait être une opération simple, à l'âge de la construction mixte (quille ou charpente en fer) et, à plus forte raison à l'âge de la mécanisation (vapeur), les facteurs du problème se multipliaient. La construction navale devenait l'expression de la puissance industrielle des nations, et non seulement d'une puissance existante, mais aussi d'une puissance en voie de se vouloir plus forte encore (nationalisme des pays) au moyen d'un levier comme la flotte maritime et d'un point d'appui comme le placement de capitaux à l'étranger. Aussi a-t-on vu se constituer, au niveau de l'entreprise de transport, des monopoles ou cartels (*rings*) de navigation maritime étayés par des subsides à la navigation sous diverses formes, et, au niveau de la construction navale, des chantiers privilégiés par une politique de subsides à la construction. Durant la seconde moitié du XIXᵉ siècle, les armateurs et constructeurs anglais bénéficièrent d'abondants subsides. S'il fallait choisir cette période comme cadre de référence à l'entreprise libre, c'est-à-dire à l'apogée du libéralisme économique, force serait de conclure

37. L. C. A. Knowles, *The Industrial and Commercial Revolution in Great Britain during the Nineteenth Century,* London, 1930, Part IV, 11 et 111.
38. Hutchins, *op. cit.,* p. 10.
39. Hutchins, p. 11.

avec l'historien S. Pollard que, même chez les Anglais, le laisser-faire « ne s'est jamais fait chair » [40].

À Québec, les constructeurs et armateurs comparaissant devant un Comité spécial de la Chambre n'ignoraient pas tout à fait les implications internationales de leur problème. Sur la question de l'aide de l'État l'un d'eux avait dit que pour assurer l'efficacité des subsides il aurait fallu rénover techniquement les chantiers pour les adapter aux exigences de la demande nouvelle et, en somme, qu'il aurait fallu, pour commencer, établir des ateliers de ferronnerie pour la fabrication des pièces de structure ou d'arrimage [41]. La construction à matériaux mixtes (armature métallique et revêtement de bois, ainsi que pièces métalliques d'arrimage), ou le navire *composite*, posait déjà des exigences qui dépouillaient Québec des avantages comparatifs de cette ville comme site de construction navale [42]. La Chambre de commerce était d'avis que la construction navale à Québec pouvait être restaurée et qu'on pourrait y construire des navires capables de concurrencer les navires métalliques, à condition d'y construire des navires de type composite.

Voilà qui éclaire l'aspect international ou nord-atlantique de la question du port de Québec au XIXᵉ siècle, depuis 1865 plus particulièrement. La tendance n'y est peut-être pas fortement ou nettement définie mais elle se traduit d'une certaine façon dans l'entreprise de transport par une baisse des taux dans les régions où s'effectuait la réorientation du commerce maritime et par une hausse dans les régions reliées au trafic nord-atlantique [43]. C'est aux besoins des régions nouvelles qu'on affecte les techniques récentes de construction navale et cela explique le fléchissement des coûts dans la construction et l'opération des navires affectés à ce secteur.

---

40. « Laissez-faire and Shipbuilding », *Economic History Review*, 2nd series, vol. V, no 1, 1952. L'étude porte sur la période 1850-1900 et traite d'architecture navale, de génie maritime, de subsides à la construction, comme domaines d'intervention gouvernementale : peu d'intervention dans les deux premiers domaines avant 1870 ; la fondation de l'*Institution of Naval Architects*, et le *Third School of Naval Architecture* remontent aux années 1860 ; la question des contrats de la Marine aux Dockyards porte sur la période postérieure à 1860.

41. Voir témoignage de Guillaume Charland, Doc. Sess., Canada, 1867-68, I, App. 11.

42. Déclaration de Henry Fry devant le même comité : « Iron and composite ships gets a 20 years' class in Liverpool registry and 14-15 years at Lloyd's ; that their wear and tear is near nothing as compared with wooden ships and consequently their annual depreciation in value is much less ; they are stronger, rarely leak, and are insured at a lower rate of premium. »

43. C. W. Wright, « Convertibility and Triangular Trade », *Economic Journal*, sept. 1955.

B. *Facteurs reliés au contexte nord-américain*

Les facteurs reliés au contexte nord-américain ont joué dans un sens semblable, soit pour effriter la structure laurentienne assise sur la technologie du bois, la construction des navires en bois, et le voyage entre Québec et les marchés britanniques. Nous en retenons quelques-uns.

> Les investissements d'intention continentale sont ainsi appelés par opposition aux investissements orientant l'activité économique vers le fleuve ou vers l'océan et le voyage océanique, comme les ports, les canaux, la construction navale. Tels sont les investissements en routes et chemins de fer qui ont exercé une double influence. Premièrement, ils ont favorisé l'expansion du peuplement et de la colonisation dans les régions intérieures ; ils ont ouvert des sources nouvelles de production ; deuxièmement, ils ont créé une demande de bois ouvré, d'une part pour répondre à la demande des chemins de fer, pour la construction et l'équipement de leurs voies et pour l'opération et l'entretien de leurs services, et, d'autre part, pour répondre à la demande des villages et villes en formation.

Les canaux, puis les chemins de fer, avaient favorisé le développement de l'industrie forestière et, concurremment, son expansion depuis les vallées du Saint-Laurent et de l'Outaouais vers l'Ouest, et depuis le lac Ontario vers le Nord, Muskoka, lac Simcoe, baie Georgienne. L'expansion en ces directions et en fonction des marchés urbains du Canada et des États-Unis avait favorisé la formation d'un secteur nouveau, celui des scieries, et avait réduit l'importance relative du secteur traditionnel du bois équarri à Québec, ce dernier secteur étant constitué presque exclusivement de pin blanc exporté en Grande-Bretagne. Le tableau suivant indique la position relative de Québec comme port d'exportation.

Variation de la production totale de bois au Canada et de l'exportation de pin blanc au port de Québec, 1851-1891 [44]
(1851 = 100)

	Production totale de bois au Canada	Exportation de pin blanc à Québec
1851	100	100
1861	136	122
1871	128	90
1881	150	56
1891	170	30

44. Calcul basé sur les chiffres de A. R. M. Lower, *The North American Assault on the Canadian Forest*, Toronto, 1938, et sur les statistiques officielles du Canada, Doc. Sess., 1895, n° 8A, Tableau 20.

À la fin de la décennie 1860 le changement semblait échapper à l'attention des contemporains ; en 1870, on commençait d'en parler, alors que les consignataires de bois à Québec devaient affronter des taux croissants de transport pour l'expédition de leurs produits. Pourtant le bois s'acheminait vers les États-Unis en volume croissant. Un observateur écrivait en 1881 : « La cour à bois de Burlington couvre 75 acres... et contient 100,000,000 pieds de bois. Il y a cinq moulins pour redresser le bois et huit pour le fabriquer en différents articles. On y fait pour 200,000,000 pieds d'affaires par année. Beaucoup d'affaires se font actuellement par Montréal et Boston. J'apprends qu'on y vient de signer un contrat pour 500,000 pieds de bois d'Ottawa pour expédier à Montréal et de là à Boston par le Vermont Central sur un ordre reçu par la compagnie Shepart & Morse de Burlington. Les hommes d'affaires sont d'avis que le nouveau chemin de fer sera la voie pour tout ce commerce, attendu que Burlington ne sera qu'à 170 milles d'Ottawa. » [45] Quant au port de Montréal, selon les statistiques de la Chambre de commerce, il connaissait un développement notable [46], sans toutefois retirer, des ventes aux États-Unis, des bénéfices proportionnels à ses ambitions. D'ailleurs, le marché américain était divisé entre New York et Chicago, les voies de transport déterminant les limites du champ de concurrence, remarque Lower [47]. Or les moyens de transport déterminaient aussi la part du marché de l'Est (celui de New York) qui allait passer par Montréal. Où l'on voyait l'importance des chemins de fer d'origine municipale associés à l'aventure financière du Fonds d'emprunt municipal [48]. Montréal s'agitait pour avoir plus de chemins de fer et se comparait aux autres sous ce rapport : sur Toronto convergeaient cinq chemins de fer ; Hamilton supportait financièrement des chemins de fer malgré ses dettes et Kingston avait voté des sommes en cadeau aux chemins de fer [49]. Et Québec s'inquiétait de n'en point faire autant que les autres villes de la province pour les chemins de fer. Montréal, disait-on en 1870, va voter un million pour le chemin de fer Central et celui du Nord. À cette époque le chemin de fer du Pacifique était à l'état de projet, et déjà les spéculateurs s'agitaient. « Notre patriotisme, écrivait J.-A. Mousseau, est plus étroit et nous voulons des chemins de fer pour Québec. Quelque chose de plus pressé que l'*Intercolonial* et le *Pacifique* pour nous les Bas-Canadiens, c'est le chemin de fer Central et celui des Piles, celui de Québec à Montréal avec embranchements dans l'intérieur. Les autres viendront par surcroît, et du Fédéral. » [50]

---

45. *Le Moniteur du Commerce*, Vol. I, n° 7, 8 avril 1881.
46. Rapports annuels, *Montreal Board of Trade*.
47. Lower, *The North American Assault*, p. 161.
48. A. Faucher, *Histoire économique et unité canadienne*, Montréal, 1970, partie I, ch. 4.
49. *Railway Interests of the City of Montreal,* submitted for the Consideration of Merchants of this City, Montreal Gazette Printing House, 1872.
50. *L'Opinion Publique,* 21 décembre 1870.

Québec n'obtint effectivement son chemin de fer de la rive nord qu'en 1879, le chemin de fer du Lac-Saint-Jean en 1887 et celui de Québec-Sainte-Anne de Beaupré en 1890 ; à la fin du siècle, elle espérait encore obtenir un pont qui eût assuré le raccordement du réseau de la rive nord, dont Québec était le terminus, avec l'Intercolonial, le Grand Tronc et le Québec Central, à Lévis. Sans ce raccordement Québec se trouvait pratiquement privée de hinterland agricole. À cette situation technique peu avantageuse s'ajoutaient d'autres épreuves et contraintes. L'on sait que les conflagrations périodiques, dévastant des arrondissements entiers, ont obligé nombre de familles à émigrer [51]. De plus, la condition ouvrière semble s'y être détériorée, notamment parmi les ouvriers du port et des chantiers de construction navale, accentuant ainsi le déclin du trafic et de la construction. Les sociétés de bienveillance ou d'entraide constituées parmi les débardeurs se seraient muées en groupes de revendication et, en exigeant de nouvelles conditions de travail (salaires et heures de travail) auraient rompu l'ancien équilibre ou compromis l'efficacité du port. Les capitalistes (financiers, commerçants, marchands) ont dit beaucoup de mal de ces associations, mais l'insuffisance de renseignements sur la condition réelle des ouvriers et sur la conduite des patrons nous interdit de porter un jugement sur cette question. On disait que ces associations recevaient des États-Unis leurs mots d'ordre et leurs règles de conduite. Il se peut bien toutefois, si l'on tient compte des observations de la Chambre de commerce locale, que l'agitation ouvrière ait contribué au retard du progrès technique du port de Québec par son hostilité à la mécanisation mais on ne peut, en toute justice, imputer aux ouvriers l'insuffisance de l'équipement technique de leur port. Ils étaient des ouvriers réactionnaires dans un port retardataire. Il est vrai que l'agitation ouvrière s'est manifestée vers 1873, mais il ne faudrait pas pour autant imputer aux ouvriers la récession des années subséquentes. Le Ship Labourers Benevolent Society, association constituée par la loi du Parlement en 1862 pour fin d'entraide, comme son nom l'indique, groupait cinq à six mille membres et, en 1876, elle s'était, à toute fin pratique, transformée en union ouvrière. Elle avait établi une échelle de salaires pour les ouvriers du port, de $4., $3., et $2. par jour selon les tâches assignées dans l'assistance aux navires mouillant dans le port. Un règlement interdisait aux membres de l'Association d'accepter du travail sur les navires utilisant la force motrice dans le chargement du bois ; un autre règlement introduisait la journée de huit heures, la rémunération à temps et demi pour travail supplémentaire, et la double rémunération pour travail les dimanches et jours de fête. Tout cela contre le gré de la classe commerciale de la ville, qui comptait bien un peu sur l'action politique pour rectifier la situation. Et pourtant, contre la conspiration ouvrière, disait Richard Dobell, la politique n'a pu ou n'a voulu rien faire. Alors les marchands de la ville ont dû se liguer, ils ont essayé de mater cette combine. En 1875, disait encore M. Dobell, on a

---

51. Eugène Leclerc, *Statistiques rouges*, Québec, 1932.

tenté de charger un navire sans le concours des hommes de l'Association et, en fin de compte, on a dû faire venir la police militaire et lire la loi d'émeute. Le débardeur qui s'était chargé du navire, contre le gré de l'Association, a dû quitter la ville, et son frère a été battu. Pourtant la presse de Québec n'a pas protesté [52].

Quoi qu'il en fût, nous ne croyons pas que ces contrariétés, qu'on a imputées trop gratuitement à la malice des ouvriers, aient décidé du destin économique du port de Québec. Disons plutôt que l'enjeu de ce port reposait sur les avantages ou désavantages de son site naturel, de sa situation dans la région et de son aptitude à réaliser une fonction métropolitaine. Pour l'homme d'affaires, pour le promoteur de chemin de fer nommément, le rôle du port apparaissait comme lié à l'organisation des transports ; ce qui devait être un rôle créateur d'espace économique. Le défi consistait à s'intégrer aux contextes mouvants ou aux réseaux créés par la technologie nouvelle. Aussi faut-il, si l'on veut apprécier son aptitude à relever le défi, examiner avant tout la géographie physique du lieu, le potentiel du site, dans l'optique des règles de la localisation des entreprises industrielles et commerciales, compte tenu des conditions particulières à l'époque. À ce sujet un chroniqueur du début du XXe siècle nous a livré une observation pertinente. Au fait, il rapportait les propos d'un promoteur de chemins de fer (il ne cite pas son nom) venu à Québec pour étudier les possibilités de développement des services ferroviaires. Or, à cette époque, selon lui, le marché Champlain, à proximité des quais de la Traverse de Lévis, constituait le point principal d'attraction commerciale mais c'était précisément l'endroit encombré et presque inaccessible. Il aurait fallu, pour y accéder commodément et pour construire facilement les quais à eau profonde, suivre la rive du fleuve, mais c'était déjà une rive occupée par Sillery et le village de Cap Blanc, ce « village d'un mille et demi de long sur trente pieds de large » contenu entre la falaise et les eaux du fleuve. Il aurait fallu l'exproprier et le démolir. De plus, la rue Dalhousie était aussi encombrée. D'où l'obligation de passer par les terres basses du nord de la ville et d'entrer par Saint-Sauveur et Saint-Roch. Or, au centre de la ville les terres étaient rares et faisaient l'objet d'une spéculation gênante ; et à cause de cela on se demandait de quel côté la ville pouvait bien se développer, car trois compagnies de chemin de fer se disputaient les terrains : le Canadien Pacifique, le chemin de fer du Lac-Saint-Jean et celui de La Malbaie. Du côté de Sillery on aurait eu cinq ou six milles de quais en eau profonde mais, eût-on démoli tout le Sillery de la basse-ville, le passage serait demeuré étroit [53].

Voilà. Québec manquait de terrains de vaste étendue et de surface plane ; Québec possédait un site plaisant mais contrariant pour le com-

---

52. Intervention de Richard Dobell, Dominion Board of Trade, Assemblée plénière, Ottawa, 1876.
53. Sur la topographie du port de Québec, voir JALPC, 1852-53, App. M.M.M.

merce et l'industrie du XIXᵉ siècle. La Chambre de commerce connaissait fort bien le problème mais prenait garde de ne pas trop le divulguer. Nos schèmes historiques de localisation devraient tenir compte de ce problème géographique sans toutefois y chercher toute l'explication de l'infériorité du port de Québec. Pourquoi la stagnation économique à Québec et pourquoi ce remarquable progrès du port de Montréal ? Y avait-il conspiration de Montréal contre Québec ? Pour répondre à cette question il faut dépasser la notion de géographie banale pour accéder à la notion d'espace technologique.

CHAPITRE V

New York, Montréal, Québec

Au cours de la seconde moitié du XIXe siècle la ville de Québec a connu une stagnation que reflètent les statistiques de son port. Au cours de la même période, la ville de Montréal, par contre, connaissait un essor remarquable. Cette stagnation de Québec, dans la mesure où ses manifestations sont quantifiables, peut être facile à observer. Mais comment l'expliquer, voilà la question.

Devant pareille question deux perspectives s'offrent à l'historien. D'une part, une perspective laurentienne qui ne retient que la relation dialectique Québec-Montréal dans le cadre laurentien et qui assume les politiques économiques, anglaises ou canadiennes, comme facteur déterminant de la mobilisation ou de l'affectation des ressources à des usages spécifiques. D'autre part, la perspective nord-américaine qui situe Montréal dans un ensemble de relations multilatérales, tenant compte de l'influence d'autres centres à vocation métropolitaine, comme Toronto, Boston, New York, et qui assume la technologie comme facteur déterminant de l'économie, compte tenu des particularités régionales. Car une innovation technique peut agir différemment sur les diverses régions d'un pays. Il en est ainsi de la politique économique dont les effets peuvent varier d'une région à l'autre, en raison de l'inégale répartition des richesses naturelles. Cela se produit notamment dans les pays à territoire vaste, et c'est ce qui fait de l'économie canadienne une économie riche en conflits d'intérêts.

De ces deux perspectives la plus courante nous semble avoir été la première, soit la perspective laurentienne. De façon très simple on peut la formuler ainsi : Montréal a absorbé un trafic naturellement dévolu au port de Québec, et Québec n'a pas pu résister parce que les politiques économiques jouaient contre elle et favorisaient l'ascension de Montréal. Or cette perspective aurait marqué l'historiographie canadienne-française. Pourtant, parce qu'elle attache tellement d'importance au facteur politique, elle porte trop à imputer la stagnation économique de Québec à la malice des Montréalais, pour être juste.

L'autre perspective, qui situe le problème dans un contexte nord-atlantique, tient compte des politiques économiques mais les retient comme facteur qu'il convient d'apprécier par rapport aux forces du marché. À l'intérieur d'un réseau donné ces forces entraînent une polarisation des divers types d'activité en certains endroits ; et les interventions politiques agissent sur elles tantôt négativement tantôt positivement, soit pour les contrarier soit pour les favoriser. La rationalité économique, voilà le premier critère d'appréciation. Le second critère, qui d'ailleurs informe et complète le premier, c'est la dimension spatio-temporelle où s'exerce la rationalité et où elle s'accomplit. La longue période dont on s'occupe ici met en cause des changements structurels ; et la technologie qui entraîne ces changements détermine aussi les espaces économiques et conséquemment change l'écologie des centres industriels et commerciaux. Envisagées dans cette perspective, la croissance de Montréal et la diminution ou la stagnation de Québec apparaissent comme phénomènes plus facilement réductibles à quelque théorie élémentaire de localisation. Or des diverses façons d'envisager la localisation de l'activité économique (la polarisation des espaces), il faut choisir celle qui convient à l'analyse historique de longue période [1].

La théorie générale élaborée à partir d'Alfred Weber [2] ne répond pas aux besoins de la présente enquête parce qu'elle ne tient pas compte des éléments fondamentaux en n'assumant pas le temps concret de l'histoire. Or la question fondamentale que pose le cas historique de Québec, c'est celle d'un déplacement graduel d'un pôle vers un autre lieu à l'intérieur d'un même espace économique. Il s'agit d'un déplacement résultant d'un changement de fond et non d'une migration. Le phénomène est essentiellement historique ; l'explication doit être historique. Pourquoi ce déplacement ? Toute réponse historique à cette question (il s'agit de relier les matériaux de l'histoire au problème) doit référer à deux ordres de réalité : a) la structure générale des richesses de la nature variant en fonction de la technologie à divers moments de la période (le co-efficient technologique défini au chapitre premier) ; b) les exigences (composants-

---

1. Edgar M. Hoover, *The Location of Economic Activity*, New York, 1948. Voir Partie II, cc. 9 et 10 sur les aspects historiques du problème ; S. R. Dennison, *The Location of Industry and the Depressed Areas*, New York, 1939.
2. *Theory of the Location of Industries*, Chicago, 1928.

coûts) des entreprises particulières implantées dans un lieu de l'espace dans un temps donné puis déclassées dans un temps suivant, ou déplacées vers un autre lieu. Où l'on voit l'importance fondamentale de la variable technologique dans les changements de longue période. Car la technologie affecte les richesses naturelles, les rendements ou les conditions de travail, les moyens de transport et donc les conditions d'approvisionnement et d'accessibilité des marchés. Ainsi le déclin d'une ville ou d'un port peut résulter d'une dislocation occasionnée par une adaptation à des conditions nouvelles. On l'explique par insertion dans une dynamique de changement. Voyons maintenant ce qui s'est passé dans la Laurentie du XIXᵉ siècle, en prenant pour critère le mouvement des navires océaniques aux ports de Montréal et de Québec [3].

Le tonnage des navires océaniques entré dans le port de Montréal de 1868 à 1900 s'est multiplié par 7 environ, celui des navires océaniques entrés dans le port de Québec durant la même période est demeuré sensiblement stable, et même il a subi une baisse légère, compte tenu des variations de courte période, positives ou négatives. Ces tonnages se chiffrent ainsi aux décennies :

TABLEAU IX

Tonnage des cargaisons venant de la mer entrées dans les ports de Montréal et de Québec, 1868-1900

	Montréal	Québec
1868	169 136	697 643
1870	168 824	640 087
1880	349 712	602 490
1890	529 538	511 464
1900	1 162 912	674 138

Si maintenant on observe le mouvement des navires océaniques quittant les ports de Montréal et de Québec, on obtient un résultat semblable :

TABLEAU X

Tonnage des cargaisons quittant les ports de Montréal et de Québec pour la mer, 1868-1900

	Montréal	Québec
1868	141 303	719 850
1870	173 181	728 697
1880	382 418	559 612
1890	523 578	462 828
1900	226 857	504 006

Les cheminements de croissance pour les deux ports se comparent comme suit (voir graphiques I et II aux pp. 95 et 96) :

---

3. D'après les statistiques officielles, Doc. Sess., Canada, Commerce et Navigation.

GRAPHIQUE I

Taux de croissance du tonnage des cargaisons venant de la mer
à Montréal et à Québec, 1868-1900
Base : 1872 = 100

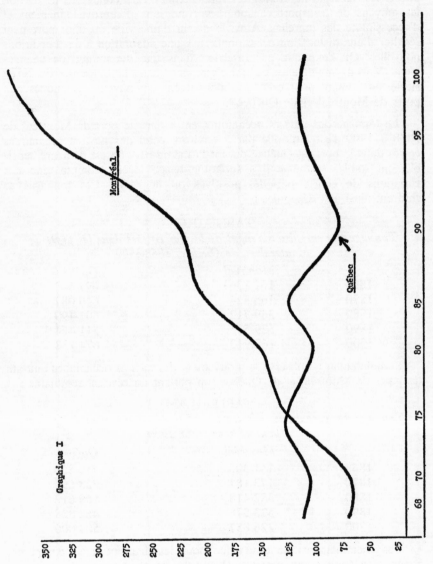

GRAPHIQUE II

Taux de croissance du tonnage des cargaisons quittant les ports de
Montréal et de Québec pour la mer, 1868-1900
Base : 1872 = 100

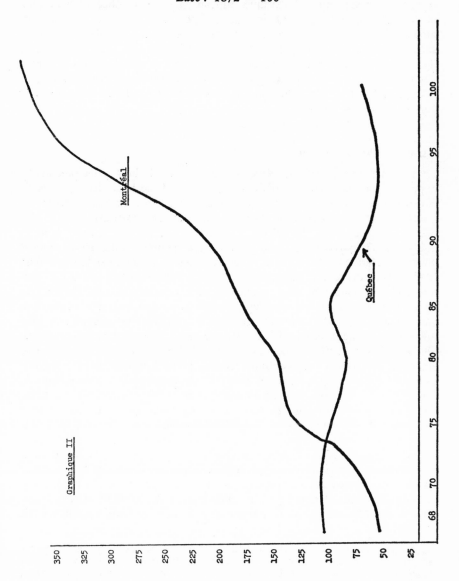

Graphique II

Selon les Québécois, les trois causes principales de la stagnation du port de Québec et du progrès du port de Montréal étaient l'avènement du bateau à vapeur, l'aménagement du chenal Montréal-Québec, et la politique de subsides aux paquebots amarrant à Montréal. Ces trois aspects remettent en question l'historique opposition entre Québec et Montréal, ou le cas Montréal versus Québec soi-disant. Or, malgré son avance marquante sur Québec, Montréal ne se trouvait pas satisfaite. Elle mesurait ses succès à l'aune de ses propres ambitions comme entrepôt pour le commerce de l'Ouest. D'après elle, les produits américains et canadiens de la région des Grands Lacs, les céréales particulièrement, devaient s'acheminer vers l'Angleterre via Montréal et non via New York. Comme métropole elle se comparaît à New York [4].

Québec, port en déclin

La ville de Québec, au XIXe siècle, a vécu de bois principalement : exportation de bois équarri d'abord et, plus tard, de bois ouvré ; aussi de construction navale, au temps des voiliers en bois. Vinrent ensuite les industries de la tannerie et de la chaussure comme substituts aux activités décroissantes du port. Toutefois, si ces substituts pouvaient remplacer les industries d'exportation comme pourvoyeurs d'emploi, elles n'entraînaient guère de relations extérieures avec les marchés étrangers ; car le marché de la chaussure demeurait domestique presque exclusivement. Montréal connut un développement plus avancé : ses manufactures, ses forges, ses meuneries, représentaient des types industriels relativement évolués. Son environnement rural pratiquait une agriculture plus commercialisée, plus mécanisée et mieux organisée que dans le reste de la province. La ville de Québec, à son meilleur, demeurait, au sens mercantiliste du mot, une étape, et développait une ambition et une jalousie typiquement mercantilistes. Québec acceptait mal le progrès technique qui la dépouillait de son antique grandeur. Les chroniques commerciales de la fin du siècle nous la révèlent comme grognarde, réfractaire au progrès, inquiète de celui de Montréal, très soucieuse de politique. Prenons, par exemple, le témoignage de M. François Langelier qui, en 1897, défendait dans les journaux les avantages qu'offrait le port de Québec et proposait un remède pour en restaurer la supériorité. Que voulait François Langelier ? Il voulait, comme les Montréalais d'ailleurs, que le trafic de l'Ouest prît la route du Saint-Laurent, et non celle des États-Unis. On reconnaît le rêve traditionnel des Canadiens. Mais Langelier y mettait la manière : il voulait

---

4. De ce point de vue la situation de Montréal pourrait être envisagée par rapport à trois variables : a) ce qu'il en coûte pour transporter et livrer un boisseau de blé de Chicago à Liverpool ; b) les importations comme cargaison de retour ; c) les avantages inhérents à tel ou tel port, les constituants, tangibles et invisibles, du coût total, comme les assurances, les services de manutention, d'entreposage ou de transbordement, la finance.

que Québec, et non Montréal, en fût le port de transit, que le transbordement des produits de l'intérieur à destination des ports d'Europe et d'Angleterre se fît à Québec ; et à cette fin, il recommandait de recourir à des moyens techniques pour « empêcher » les navires océaniques de se rendre jusqu'à Montréal.

Selon François Langelier, il fallait procurer à Québec d'énormes navires pouvant contenir jusqu'à 30 000 tonneaux de marchandises, dont le port d'attache eût été forcément Québec ; il fallait procurer au commerce des grains des barges pouvant transporter 200 000 minots de blé jusqu'à Québec, terminus de la navigation intérieure et lieu de transbordement des produits. Ainsi Québec aurait dominé Montréal et aurait assuré la supériorité du système laurentien sur ceux des métropoles américaines. Si ce stratagème réussissait... « Avant dix ans, notre ville deviendrait le grand lieu de transbordement des produits de l'Ouest. » [5] À quoi la Chambre de commerce de Montréal répliquait : « Les journaux de la vieille capitale ont reproduit, la semaine dernière, une lettre de l'hon. F. Langelier qui discute les avantages comparatifs des ports de Québec et de Montréal et qui, aussi, comme tout bon citoyen de Québec, est fermement convaincu que si le commerce de Québec est moins actif et moins prospère que celui de Montréal, c'est la faute aux Montréalais et non celle des Québécois. » [6] En somme,... « Vous n'avez pas pu empêcher les gens de Montréal de creuser le chenal du lac Saint-Pierre pour descendre à l'Océan, mais il vous reste un remède : cotisez-vous pour bâtir des navires tellement gros qu'ils ne puissent pas remonter jusqu'à Montréal faute d'eau suffisante dans le fleuve. » Et la Chambre de commerce de Montréal de commenter sur Québec et les Québécois : « Il y a à Québec un élévateur à grain qui a coûté très cher ; qu'en fait-on ? Les gens de Québec, ceux de la Chambre de commerce en tête, s'en servent-ils ? Il y a à Québec un immense hôtel... ; les amis de Québec ont-ils contribué à sa construction ? Il y a à Québec ce que l'on est convenu d'appeler le bassin de la Louise ; qu'en fait-on ? La région de Québec produit du beurre et du fromage mais les gens de Québec laissent ces produits se chercher un placement sur le marché de Montréal » alors qu'ils pourraient eux-mêmes les vendre. Bien sûr, on le concède, « la rade de Québec est la plus belle du Canada »... « mais ses commodités de quaiage laissent à désirer ; or, aujourd'hui, pour attirer la grande navigation il faut à un port autre chose que de l'eau, un beau paysage et une citadelle qui ne sert plus à rien. Il faut des quais et des entrepôts et surtout des capitalistes qui fassent leur part légitime pour seconder les projets du gouvernement. » À Montréal, « nous n'avons pas (ici) le loisir de jalouser nos concitoyens, et nous ne nous berçons pas avec des théories, et nous n'aimons pas le titre de 'Rentier'. »

---

5. *Le Moniteur du Commerce*, 22 octobre 1897.
6. Id., 29 octobre 1897.

Et voilà donc une manière de commenter sur Québec et sur les Québécois. Pourtant tous les Québécois ne méritaient point qu'on leur adressât
pareilles remarques ; en témoigne *La Semaine Commerciale* qui s'applique
à rapprocher les deux villes. « Voilà vingt ans et plus qu'on critique (...)
Montréal et Québec devraient désormais marcher ensemble (...) si c'est
la politique du gouvernement, d'un parti comme de l'autre, de creuser
le fleuve, si d'ailleurs nous ne sommes pas assez forts pour l'empêcher. » [7]

Ce qui étonne en tout cela, c'est le manque, de part et d'autre, notamment de la part de Québec, à poser le problème sur le plan de la rationalité
économique. On disait que les navires se rendaient maintenant à Montréal,
que la navigation avait délaissé le port de Québec depuis qu'on avait
ouvert le chenal du lac Saint-Pierre. Et parce que la canalisation du lac
Saint-Pierre avait été défrayée par le gouvernement on en concluait au
caractère essentiellement politique de cette entreprise de canalisation. Or il
répugne à l'histoire économique d'accepter sans critique une explication
qui ne tient pas compte de la recherche du coût minimum d'opération chez
les armateurs et chez les commerçants. Quant au gouvernement son
dessein en cette affaire consistait à créer de l'utilité publique ; ce qui représente aussi une forme de rationalité.

Montréal : ascendance d'un port

Située à la tête de la navigation intérieure, Montréal se trouvait bien
placée pour desservir les ports de Kingston, Toronto, Hamilton, et tout
l'Ouest ontarien, prétendaient les Montréalais [8]. Toutefois pour exercer avec
succès sa fonction il lui fallait un passage au lac Saint-Pierre suffisamment
profond qui lui permît de se raccorder avec la navigation océanique. Son
succès dans l'Ouest dépendait de son efficacité dans l'Est. On s'en était
rendu compte dès le moment où il fut question de canalisation, à Lachine
et à Welland. Déjà en 1830 le Capitaine Bayfield, commandant de la
marine royale, explorait le lac Saint-Pierre et dans son rapport (1831)
disait que la partie supérieure, à deux milles de Sorel environ, était par-
semée d'îlots de terre glaise recouverts de sable. Ces dépôts d'alluvion
rétrécissait le chenal. Il aurait fallu enlever ces îlots sur une longueur de
six milles où l'on n'avait qu'une profondeur de 11,5 pieds l'automne, aux
basses eaux. Depuis le lac Saint-Pierre jusqu'à Montréal, et même jusqu'à
l'entrée du port de Montréal, les battures laissaient peu de profondeur.
Aussi les marchands de Montréal demandaient-ils à la Législature du Canada de nettoyer le fleuve à l'île Platte et au lac Saint-Pierre. La question
fut renvoyée à un Comité qui interrogea les pilotes et capitaines de navires.
Ceux-ci croyaient impossible d'entretenir un chenal qui allait constamment
se remplir. Le Comité produisit donc un rapport défavorable. Mais en

---

7. Cité dans *Le Moniteur du Commerce,* 18 mars 1898.
8. *Le Moniteur de Commerce,* 22 septembre 1893.

1838 un autre Comité exprima l'avis qu'on pouvait entretenir un chenal de seize pieds. C'est sur la foi de ce Comité que le gouvernement ordonna une exploration d'où sortit le rapport Thompson (1841) recommandant le creusage du lac Saint-Pierre. Le gouvernement vota £58 000 à cette fin. En 1847, après y avoir dépensé au-delà de $300 000, on abandonna le projet trop dispendieux d'une canalisation en ligne droite du lac Saint-Pierre, pour suivre le chenal naturel. L'approfondissement s'est effectué à un rythme accéléré : 13 pieds en 1851, 15 en 1852, 16,5 en 1855, 18 en 1857, 20 en 1865, 22,5 en 1878 et 25 en 1882. La quantité et la capacité des navires arrivant à Montréal rendent compte de cette amélioration [9].

TABLEAU XI

Port de Montréal : nombre de navires venant de la mer

nombre de navires venant de la mer		moyenne de capacité
1850	210	220
1880	710	900
1890	776	1630
1900	850	2550

En somme, c'est l'achèvement des canaux du Saint-Laurent vers les Grands Lacs qui entraînait l'amélioration du chenal en aval de Montréal. Le développement agricole du sud-ouest de la plaine laurentienne exigeait une voie d'accès au marché britannique et renforçait la fonction métropolitaine de Montréal, intermédiaire entre la navigation intérieure et la navigation océanique. Par ailleurs, l'entreprise de transport océanique tendait vers Montréal comme zone terminale de plus forte nodalité, au confluent des rivières et au carrefour des routes et des chemins de fer [10]. Le développement des Cantons de l'Est favorisait Montréal par l'intermédiaire du Grand Tronc. Cette situation privilégiée de Montréal justifiait les armateurs de réclamer une voie d'accès facile à son port. Ils la réclamaient avec insistance surtout depuis l'avènement du vapeur à hélice en 1849. À compter de cette période les armateurs s'organisent pour se rendre jusqu'à Montréal. Nombre de navires s'enregistraient à Québec à l'arrivée et au départ mais se rendaient à Montréal y porter cargaison et en rapporter. Aussi faut-il observer que plusieurs océaniques statistiquement entrés à Québec étaient en réalité chargés à Montréal [11]. En amont de Montréal on avait introduit le remorqueur-vapeur en 1849 là où le sentier de touage

---

9. JALPC : Sess., Canada, Commerce et Navigation.
10. J. M. & Edward Trout, *The Railways of Canada for 1870-1*, Toronto, 1871.
11. T. E. Blackwell, *Hydrology of the Basin of the Gulf*, Montréal, 1874, p. 5 ; H. A. Innis & A. R. M. Lower, éd., *Select Documents*, p. 451.

était impraticable. En 1851 on remarquait la présence de quatre remor-
queurs, six en 1853, neuf en 1857, pour le service entre Montréal et
Kingston. Le gouvernement payait des subsides à la compagnie de remorquage [12]. Cette aide du gouvernement à l'entreprise de remorquage
eut pour parallèle les subsides de dragage du chenal en aval pour abaisser
les coûts de navigation entre Québec et Montréal où le taux élevé de
touage tendait à éliminer les voiliers et même les steamers de faible tonnage. L'avènement de l'hélice en 1849 et l'accession des paquebots au
fleuve rendaient impérieuse la canalisation du chenal pour les navires
océaniques en quête de cargaison. Le manque traditionnel du port de
Québec à fournir un volume adéquat de cargaison et le développement de
Montréal comme centre de distribution justifiait l'aménagement des transports en fonction des services montréalais. La chronologie des travaux
de dragage indiquée ci-haut est caractéristique.

Dès 1852 une ligne de paquebots choisissait Montréal comme port
d'attache. En 1868, Hugh Allan recommandait l'approfondissement du
chenal à 23 pieds et son élargissement à cinq cents pieds. L'approfondissement du chenal en 1878 attirait à Montréal une classe de navires de
plus fort tonnage dont plusieurs n'avaient même pas à décharger à Québec
une partie de leur cargaison. Vers 1880, le bateau métallique permettait
l'usage d'une meilleure machinerie de bord et le coût de la traversée s'en
trouvait considérablement réduit. L'usage du *compound engine* permettait
de diminuer la consommation de combustible et de prendre des cargaisons
plus fortes [13]. On a dit qu'une portion de cargaison transportée à $0.25 en
1880 rapportait autant de bénéfices à l'armateur qu'une même quantité
transportée à $0.50 en 1870 [14]. Et en 1880, on pouvait faire en une saison
le même nombre de voyages à Montréal qu'on faisait autrefois à Québec [15]. Le gouvernement britannique, obéissant sans doute aux règles du jeu
capitaliste tout autant qu'aux groupes de pression, accordait des subsides
aux paquebots pour le transport du courrier postal à New York, Boston, et
plus tard à Montréal. Le gouvernement canadien dut intervenir en faveur
de Québec. L'importance grandissante de Montréal s'accusait en proportion du développement du sud-ouest de la province de Québec et de l'Ontario. En témoignent les statistiques d'exportation des produits de l'élevage et de l'industrie laitière en provenance des Cantons de l'Est, de la
région de Montréal, et de l'Ontario. Le tonnage d'exportation par vapeur
augmentait après 1878, à la suite de l'approfondissement du chenal, le
tonnage par vapeur représentant 68% de tout le tonnage d'exportation en
1878, et 84% en 1881 [16]. Dans les régions d'Ontario et dans celle de

---

12. Voir *Rapport de la Commission des Travaux Publics* pour l'année 1866.
13. L. C. A. Knowles, *The Industrial and Commercial Revolutions in Great
Britain during the Nineteenth Century*, London, 1930, Part V, iv.
14. Doc. Sess., Canada, 1881, 12.
15. Innis & Lower, *Select Documents*, pp. 457-458.
16. Doc. Sess., Canada, 1882, doc. nº 5.

Montréal, le chemin de fer doublait le canal. La densité de la population en ces régions contribuait à la consommation domestique et confirmait le rôle de Montréal comme fonction métropolitaine. Pour des produits comme les viandes, les produits laitiers, le bois, le marché domestique absorbait le surplus des exportations ou, vice versa, c'était le marché d'exportation qui absorbait le surplus de consommation domestique. Dès lors, la logique économique exigeait que le transbordement et l'entreposage se fissent à Montréal et non à Québec. On n'allait pas entreposer à Québec des produits des régions intérieures pour les y renvoyer ensuite pour consommation. D'ailleurs, un fort pourcentage du volume des exportations prenait le chemin de Portland par le Grand Tronc, à Montréal et non à Québec.

Dans les produits de l'élevage on remarque que chevaux, cochons, moutons, avaient la faveur du marché américain, les bêtes à cornes, celle du marché anglais [17]. Dans ces deux types d'exportation la prédominance de Montréal sur Québec et Halifax est notoire. Le rapport McEachern [18] donne pour 1880 les quantités expédiées. Ces quantités étaient partagées entre les trois ports dans les proportions suivantes.

TABLEAU XII

Répartition des exportations canadiennes de bestiaux dans les ports de Montréal, Québec et Halifax, en 1880

	Bêtes à cornes	*Moutons*	*Cochons*
Montréal	65%	83%	100%
Québec	25%	14%	—
Halifax	10%	3%	—

En 1884, ce commerce occupait tout l'espace disponible des steamers sur le fleuve. Le tableau XIII, à la page 102, donne les quantités de bêtes à cornes et de moutons transportés de 1883 à 1893 [19].

La courbe des exportations de fromage exprime sensiblement les mêmes variations que celle des exportations de bestiaux : 40 368 678 lb en 1880, 69 755 428 en 1885, et 88 534 887 en 1889 ; celle des exportations de beurre exprime d'abord une diminution (produits américains en transit), puis une augmentation après 1890, attribuable à la production canadienne [20]. (Voir le tableau XIV.)

17. Doc. Sess., Canada, 1877, 8, doc. n° 61.
18. Doc. Sess., Canada, 1880-1, 7, doc. n° 12, et n° 10, annexe n° 28.
19. Doc. Sess., Canada, 1894, doc. n° 8.
20. Doc. Sess., Canada, 1894, doc. n° 8h.

TABLEAU XIII
*Bêtes à cornes et moutons expédiés par la voie du fleuve Saint-Laurent,
1883-1893*

Année	Bêtes à cornes	Moutons
1883	55 625	114 332
1884	61 843	67 197
1885	69 158	38 534
1886	64 555	94 297
1887	64 621	35 473
1888	60 828	46 167
1889	85 053	58 983
1890	122 182	43 780
1891	108 947	32 157
1892	98 755	15 932
1893	80 899	1 781

TABLEAU XIV
Exportations de beurre sur le marché anglais, 1880-1893

Année	Quantité (lb)
1880	18 535 362
1885	7 330 788
1889	1 780 765
1890	1 951 585
1893	7 036 013

La fonction commerciale de Montréal s'exerçait sur un vaste territoire mais ses ambitions métropolitaines s'étendaient à un territoire plus
vaste encore. Depuis longtemps elle rêvait d'attirer à elle les produits de
tout l'Ontario et du Nord-ouest américain. Elle n'y réussissait point. La
concurrence Québec-Montréal sur le plan provincial se répétait sur un
plan continental entre Montréal et les villes de l'Atlantique américain,
New York notamment ; et sur ce plan existait aussi une certaine rivalité
entre Montréal et Toronto.

Québec, Montréal, New York

Le développement ferroviaire de l'Ontario, qui n'était pas complètement orienté vers Montréal, certains réseaux ontariens étant reliés directement aux lignes américaines, contribuait à diriger le trafic vers New York
et Boston. De la sorte, si Québec se trouvait frustrée, ou injustement con-
currencée par Montréal sur le plan provincial, Montréal ne l'était pas
moins vis-à-vis New York sur le plan continental. L'on sait qu'en Ontario
l'entreprise ferroviaire avait été maintenue par des municipalités désireuses
de promouvoir leur économie et par certains ports qu'avaient affectés les
grands réseaux, le Fonds d'emprunt municipal y aidant, et qui voulaient

compenser la baisse ou la stagnation de leurs affaires par des liaisons avec un hinterland. À la suite de Brockville et de Prescott qui s'étaient créé de petits empires avec leurs chemins de fer transprovinciaux, une multitude de tronçons d'intention locale ou régionale furent construits en Ontario à compter de 1870. Tels furent :

> Port Hope à Lindsay (1857) et à Beaverton, 1871 ;
> Toronto à Cobourg, 1872 ;
> Beaverton à Midland, 1875 ;
> Port Perry à Lindsay, 1877 ;
> Belleville à Peterborough, 1879 ;
> Kingston à Renfrew, 1884.

Ces tronçons n'embranchaient pas tous sur des réseaux conduisant à Montréal, quelques-uns étaient tributaires du Great Western, d'autres se raccordaient avec le chemin de fer américain à Prescott-Ogdensburg, ou d'autres enfin évitaient tout simplement le port de Montréal en se branchant sur les lignes de la rive sud vers les jonctions de Rouses' Point et de Moores' Junction.

Québec n'offrait rien de comparable dans ce domaine du développement ferroviaire, surtout rien qui eût compensé le détournement de trafic vers les ports américains. Les lignes de Victoriaville à Doucet Landing (1865), de Sherbrooke à Lévis (1881), et de Sorel à Montréal (1882), n'allaient pas alimenter le port de Montréal, non plus que le chemin de fer de la rive nord jusqu'à Québec en 1879. (Voir schémas cartographiques VII, p. 139 et VIII, p. 140.)

Dans son contexte la désertion économique de la ville de Québec apparaît comme phénomène complexe parce qu'il faut l'envisager par rapport aux fonctions concurrentielles de Montréal et de New York, fonctions d'attraction et de diffusion. Le trafic canado-américain comprend un volume croissant d'exportation du Canada aux États-Unis, et aussi un volume croissant d'exportation outre-mer via les États-Unis. Située au seuil de la navigation laurentienne, Montréal pouvait jouer un rôle analogue à celui de New York ou de quelque autre métropole américaine. Proportionnellement, elle possédait des avantages semblables à ceux des villes américaines, mais non la ville de Québec, car Montréal seule rayonnait sur un territoire relativement vaste, au milieu d'une population relativement dense et elle pouvait, pour cette raison, mieux que toute autre ville au Canada, se permettre d'accumuler des stocks de blé dans ses entrepôts. Située au centre du marché domestique et à la tête de la navigation, elle exerçait la double fonction de fournisseur domestique et d'exportateur. Aussi était-ce là que courtiers et marchands se rassemblaient. Une fois satisfaite la demande domestique, s'il leur restait un surplus, ils s'occupaient de l'écouler sur quelque marché étranger. Ils faisaient métier de garder ou d'entreposer des surplus et ils s'occupaient des divers services attenants à leurs fonctions. Convenait-il de confier ces fonctions aux marchands et courtiers de la ville ou du port de Québec ? Voyons ! Pourquoi aurait-on exporté de Québec du bois de sciage, du blé, des bestiaux ou autres produits provenant en majeure partie des régions d'en haut, et pourquoi aurait-on importé à Québec des produits qu'il aurait fallu ré-exporter à Montréal ? N'est-ce pas une règle élémentaire de l'économie du transport qu'on doive éviter les « ruptures de charge », c'est-à-dire, réduire les coûts inhérents aux manutentions et aux pertes de temps qui en découlent ? Tant que Montréal demeurait le centre de distribution domestique il convenait d'associer en un même lieu les fonctions de fournisseur domestique et celles d'exportateur car, advenant le cas où le marché domestique devrait puiser dans les surplus de l'année précédente, il faudrait rappeler à Montréal des cargaisons déjà expédiées à Québec. De plus les cargos qui allaient à Montréal y apportaient pleine cargaison, disons de sel ou de charbon et, à cette condition, ils pouvaient en rapporter des produits canadiens à taux de transport réduit. Les cargos amarrant à New York jouissaient d'avantages encore plus marqués sous ce rapport : ils étaient assurés de pleines cargaisons à l'aller et au retour et, en raison de l'efficacité technique des manutentions et opérations commerciales en ce port, ils y manipulaient leurs cargaisons en un minimum de temps. Pour cette raison ils pouvaient transporter à tarif plus bas. Or ce fret de rabais faisait plus que compenser le différentiel Montréal-New York, un différentiel apparemment favorable à Montréal ; ce qui expliquait qu'on préférât New York ou quelque autre port de l'Atlantique américain à Montréal. Toutes ces considérations suggèrent une définition comptable des susdites rivalités ; aussi convenait-il de situer ces rivalités dans le contexte des espaces économiques qui les englobent.

Dans un schème comptable, le port de Québec apparaissait comme excentrique. Par rapport à l'économie de la fin du XIXᵉ siècle, il n'offrait même pas les avantages inhérents aux agglomérations sous-métropolitaines ; dans l'ensemble continental, New York jouait vis-à-vis Montréal fonction de métropole, Montréal y prenant figure de sous-métropole, ou de métropole régionale. Les armateurs qui utilisaient les ports de New York et de Montréal y trouvaient des conditions d'opération rapide et efficace, ce qui leur permettait d'accorder à leur clientèle des taux de rabais. Aux avantages techniques et commerciaux que présentaient les ports de New York et de Toronto s'ajoutaient, dans le cas de New York tout particulièrement, des services financiers. À mesure de ses progrès économiques, New York devenait l'établissement de compensation (*clearing house*) de toutes les régions intéressées à la livre sterling, ses services de finance assurant la convertibilité des effets de commerce avec la Grande-Bretagne et les pays de l'Europe de l'Ouest. Le Québec devait en tenir compte s'il voulait s'insérer dans le réseau triangulaire d'échanges de l'espace nord-atlantique. La Banque de Montréal ne devait-elle pas une large part de son succès au fait d'avoir participé avec diligence aux transactions effectuées à New York [21] ?

La vieille ambition laurentienne d'attirer vers Montréal et vers Québec le trafic des régions canado-américaines des Grands Lacs méconnaissait ces aspects plus ou moins tangibles de la question, elle s'appuyait sur l'illusion qu'en matière de trafic et de transport la ligne droite représente nécessairement le plus court chemin entre deux points. Or Montréal et Québec se trouvant plus rapprochées de Liverpool que New York ou Boston, on en concluait à la supériorité de la voie laurentienne sur celle de l'Érié. Vieille ambition avivée par le besoin de revenu public ! Car depuis 1850, depuis leur ouverture en somme, les canaux du Saint-Laurent ne rapportaient pas les revenus qu'on en avait anticipé [22] ; et déjà en 1852 Lord Elgin s'était interrogé sur l'efficacité de cette route comme concurrente de la route américaine de l'Érié. Pourquoi cette route ne pouvait-elle pas gagner la faveur des commerçants et des armateurs ? Était-ce pour des raisons géographiques, politiques ou autres ? L'on savait pourtant que dans ce couloir du nord-est qu'est le Saint-Laurent la majorité des navires s'engageaient à lège. En 1852 même, 671 navires entraient au Canada sur lest, et 560 avec cargaison. Et cela n'était pas exceptionnel [23]. Le rapport McAlpine soumettait en 1853 que le canal Érié était en train d'attirer vers New York les produits agricoles du Mississipi et de l'Ohio, et à meilleur taux que toute autre voie. Déjà New York avait conquis une supériorité métropolitaine, semblait-il, et son port pouvait offrir les taux de transport océanique les plus avantageux. Le rapport Clarke disait que non seulement le Saint-Laurent ne réussissait pas à drainer le trafic des États américains mais n'arrivait même pas à conserver celui de l'Ouest et de la province du Canada [24]. Manifestement, le trafic laurentien était en perte de vitesse. Le Grand Tronc pouvait en être partiellement responsable, car même certains marchands du Canada de l'Est faisaient des achats via Portland avant l'ouverture de la navigation, mais c'était peu en proportion de ce que d'autres, ceux du Canada de l'Ouest notamment, importaient via New York.

Influence impériale en régime de comptabilité capitaliste

L'ambition laurentienne reçut sa première rebuffade politique lorsque le gouvernement impérial décida d'accorder des subventions aux compagnies de navigation pour le transport du courrier. En 1849 un Comité spécial de la Chambre des communes britannique désignait certains ports américains

---

21. Merrill Denison, *La Première Banque au Canada*, Toronto, 1966, Tome II, c. 5.
22. JALPC, 1850, App. B.B.
23. JALPC, 1852-3, 8, App. C.C.C.C.
24. JALPC, 1857, App. 29.

de l'Atlantique, et New York en particulier, comme terminus océaniques et comme foyers de diffusion commerciale vers le Midwest et même vers le Canada central [25]. Ne pourrait-on pas dire avec certains Canadiens de l'époque que le gouvernement métropolitain agissait sciemment à l'envers des intérêts coloniaux en supportant de ses deniers des services de transport dont les ports d'attache se situaient en pays étrangers plutôt que dans les colonies. À la vérité, le gouvernement britannique ne faisait que s'assurer les services d'un réseau de transport déjà existant. L'option New York ou Boston, de préférence à Montréal ou Québec, obéissait aux attraits d'un rendement supérieur, rendement réalisable dans les centres capables d'exercer toutes les fonctions métropolitaines. L'option n'était plus politique (mercantiliste), elle était économique, sa comptabilité était capitaliste. Et pourtant, certains Canadiens faisaient reproche au gouvernement métropolitain de les abandonner. L'expression de ce grief apparaissait déjà dans le manifeste annexionniste en 1849, elle prenait un ton quasi officiel dans l'apologie de Galt, en 1859 [26]. En effet, énumérant les obstacles naturels, économiques et politiques au succès de la navigation du Saint-Laurent, A. T. Galt s'en prenait particulièrement aux subventions du gouvernement, à la persistance du gouvernement impérial à renouveler ses contrats avec la Ligne Cunard pour le service aux ports de Boston et de New York. Selon lui, c'était payer une prime à l'orientation du commerce dans une direction contraire aux intérêts britanniques. Galt avait-il compris l'importance du progrès technique qui affectait les colonies vers le milieu du XIXᵉ siècle ? Avait-il remarqué ce que signalait Sam Slick The Clock-maker (T. C. Haliburton) faisant allusion aux changements technologiques, que les marins britanniques ne levaient plus leurs verres à « Ships, Colonies and Commerce » mais à « Cotton Twist and Cotton Yarn » ; ... était-il conscient, en 1859, du rôle que jouait l'industrialisation dans la transformation des techniques de transport et de communication ? La navigation elle-même devenait un événement capitaliste. Avec l'engin à vapeur, le navire océanique se présentait comme une réalité complexe ; avec les services télégraphiques, les agences financières se mettaient au service d'une multitude d'épargnants qui, tous ensemble, faisaient la force et la gloire du nouvel empire. C'était l'époque où les épargnants et leurs fiduciaires participaient à l'enjeu de l'expansion commerciale [27]. L'État

25. *Report of the Select Committee on the Contract Packet Service,* BPP, 1849, XII ; J. G. B. Hutchins, *The American Maritime Industries and Public Policy,* 1780-1914, Cambridge, Mass., 1941 ; R. G. Albion, *Square Riggers on Schedule,* The New York Sailing Packet to New England, France and the Cotton Ports, Princeton, 1938 ; Royal Meeker, *History of Shipping Subsidies,* New York, 1905.
26. A. T. Galt, « *Canada 1849 to 1859* », in H. J. Morgan, éd., *The Relations of the Industry of Canada with the Mother Country and the United States,* Montréal, 1864, pp. 321-323.
27. R. L. Schuyler, *The Fall of the Old Colonial System,* London, 1945, pp. 163-165.

qui, au nom de l'intérêt général, requérait les services de l'entreprise privée et exigeait d'elle régularité et ponctualité, voulait bien respecter les règles du jeu capitaliste et payer, au besoin, des compensations.

Points de vue canadiens

Du côté continental ou nord-américain, l'ambition de Montréal représentait une étape importante dans l'histoire des économies métropolitaines [28]. Pourtant elle revêtait des dimensions nouvelles à mesure que s'agrandissait l'aire des opérations commerciales et à mesure que la technologie modifiait les règles du jeu inter-métropolitain ; ses formes d'expression variaient avec le contenu technologique de la fonction métropolitaine. N. S. B. Gras [29] définit cette fonction comme une organisation créant un réseau d'échanges et réalisant une communauté de biens et de services. Cette organisation, qui concentre les opérations d'échange dans une aire géographique donnée, la métropole, facilite la satisfaction des besoins. C'est grâce à elle si les localités sont liées au réseau des échanges extérieurs, interrégionaux ou internationaux. Pour Montréal l'économie métropolitaine devait être une fonction dont l'exercice allait s'étendre sur tout le territoire drainé par les Grands Lacs et le fleuve Saint-Laurent ; son ambition se fondait sur l'idée que le fleuve Saint-Laurent étant la voie la plus courte aux marchés anglais, réaliserait les conditions les plus économiques de transport et l'emporterait sur les voies rivales. En 1864, le commissaire des Travaux publics ravivait les espoirs laurentiens en rappelant que le Saint-Laurent demeurait toujours la sortie naturelle du bassin des Grands Lacs, même si elle n'avait réussi à y attirer jusque-là qu'une faible portion du trafic provenant des contrées agricoles de l'Ouest. Les taux de transport océanique de Montréal et de Québec étaient plus élevés que ceux de New York parce que la plupart des navires venant à Québec ou à Montréal n'opéraient pas toujours à pleine capacité. Pour remédier à cette situation de déséquilibre on proposait l'amélioration des canaux. L'utilisation de navires de 800 tonneaux des Grands Lacs jusqu'à Montréal permettrait, disait-on, aux gros steamers descendant au lac Érié de se rendre jusqu'à Montréal ; ce qui éviterait des transbordements coûteux, ou une rupture de charge pouvant entraîner un déversement du trafic par la voie rivale de l'Érié. C'était la principale recommandation du rapport Laframboise [30].

Encore en 1871, les Canadiens exprimaient l'avis que « la nature a destiné le Saint-Laurent à devenir le grand débouché de l'Ouest, et s'il n'en est pas encore ainsi, c'est que des entreprises diverses ont essayé de

---

28. Samuel McKee, « Canada's Bid for the Traffic of the Middle West », *Canadian Historical Association*, Report, 1940.

29. *An Introduction to Economic History*, New York, 1922, c. V, p. 186.

30. Rapport du commissaire des Travaux publics pour l'année 1863, Doc. Sess., Canada, 1864 (2), nᵒ 4.

détourner le commerce vers d'autres débouchés artificiels »... « Depuis quelques années, l'État de New York a essayé d'accaparer tout le commerce du Grand Ouest et ses négociants hardis ont certainement atteint leur but en partie et ainsi contribué beaucoup à la prospérité de New York et des autres ports de l'Atlantique. » [31] On retrouve dans le rapport annuel du ministre des Travaux publics pour l'exercice terminé le 30 juin 1880 [32] des propos semblables sur le commerce « entre les populeux et fertiles territoires de l'intérieur du continent et les bords de l'Atlantique », considéré comme « ayant une importance nationale ». La concurrence entre les réseaux de transport du Canada et ceux des États-Unis s'avérait particulièrement vive depuis 1875. On disait qu'il ne restait plus au Canada qu'une fraction des expéditions de marchandises ; ce qu'on imputait à la présence de navires américains de grande dimension sur les Grands Lacs, aux péages peu élevés sur le canal Érié, et aux tarifs relativement bas du fret océanique au port de New York. Montréal déchantait : « Nonobstant les dépenses publiques qui ont été faites pour renverser les barrières que la nature opposait au trafic dans le haut du Saint-Laurent et dans la péninsule du Niagara, et pour faciliter le transport par la route du Saint-Laurent des produits naturels de la moitié du continent ; nonobstant aussi l'approfondissement et autres améliorations du chenal de notre grand fleuve en aval de Montréal pour y donner accès aux plus gros bâtiments de mer, le port de Montréal n'est pas devenu le rendez-vous des navires marchands transatlantiques... » Sans doute un trafic considérable s'est développé mais « ce n'est plus guère que l'ombre du possible et de ce qu'on attendait quand on a ouvert et élargi les canaux Welland et du Saint-Laurent » [33]. Même s'il y avait augmentation absolue des arrivages à Montréal, relativement aux ports de Boston, New York, Philadelphie, Baltimore et même Nouvelle-Orléans, le port de Montréal était en perte. Les arrivages de grains et farine à Montréal comme quote-part

TABLEAU XV

Quote-part de Montréal dans le mouvement des farines et grains de l'Ouest vers les ports de mer, 1870-1880

Année	Arrivages %	Année	Arrivages %
1870	9,31	1876	8,75
1871	9,69	1877	8,72
1872	9,73	1878	7,09
1873	10,67	1879	6,66
1874	8,63	1880	7,13
1875	9,14		

31. Doc. Sess., Canada, 1871, doc. nᵒ 54.
32. Doc. Sess., Canada, 1880-81 (4), doc. nᵒ6.
33. Id., *ibid.*, p. 136.

des expéditions de céréales de l'Ouest vers l'Est accusaient une tendance à la baisse durant la décennie 1870-1880.

L'on a aussi remarqué [34] que « l'industrie des transports par la voie du Saint-Laurent est gênée par une foule d'obstacles d'une nature ou d'une autre ; les uns sont sérieux, tandis que d'autres, pris séparément, paraissent, à tort, avoir très peu d'importance pour ceux qui ne sont pas au fait des détails. Les marchandises qui prennent la route du Saint-Laurent ne devraient pas être taxées plus que de raison ; — autrement la part qui doit nous revenir du trafic de l'Ouest et la somme de celui qui se dirige vers l'Est continueront de diminuer. Un résultat aussi fâcheux ferait voir que les millions que nous avons dépensés pour les canaux et le chenal des navires l'ont été en pure perte. Il serait donc sage de mettre nos grandes voies fluviales en rapport avec les besoins du commerce canadien, qu'elles rapportent immédiatement ou non des revenus au gouvernement. » Voilà. L'industrie des transports par le fleuve est entrevue comme entreprise d'utilité publique... « Les droits de quaiage sur les chargements maritimes qui arrivent ou qui partent devraient être réduits le plus possible, ou abolis (...) Les péages des canaux pour les céréales et les comestibles devraient être abolis, et le trafic de l'intérieur devrait être exempt des impôts qui sont de nature à le gêner. »

La question des assurances demeurait importante pour le trafic du fleuve et du golfe, les tarifs étant un peu plus élevés pour les risques de Montréal que pour ceux de New York [35], aussi demandait-on au gouvernement de diminuer les risques de navigation en améliorant la signalisation et la communication.

Il ressort des statistiques de William T. Patterson, secrétaire du Board of Trade et du Corn Exchange Association [36] que le volume croissant de transport océanique passant par Montréal s'explique principalement par l'augmentation du volume des denrées canadiennes. Les arrivages erratiques de l'Ouest obéissent à des conditions américaines qui échappent aux contrôles canadiens ou montréalais ; ils varient, en longue période, en fonction de l'expansion de la production agricole dans les régions neuves du nord-ouest et ils subissent l'influence prépondérante de certains centres de distribution. De plus, les décisions concernant la vente des produits sont affectées par la technologie du marché, par les techniques de transport et de financement notamment. Jusqu'en 1860 environ, la concurrence entre métropoles porte encore sur l'efficacité des systèmes compétitifs de trans-

---

34. Id., *ibid.*, p. 202.
35. Id., *ibid.*, p. 201.
36. *The Home and Foreign Trade of Canada*, rapports compilés depuis 1863 jusqu'en 1886. Voir l'analyse qu'en fait Benoît Brouillette dans son étude sur le port de Montréal dans *Montréal Économique*, ouvrage réalisé par Esdras Minville, coll. Études sur Notre Milieu, Montréal, 1943 ; aussi dans le même ouvrage, Jean Delage, « L'Industrie Manufacturière ».

port par eau ; et pour cette raison elle vise principalement l'option Mont-réal-New York. Les centres de distribution ou de transbordement sont Buffalo, Oswego, Syracuse, Montréal ; le chemin de fer demeure encore complémentaire au canal. Or la situation va changer avec le développe-ment ferroviaire, à compter de 1870 ; car alors, le chemin de fer, cessant de compléter le canal, va le doubler pour ainsi dire, il va devenir compé-titif à la navigation intérieure.

Chemin de fer et canaux

Deux innovations techniques rendaient possible la concurrence ferro-viaire. La première, c'était le rail d'acier et l'utilisation consécutive de locomotives plus puissantes et de wagons de plus forte capacité ; la deuxième, c'était la consolidation et l'uniformisation des tronçons ferro-viaires et l'adoption consécutive de tarifs dits scientifiques ou rationalisés. Ces innovations entraînaient l'organisation du charriage à longue distance et éliminaient la nécessité d'une rupture de charge en cours de route et, en diminuant les coûts de roulage, par le double procédé du chargement lourd et de l'élimination du transbordement, permettaient une baisse de tarifs. Certes, les chemins de fer n'arrivaient pas à transporter moins cher que le bateau sur la base du tarif tonne-mille, mais l'expéditeur y trouvait des avantages compensateurs. Les chemins de fer se tenaient responsables de la livraison en bon ordre des marchandises qu'on leur confiait ; aussi l'expéditeur n'assurait pas ses marchandises. De plus, les grains expé-diés par chemins de fer arrivaient en meilleure condition que par bateau. Le transport était plus expéditif. Les facilités terminales des compagnies de chemin de fer étaient généralement mieux situées que celles des com-pagnies de transport maritime ; elles n'étaient pas, en tout cas, nécessaire-ment liées au littoral ou au port, ce qui, ordinairement, permettait des éco-nomies de charroi. À mesure qu'il développait les facilités d'entreposage et les techniques de déchargement des wagons, le transport par chemin de fer gagnait la faveur des expéditeurs. En 1874, lorsque le Baltimore & Ohio pénétra à Chicago et se posa en concurrent dans le transport des céréales vers l'Est, tous les réseaux se virent forcés d'améliorer leurs services.

Le phénomène de la concurrence Montréal-New York apparaît dans la dynamique de l'histoire comme une variante de la concurrence entre ports des Lacs et ports de l'Atlantique ; car ce qui est expédié de l'Ouest directement aux ports de l'Atlantique par chemin de fer échappe également aux ports des Lacs et au port de Montréal. Jusqu'à l'avènement des grands réseaux ferroviaires, les ports des Grands Lacs et celui de Montréal recueillaient du trafic de l'Ouest une part plus forte. L'équilibre allait être modifié après 1870. C'est surtout au cours de la période 1876-1881 que l'ancien équilibre se trouvait rompu. Au lieu d'être 1 à 2, le rapport laurentien-américain devenait 1 à 3,5 ou même 4. Ainsi en 1881 les arrivages aux ports de l'Atlantique étaient de quatre fois environ le volume reçu aux ports d'Érié et de Buffalo. Mais après 1881, le rapport allait se modifier de nouveau en faveur du transport maritime à l'avantage de Montréal et à l'avantage des Grands Lacs, jusqu'en 1895 environ. Et pour cause. Depuis 1865 l'expansion agricole avait gagné l'Ouest et le Nord-ouest. Quand la masse des grains provenait de l'Ohio, de l'Indiana ou du sud du Michigan et de l'Illinois, le mouvement semblait favoriser le transport par rail en faveur des ports atlantiques ; quand la production s'est répandue dans le Nord-ouest, le Minnesota et les Dakotas, le mouvement favorisait davantage le transport maritime. L'influence métropolitaine de Chicago s'accusait davantage.

Le mouvement des céréales était aussi influencé par les services bancaires ou autres que l'Est offrait à l'Ouest, une modalité importante de la relation Ouest-est, une modalité créatrice d'espace économique. Il y avait longtemps que les facilités bancaires contribuaient à attirer le trafic de l'Ouest vers les villes américaines de l'Atlantique. « Les facilités bancaires de l'Est, observait un historien américain, ont fait autant pour attirer le commerce de l'Ouest que les canaux et les chemins construits avec le capital de l'Est. » [37]

Voilà comment la technologie créait des relations spatiales ; voilà comment se trouvaient frustrées les anticipations fondées sur la géographie banale. Dans le développement concret de l'histoire on retrouvait la réponse à la question que, déjà en 1852, Lord Elgin se posait, à savoir si l'infériorité des Canadiens dans leur pari sur le commerce de l'Ouest dépendait de la géographie de la route ou du caractère même de ce commerce [38].

Trente-cinq ans plus tard, Jos. Shehyn, président du Quebec Board of Trade et membre du Parlement provincial, envisageait la question dans l'optique des techniques de communication et de transport, et il constatait que la part relative des canaux dans le trafic intérieur avait remarquablement diminué aux États-Unis comme au Canada. Il s'adressait à un auditoire attentif, car dans les années 1880 se posait la question cruciale de l'amélioration et de l'agrandissement des canaux canadiens, alors que le coût annuel de leur entretien s'élevait à $400 000, cependant que les recettes diminuaient. Les adeptes de la nouvelle canalisation en appelaient encore à la vertu compétitive de cette voie de transport et ils faisaient valoir qu'on y gagnerait 5/8 de cent par boisseau de grain en expédiant les cargaisons par le Saint-Laurent plutôt que par l'Érié. En fait, l'argument ne portait plus. L'ancien schème de concurrence était complètement brouillé depuis la construction des grands réseaux de chemins de fer. Et une révolution dans les méthodes de mise en marché doublait la

37. C. B. Kuhlmann, *The Development of the Flour Milling Industry in the United States,* New York, 1929, p. 69.
38. JALPC, 1852-3, App. C.C.C.C.

révolution dans les transports. Avec les chemins de fer, en effet, les grands marchés de grain s'organisaient à Chicago et à New York ; et les réseaux rayonnant vers les nouveaux centres de production agricole étaient aux mains des Américains ; et les ports américains restaient ouverts toute l'année. Dans le transport océanique le Steamer et le Liner conféraient sécurité, rapidité et régularité ; la télégraphie assurait la ponctualité. Le *Dispatch* devenait l'ordre du jour, les lignes télégraphiques reliant l'Amérique aux autres continents et raccordant entre elles les stations ferroviaires, et celles-ci aux grands ports. Ainsi, le chemin de fer devenait le soutien nécessaire à la nouvelle navigation des mers. Steamers et paquebots se rendaient aux grands ports, lieux de convergence ferroviaire ; le trafic des grains délaissait de plus en plus le canal, parce que le vapeur océanique ne pouvait pas s'accommoder des lenteurs du cabotage [39].

Voilà donc pourquoi le trafic ferroviaire augmentait, et au détriment des anciens moyens de transport. En concurrence avec le Grand Tronc, l'Ontario Navigation Co., autrefois prospère, devait s'amalgamer avec la Richelieu Co., la Gulf Port's Steamship Co. qui avait établi un service régulier entre Québec, Montréal et les provinces maritimes, était en voie de se constituer un empire commercial lorsque l'Intercolonial apparut. Sous la pression de la concurrence, cette compagnie, qui possédait une flotte de sept ou huit navires, n'en affectait plus qu'un seul au service laurentien et employait les autres quelque part dans l'Atlantique.

Longtemps après l'avènement du chemin de fer le rêve laurentien s'évanouit. Contre les intérêts acquis il faut beaucoup de temps pour comprendre et accepter les conséquences économiques d'une telle innovation. Ce rêve d'une Laurentie drainant le trafic de l'Ouest, au bénéfice de Montréal principalement, s'est formé à l'âge de la voile et de la mule ; il s'est prolongé bien au-delà de cet âge.

Avec le chemin de fer, il faut bien maintenant envisager l'équilibre interrégional dans un nouveau schème de calcul. Car le chemin de fer ne fait pas que créer une concurrence susceptible d'abaisser les tarifs de transport au niveau des coûts compétitifs ; ce n'est plus là qu'un rôle de seconde importance. Son rôle principal, sa vertu novatrice consistent à ouvrir des aires nouvelles de production, à développer des accessibilités, à créer des espaces économiques.

---

39. Jos. Shehyn, *Railways and Waterways,* A lecture delivered before the Literary and Historical Society of Quebec, on March 19th, 1886.

CHAPITRE VI

La situation privilégiée de l'Ontario

1 — La période coloniale

On peut tracer des sentiers de croissance parallèles du Québec et de l'Ontario pour le dernier quart du XIXᵉ siècle [1], mais ce manège statistique ne nous éclaire point sur le biais de la comparaison ; il ne nous dit point, par exemple, si l'interprétation qu'on donne au recensement de 1871 tient compte des volumes de production, du contenu technologique des entreprises, et des flux du commerce interne. Au reste, deux sentiers de croissance parallèles mènent à deux paysages économiques différents. Québec et Ontario présentent même de forts contrastes, à maints égards. (Voir schémas nos IV et V, pp. 114, 115.)

En effet, au recensement de 1901 la province d'Ontario comptait 30 villes de 5 000 habitants et plus, la province de Québec en comptait 10. Vingt ans plus tôt, le contraste était encore plus marqué, si l'on tient compte des centres ayant une population de 1 500 à 5 000, que le recensement de 1901 énumère comme « villes manufacturières ». En 1881, la province d'Ontario en comptait 70, cependant que le Québec n'en comptait que 17, et de ce nombre six se situaient dans les Cantons de l'Est. Tels étaient Coaticook, Farnham, Granby, Magog, Waterloo, Richmond. Les autres étaient Beauharnois, Buckingham, Chicoutimi, Fraserville, Iberville, Joliette, Lauzon, Montmagny, Nicolet, Saint-Jean, Saint-Jérôme [2].

---

1. André Raynauld, *Croissance et structure économique de la province de Québec,* Québec, 1961, ch. I.
2. Recensement du Canada, 1901 ; Annuaire du Canada, 1969.

Schéma no IV : Principaux centres de l'Ontario en 1881.

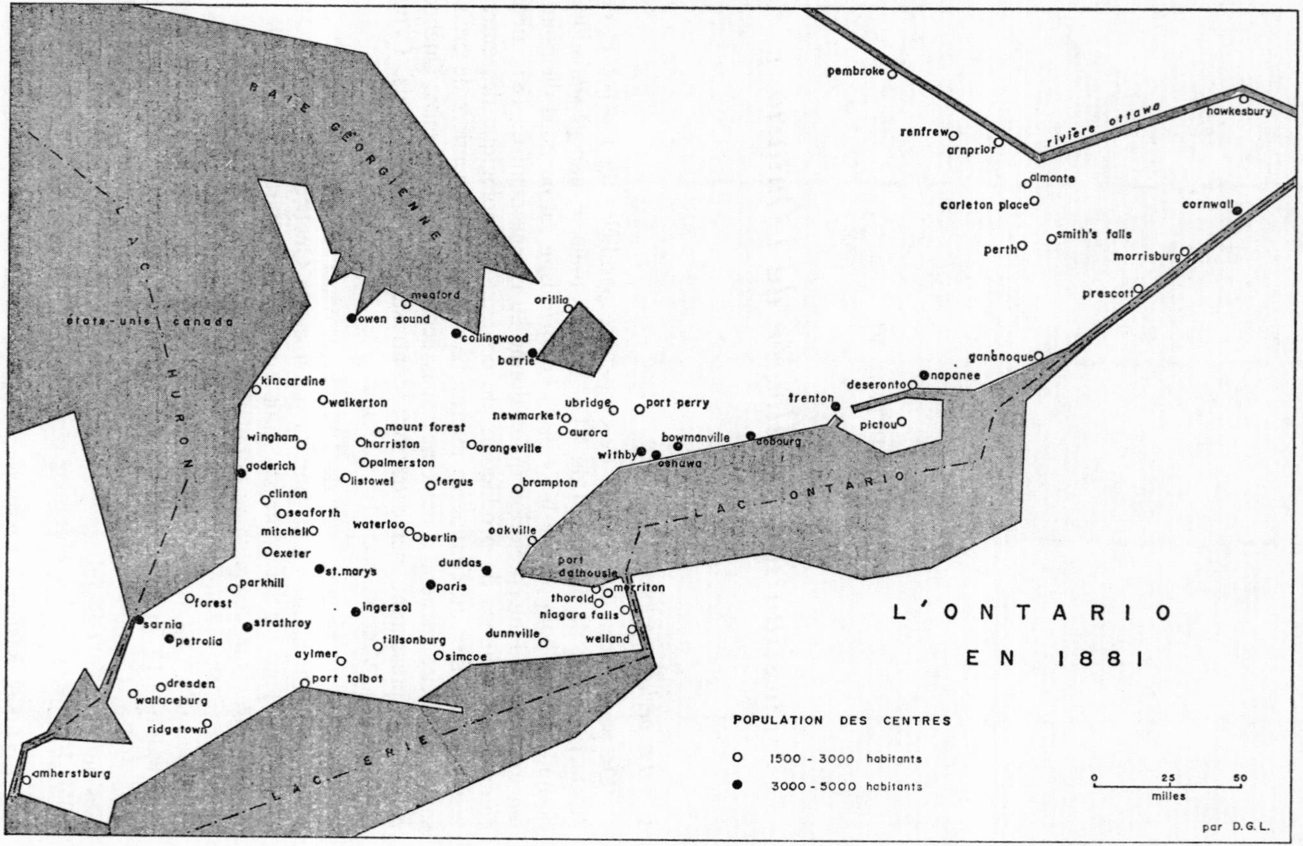

Schéma no V : Principaux centres du Québec en 1881.

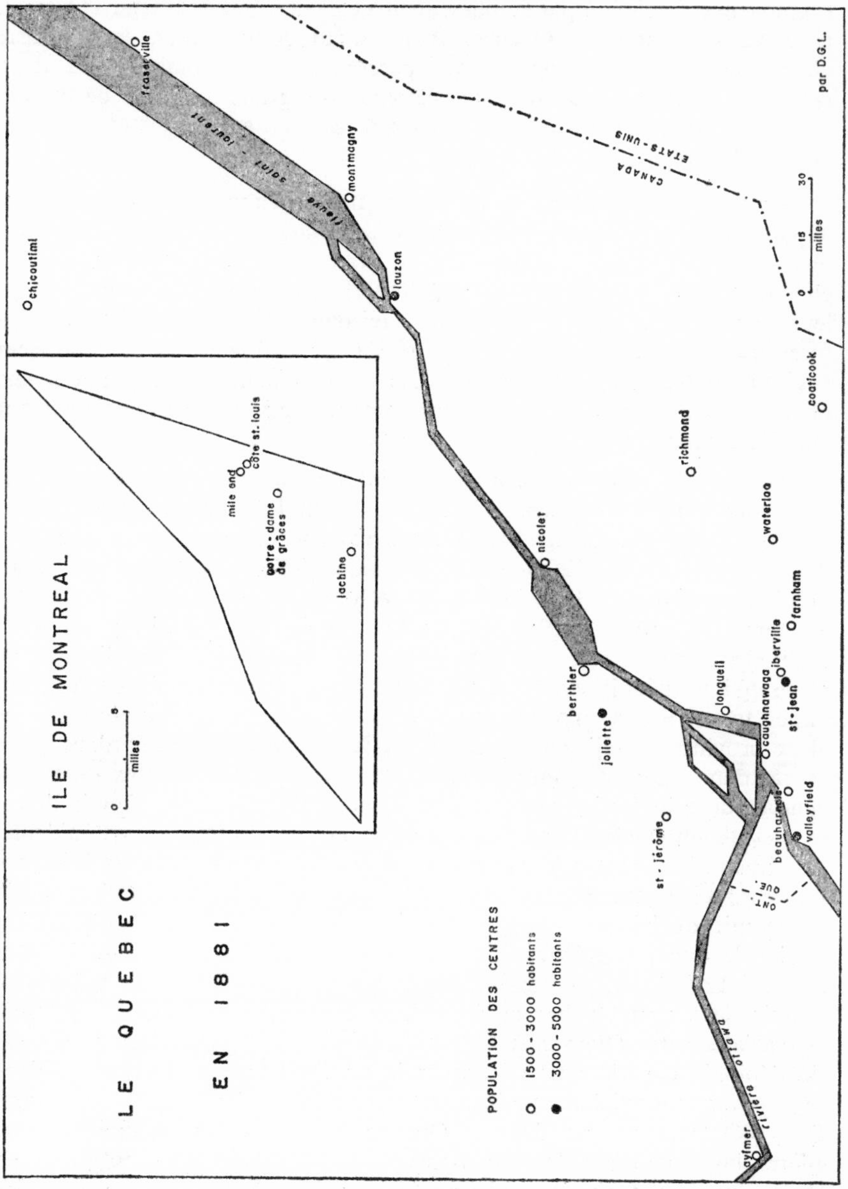

LE QUEBEC EN 1881

ILE DE MONTREAL

POPULATION DES CENTRES

○ 1500 - 3000 habitants
● 3000 - 5000 habitants

par D.G.L.

En 1901, la valeur totale du capital engagé dans les manufactures se chiffrait à \$214 972 275 pour l'Ontario, et à \$142 403 000 pour le Québec. La moyenne de capital par établissement s'élevait à \$32 900 pour l'Ontario, et à \$29 400 pour le Québec. Aujourd'hui comme hier, le contraste n'échappe pas aux voyageurs qui parcourent en automobile les deux provinces centrales. Le touriste s'étonne du grand nombre de petites villes en Ontario et du réseau routier qui les relie entre elles et avec certaines villes-régions qui les agrègent.

En comparant les taux de croissance des principaux centres ontariens, depuis 1861, on se rend compte que la technologie en a détrôné quelques-uns et en a favorisé d'autres. On constate aussi qu'à l'avènement des chemins de fer les centres les plus favorisés ont, pour la plupart, reçu leur vocation urbaine de l'activité environnante, d'origine agricole ou forestière. Ils sont nés d'un besoin de service ambiant ; ils se définissent par leur umland ; et de là les espaces s'agrandissent par agrégation aux plus grands centres à vocation métropolitaine, qui, eux, se définissent par leur hinterland.

Le présent chapitre assume le point de vue du colonisateur nord-américain qui privilégie les sites apparemment les plus favorables à son entreprise et fixe ainsi les foyers de croissance et les points de nodalité de cette croissance, dès la phase pré-industrielle. Ces foyers ont, pour la plupart, résisté à l'érosion de la technologie : le chemin de fer les a retenus ; il en a créé d'autres, il a fixé les lieux de polarisation dont la multiplicité caractérise l'économie ontarienne et dont la distribution géographique définit son espace interne. L'impact du chemin de fer, tout important qu'il soit, n'a pas effacé la marque de la colonisation sur les deux provinces ; déjà au milieu du XIXᵉ siècle on décelait dans leurs degrés d'avancement respectifs l'influence de leurs efforts plus ou moins heureux de colonisation agricole. L'influence subséquente du chemin de fer se mesure en quelque sorte aux dimensions de l'entreprise antécédente. Aussi peut-on dire que le chemin de fer n'a pas exercé la même influence sur le Québec que sur l'Ontario, à cause de la faible polarisation de l'économie québécoise. Dans le Québec, il n'a retenu que la dimension étroite du domaine seigneurial. Hormis la poussée vers les terres incultes du curé Labelle, et la trouée trans-montagne vers le Lac-Saint-Jean, le chemin de fer au Québec aurait surtout contribué à la dimension trans-territoriale, entre Québec et Ottawa, entre Lévis, Campbelton et Gaspé. En dépit du chemin de fer l'économie du Québec au XIXᵉ siècle, dans son aspect industriel du moins, est demeurée étroite ou sans épaisseur. Dans l'Ontario comme dans le Québec les colons ont réalisé les premières implantations ; les commerçants et les évangélistes ont suivi et, après eux, l'entreprise ferroviaire et industrielle a respecté les sites, les tracés et les infrastructures que la géographie et la technologie pré-industrielle avaient conditionnés.

Colonisation et immigration

Dès le début de la colonisation, tous les centres situés en bordure des Grands Lacs aspirent à devenir des métropoles : mais leur devenir ne va pas nécessairement s'élaborer à la mesure de leur rêve. La technologie les a affectés différemment. Ainsi, elle a défavorisé Kingston, elle a favorisé Toronto, Hamilton et Détroit. D'autres centres moins importants par leur chiffre d'affaires ont conservé un rôle de tête de réseaux en développant par adaptation industrielle leur umland ; ils ont ainsi contribué à la formation d'un espace économique abondamment polarisé, ils ont donné à l'Ontario une dimension capable de soutenir un réseau ferroviaire et un système routier exceptionnellement dense et complexe. La caractéristique est notoire : un volume d'échanges sur des axes relativement restreints augmente l'économicité de l'Ontario. On pourrait sous ce rapport, bâtir un échiquier comparé des villes ontariennes et québécoises. C'est aussi notre point de vue que la colonisation ontarienne a bénéficié d'apports diversifiés d'immigrants, dont celui des États-Unis — Vermont, New York et Ohio notamment —, qui a fourni à l'Ontario une espèce de colons bien disciplinés et rompus aux conditions de vie des défricheurs. La diversité des groupes dans la diversité des cultes et la multiplicité des temples, ont imprégné la société ontarienne d'un esprit de rivalité et d'une certaine répugnance au monopole qui s'expriment au niveau des petites villes soucieuses du développement de leur hinterland.

Les axes de pénétration et la formation des îlots de peuplement

Le facteur le plus important dans le développement du Haut-Canada, c'est son insertion dans le territoire des États-Unis, en travers des migrations continentales. Le territoire ontarien est, économiquement, borné au nord par la rivière Ottawa, au sud et à l'ouest par les Grands Lacs et, au nord des lacs, par le Plateau laurentien. Longtemps l'activité s'est limitée au sud ; jusqu'en 1850 environ tout s'y passe au sud d'une ligne tracée de Montréal, par Ottawa, jusqu'à la baie Georgienne. Cet immense triangle sud du Haut-Canada présente deux bases entièrement tournées vers les États-Unis. Un journaliste-écrivain le décrit d'une manière poétique : « Le contour géographique de la province de l'Ontario emprunte la forme d'une botte de mousquetaire dont l'éperon s'enfonce au cœur du continent. Cette botte en marche enjambe quatre des Grands Lacs, soit les lacs Ontario, Érié, Huron et Supérieur. Le canal Welland coupe le talon intérieur au niveau des puissantes cataractes du Niagara. Sur la pointe de la botte : Ottawa, Walhalla des grands fonctionnaires, capitale très officielle de tout le pays. En résumé, l'Ontario tient lieu de porte des Grands Lacs (...) La province, par son extrémité la plus peuplée, celle qui s'entasse dans le pied de la botte, s'enchâsse littéralement, grâce au coussin que forment les Grands Lacs, dans le territoire des États-Unis. » [3]

La situation de l'Ontario dans l'ensemble nord-américain, et notamment son association naturelle avec la république voisine dans l'utilisation des eaux navigables du bassin des Grands Lacs, expliquent l'apport fondamental des États américains du nord au peuplement et au développement économique de l'Ontario. On y distingue trois axes de pénétration : à l'est par le fleuve Saint-Laurent et son affluent le Richelieu qui ouvre la voie vers New York, à l'ouest par la rivière St. Clair et son affluent la Tamise, et au centre, (sorte de région intermédiaire entre la péninsule du sud-ouest ontarien et la pointe nord-est, dont le peuplement est centré sur Kingston, Belleville et Picton), par les lacs Érié, Ontario, et la rivière Niagara. Ces trois axes garderont toujours les caractères historiques des univers économiques auxquels ils appartiennent : le nord-ouest de la Nouvelle-Angleterre, le centre nord-est de la région des Grands Lacs, et le nord-ouest [4].

Des États-Unis sont venus des loyalistes et des réformés de la milice, ils ont bénéficié de l'aide du gouvernement. Celui-ci leur a donné des terres achetées des Indiens, il leur a fourni des rations d'aliments, de l'outillage agricole, des vêtements et des grains de semence, il a érigé des meuneries et des scieries, et par-dessus tout il a créé un foyer de consommation en établissant à certains endroits des garnisons. Kingston est le premier noyau urbain de cette espèce [5].

La poussée des anglophones vers Kingston créait un peuplement mêlé. Toutefois, comme la population française se dispersait en bordure du Bouclier, au nord de la rivière des Outaouais, la situation devenait favorable à la séparation politique des deux groupes linguistiques. L'Acte Constitutionnel de 1791 sanctionnait cette séparation en créant le Haut et le Bas-Canada. Peuplement mêlé aussi au sud-ouest sur l'autre axe de pénétration. C'était de ce côté que le fameux Simcoe, tory, impérialiste et au surplus militaire, s'appliquait à coloniser d'une façon systématique, c'est-à-dire selon un plan. Il définissait des cantons en fonction du drainage, et il assignait une ville à chaque canton, sur le bord d'un cours d'eau. Toutefois le développement spontané n'obéissait pas toujours au plan, et

3. Jean Pellerin, *Le Canada ou l'éternel commencement,* Casterman, 1967, pp. 21, 22 ; Bruce Hutchison a fait une description semblable en évoquant la notion du pouvoir économique, *The Unknown Dominion,* London, 1946, p. 111 ; J. B. Brebner, *Canada, a modern history,* Toronto, 1960, ch. XVI.

4. Les États du nord-est étant polarisés par Boston, New York, Philadelphie, la section centrale par Pittsburgh, Buffalo, Cleveland, Détroit, et le nord-ouest par Chicago. Voir Robert E. Dickinson, *City, Region and Regionalism,* London, 1947, ch. VII.

5. Carl Schott, *Landnahme und Kolonization in Canada, am Beispiel Suedontarios,* Kiel, 1936 ; William Canniff, *History of the Settlement of Upper Canada, Ontario, with special reference to the Bay Quinte,* Toronto, 1869.

le gouvernement allait cesser d'assigner une ville au canton. La planification des villes devait être reprise plus tard par l'entreprise privée. Elle a
laissé sa marque dans le développement urbain de l'Ontario [6].

Pareille planification exerçait une influence commerciale indéniable :
les villes étaient annoncées, et les terres adjacentes étaient offertes en
vente. Le seul comté de Simcoe, à un moment donné, en comptait 11 ; et
cet usage s'est perpétué jusqu'en 1850. Aucune de ces villes ne s'est maté-
rialisée. Qu'importe : cette fiction exerçait un rôle de catalyseur commercial.

Lorsqu'en 1793, le gouvernement décidait d'abandonner ses postes
militaires et commerciaux en territoire américain, tels que Niagara, Oswego,
Détroit, Michillimakinac, cette décision entraînait l'organisation d'une
nouvelle ligne de défense. D'où le plan Simcoe d'établir des vétérans tout
le long de la rive nord du lac Ontario. À ce moment on peut dire qu'on
choisit de faire de cette région, nord du lac Ontario, une zone intermédiaire
de peuplement autonome, entre le nord-est (la région de Kingston) et le
sud-ouest, compris entre Niagara et Détroit. Toronto, site ignoré jusque-là
devait naître de la volonté créatrice de quelques militaires-colonisateurs.
Newark (Niagara-on-the-Lake) était abandonnée comme capitale en faveur
de London, choix du lieutenant-gouverneur ; mais London fut à son tour
abandonnée, à la suggestion du Gouverneur général qui décidait en faveur
de York. Un militaire de l'Illinois recevait à cette occasion des concessions
de terre et il s'employait à développer la ville en organisant un hinterland
qui la relierait au lac Simcoe et même à la baie Georgienne [7]. Telle fut
l'origine de la célèbre Yonge Street terminée en 1802. Les officiers du
gouvernement qu'on avait déplacés de Newark reçurent pour consolation
des lots adjacents à la nouvelle ville. Simcoe distribuait des lots de 200
acres de chaque côté de Yonge Street et exigeait des conditions d'occupation effective ; il instituait les *Queen's Rangers,* sorte de régiment de défricheurs et de constructeurs de routes qui servit à l'ouverture de Yonge
Street, et à celle de Dundas, depuis la tête du lac jusqu'à London (1793).
La troisième entreprise de construction du plan Simcoe fut la route
Toronto-Kingston terminée au tournant du siècle. Ainsi, Simcoe voulait
créer une ligne de défense en peuplant les endroits stratégiques avec des
immigrés américains (loyalistes), des défricheurs de métier. L'exemple
venait du côté de Kingston où cette espèce d'immigration avait produit
d'heureux résultats. Aussi la colonisation de l'Ontario antérieure à la guerre
de 1812 allait-elle se faire principalement par immigration américaine. La
population du Haut-Canada augmentait d'environ 100 000 de 1791 à

---

6. J. Spelt, *The Urban Development in South Central Ontario,* Assen, 1955,
ch. 11. Le nombre de ces villes fictives augmentant, il y en eut jusqu'à 13 dans le
comté de Bruce, 11 dans le comté de Simcoe. Carl Schott, *Landnahme,* pp. 212-214.
7. J. Spelt, *The Urban Development,* ch. 11.

1821 [8]. Ensuite, la colonisation s'oriente du côté de Yonge Street. On s'applique à créer des villes et à poster des troupes à proximité des villages afin d'y développer une demande de produits agricoles. Des « villes futures » sont inscrites au plan : Newmarket, Barrie, Penetanguishene. La colonisation se répand aussi du côté ouest de York, et du côté est, à Peterborough.

Bytown se développe en fonction de l'exploitation forestière pour le marché transatlantique ; il constitue un marché local pour les colonies agricoles. C'est, vers 1836, le meilleur marché agricole dans le Haut-Canada. Avec les moyens de transport mis à leur disposition les colons poussent le défrichement dans les comtés de Carleton, Lanark et Prescott. La coupe du bois bat son plein en 1845 [9].

Déjà des colonies se forment dans le comté de Lanark, le long du canal projeté, dès 1816. Deux cent cinquante colons s'établissent dans la région de Perth, soldats réformés pour la plupart d'origine écossaise [10].

La colonisation par les Loyalistes s'est effectuée en deux endroits principaux, et en deux temps différents. Dans un premier temps, la pénétration se fait en aval du lac Ontario, en provenance des États du Vermont et de New York ; l'objectif des immigrants semble avoir été les terres voisinant la Baie Quinte. On y voyait l'avantage de la proximité ou l'accessibilité du marché de Montréal et de Québec pour les produits agricoles et forestiers. La pénétration se fait aussi du sud-ouest dans la région de Niagara et la colonisation devait se répandre vers l'ouest en suivant la rive du lac Érié. En réalité elle allait plutôt suivre les vallées de la Thames et de la Grand River.

En 1785 on estimait à 10 000 les immigrants établis dans les deux sections de Kingston et de Niagara ; en 1791 on en estimait le nombre à quelque 25 000 [11].

Sous le nouveau régime constitutionnel le Haut-Canada entre donc dans une seconde phase de colonisation. Lord Simcoe, le lieutenant-gouverneur, vétéran et impérialiste chevronné, va orienter la colonisation vers la région intermédiaire encore négligée, celle de la rive nord du lac Ontario, et choisir York comme capitale de la province. Il y établit une garnison. Lord Simcoe continue de compter sur l'importation de militaires loyalistes et de défricheurs et artisans progressifs. Retourné en Angleterre dès 1796, il n'en continue pas moins de diriger la colonisation de la province. La guerre de 1812-1816 accentue l'importance du facteur militaire dans la colonisation du Haut-Canada.

8.   G. H. Lecke, « The Loyalists in Ontario », *Ontario Papers*, vol. XXX, 1934.
9.   Robert Leslie Jones, *History of Agriculture in Ontario*, 1613-1880, Toronto, 1946, ch. VI, p. 117.
10.   J. Spelt, *The Urban Development*, ch. V.
11.   J. Spelt, *The Urban Development*, p. 17.

Impérialisme et loyalisme

Adam Shortt, le pionnier des historiens économistes au Canada a bien cerné la spécificité du développement économique en pays neuf. Il en a retenu notamment les difficultés qu'y trouve le colon à écouler les surplus de sa production sur le marché, soit à cause du manque de numéraire ou de l'insuffisance de pouvoir d'achat, soit à cause de l'absence ou de l'insuffisance des voies de transport. Pourtant, la colonisation effectuée sous l'étendard de l'impérialisme et du loyalisme n'a pas connu toutes ces difficultés et contraintes qui accablent ordinairement le colon individuel dans les territoires incultes [12].

Dans le Haut-Canada, les premiers colons, pour la plupart, ont été des *United Empire Loyalists*, donc des Américains, et par conséquent des colons supportés directement, ou en quelque sorte entretenus par le gouvernement britannique durant plusieurs années. Soutenus indirectement aussi : le gouvernement impérial établit des garnisons le long de la frontière canadienne et leur assigne des fonctions économiques. Ces garnisons constituent des marchés locaux pour la campagne environnante. Les premiers colons ont été aussi soutenus ou entretenus par la demande militaire durant la période d'avant-guerre.

Il faut remarquer que la colonisation a commencé en Ontario plus tôt que dans les États américains limitrophes. À cause de ce décalage, les premiers colons de l'Ontario ont trouvé un marché chez les pionniers américains, ceux-ci dépendant, pour une part, d'approvisionnements canadiens ou de marchandises importées d'Europe via le Canada. Les prix agricoles obéissaient aux conditions de la demande locale ; le marché avait pour limite le transport. Dans le Haut-Canada, disait-on par allusion au rôle économique de la garnison, le gouvernement impérial paie des consommateurs pour y venir manger la farine des colons. Plus tard, durant la guerre 1812-1815, les fournisseurs de l'armée cherchaient à s'approvisionner du côté américain avec la connivence des dirigeants civils et militaires. Ce furent pour le Haut-Canada des années de prospérité, semblables à celles qu'on connaîtra durant la guerre de Crimée.

L'adaptation d'après-guerre s'avéra difficile pour les Canadiens, et la nouvelle situation tourna en faveur des Américains. Des immigrants Quakers de Pennsylvanie et autres, s'établirent dans le district de la Bay Quinte, et dans les districts des lacs Ontario et Érié. Cette nouvelle migration semblait plutôt diversifiée et elle manifestait des tendances républicaines. Elle faisait contraste avec la population de l'est de la province, d'espèce britannique et de mentalité tory [13]. L'immigration venant d'Angleterre après 1817 était une immigration assistée et assez peu appropriée

12. « The Economic Effect of the War of 1812 on Upper Canada », *Ontario Historical Society, Papers and Records*, vol. X, 1913.
13. J. B. Brebner, *Canada*, ch. XVI.

aux conditions canadiennes de colonisation. Elle s'orientait d'abord vers les travaux publics, puis elle recherchait la communauté urbaine. Pour cette raison elle se sentait attirée vers les États-Unis. Lord Durham décrivait ainsi la situation des colons anglais :

> Plusieurs de ces pauvres gens ont peu ou pas de connaissances agricoles, même d'une façon générale. Ils ignorent toutes les méthodes de culture dans le pays. Une fois qu'ils ont pénétré dans la forêt ils se trouvent accablés de privations et de misères qu'ils ne peuvent surmonter. Ils cèdent et abandonnent leur « règne » pour aller chercher ailleurs leur gagne-pain. Plusieurs accompagnés de leurs familles affamées gagnent les villes des provinces pour suppléer à leur misérable existence par le travail à la journée et par la mendicité en commun. D'autres plus entreprenants sont tentés par la renommée des hauts salaires des États-Unis et, attirés par le climat doux de ce pays, vont y chercher fortune [14].

C'était donc des États-Unis, et non du Royaume-Uni, que venaient les meilleurs colons, d'espèce frontiersman. Des États-Unis venaient également les hommes d'affaires, industriels et commerçants, du type entrepreneur. Au début du siècle Wallis & Sunderlin du Vermont établissait une fonderie dans le comté de Leeds. Une autre fonderie exploitant le minerai de tourbe du district de Long Point était achetée en 1820 par des hommes d'affaires de l'État de New York. Elijah Leonard de Syracuse prenait la direction de cette entreprise en 1829, et établissait en 1834, à Saint-Thomas, une autre fonderie qu'il déménageait à London en 1838. Près de Windsor, d'autres gisements de tourbe étaient exploités par des Américains de l'Ohio — les Colbourne Furnaces, qui produisaient 4 ou 5 tonnes de fer en gueuse par jour, et employaient 60 à 70 hommes à la fabrication de poêles, bouilloires et chaudrons. Simon Morrill établissait l'industrie de la tannerie et de la chaussure à London dans les années 1830, il y fondait une chambre de commerce ; il était l'un des actionnaires et promoteurs du London & Port Stanley Railway.

Hamilton doit ses premiers développements industriels à des Américains ; Yates, Merritt, promoteurs du canal Welland étaient d'origine américaine. Samuel Zimmerman, entrepreneur en travaux publics et promoteur du Great Western Railway, était originaire de Pennsylvanie. L'exploitation des puits de pétrole dans le comté de Lambton profitait des connaissances techniques de J. H. Fairbanks, de l'État de New York. Hiram Walker développait l'industrie de la distillerie. Enfin, on pouvait dire, vers 1830, que la plupart des hommes d'affaires dans la province du Haut-Canada étaient des immigrés des États-Unis [15].

---

14. *Le Rapport de Durham,* présenté, traduit et annoté par Marcel-Pierre Hamel, Québec, 1948, p. 275.
15. Fred Landon, *Western Ontario and the American Frontier,* Toronto, 1941, ch. IV.

Entre 1820 et 1830 la section riveraine du lac Ontario comprise entre York et Kingston se développait. Les bonnes terres du district de la Bay Quinte étaient occupées, et l'expansion se faisait vers l'ouest et un peu vers le nord dans les comtée de Lanark et de Hastings, en direction des gisements de fer de Marmora et Madoc. La région de Rice Lake était ouverte ; Peterborough devenait un centre régional. De Port Hope et de Cobourg l'expansion gagnait la région de Scugog. De York on atteignait le lac Simcoe : Newmarket et Holland Landing devenaient des centres régionaux durant la même période. Guelph, siège social de la Canada Company, site hydraulique, tête de navigation, faisait le point entre le *Huron Tract* et York, la capitale de la province. Peterborough connaissait un début semblable.

À l'époque des troubles, le Haut-Canada comptait déjà un nombre impressionnant de centres à vocation commerciale ou industrielle, dont les plus importants étaient situés en bordure du lac Ontario. Il manquait à tous ces centres d'être reliés entre eux par un système de transport et de communication et cette insuffisance de capital gênait, disait-on, le progrès de la colonisation : « À l'exception de la classe ouvrière, presque tous les émigrés qui sont établis depuis dix ans sont plus pauvres aujourd'hui qu'ils ne l'étaient au moment de leur arrivée dans la province. » [16]

Au cours de la décennie suivante il y eut amélioration ; un système routier se dessinait, centré sur Toronto principalement. La plupart des routes résultaient de l'initiative locale, celle des villes-ports en particulier dont l'ambition était de se créer un hinterland. C'était le cas de Port Credit, Oakville, Dundas, Belleville, Port Hope, Bowmanville, Oshawa, Whitley. Quelques-unes de ces villes-ports luttaient pour la conquête d'un même hinterland. Toronto se situait au centre de cette course vers l'intérieur ; de là rayonnait le plus important réseau de routes vers l'est, vers l'ouest, et principalement vers le nord : Yonge Street menait au lac Simcoe, d'où l'on atteignait Penetanguishene sur la baie Georgienne et de là, par navigation, un certain nombre de ports.

---

16. *Le Rapport de Durham*, pp. 214-215. Il ne faudrait pas accepter sans critique ce que dit Durham des routes. Lorsqu'il attribue à l'insuffisance des routes la stagnation économique il ignore la fonction du traîneau durant les longs hivers canadiens, et celle de la navigation intérieure et côtière durant l'été. À l'exception de Yonge street, les routes ont suivi, et non précédé, la colonisation. Là où le sleigh n'est pas utilisable les routes apparaissent plus tôt. Le commerce des produits périssables s'est avéré favorable à la promotion des bonnes routes. Thomas F. McIlwraith envisage les routes comme corollaire du développement : « The Adequacy of rural roads in the era before railways, an illustration from Upper Canada », *The Canadian Geographer*, vol. XIV, 4, 1970. Yonge Street a devancé l'occupation sans être pour autant l'élément déterminant de la colonisation dans le comté de York. En dehors de Yonge Street aucune route n'aurait devancé l'occupation par les colons.

Pôles et axes de développement avant les chemins de fer

Arrêtons-nous à 1850, au seuil de la révolution ferroviaire pour essayer de saisir et d'identifier, en les cartographiant, les principaux centres que la colonisation et l'activité commerciale avaient établis. Ainsi on évitera d'attribuer à l'entreprise ferroviaire un rôle qu'elle n'a pas exercé dans la formation spatiale de l'économie ontarienne : celui d'avoir créé la dimension sud-nord de l'économie ontarienne à l'intérieur du triangle défini ci-haut. En somme, avant 1850, la poussée colonisatrice avait fait son œuvre ; il y avait des îlots de colonisation un peu partout du sud au nord, jusqu'au Bouclier. La densité était faible, les îlots étaient disloqués, inarticulés, mais ils existaient. Une meilleure accessibilité, ensuite, grâce aux chemins de fer et aux routes allait accélérer le peuplement et lui donner de la densité [17].

Presque tout le développement provoqué par l'entreprise ferroviaire avait été annoncé par la poussée commerciale des années 1840. Le type d'économie défini par le recensement de 1881 est en partie le résultat de tendances amorcées avant 1850 dans le triangle situé au sud du Plateau laurentien. (Voir schéma no VI.)

La construction navale et le trafic des Grands Lacs témoignent de la vigueur commerciale qui a marqué la période pré-ferroviaire durant la phase de peuplement intensif du Canada-ouest.

Pour une part l'impulsion était venue des États-Unis. Le canal Érié avait été ouvert le 25 octobre 1825, conséquence de la décision internationale fermant le fleuve aux Américains au-delà du 45ᵉ parallèle. Ce canal créait une route concurrentielle au fleuve. Il entraînait vers l'ouest un mouvement de colonisation sur le nord-est américain ; des échanges qui existaient déjà entre les premiers colons du nouveau nord-est et les Canadiens allaient être détournés vers New York. Par contre, il y avait migration américaine vers le Canada, dont certains constructeurs et armateurs de navires qui s'établissaient le long de l'Ontario et de l'Érié, des charpentiers, des marins, anciens officiers de guerre. William Merritt, un jeune marchand du Haut-Canada, émigré des États-Unis, entreprenait la construction du canal Welland en 1825, projet que, depuis huit ans déjà, le gouvernement du Haut-Canada avait autorisé en le classant comme mesure de défense. Or, depuis 1817 jusqu'en 1825, les ports riverains s'étaient remarquablement développés. Sept navires à vapeur étaient lancés en 1825 : cinq sur l'Ontario, deux sur l'Érié. Un service de traversier

---

17. Des associations métropolitaines se développent, des aires d'affinité canado-américaine se forment. Robert E. Dickinson, *City, Region and Regionalism*, ch. VII, XIII.

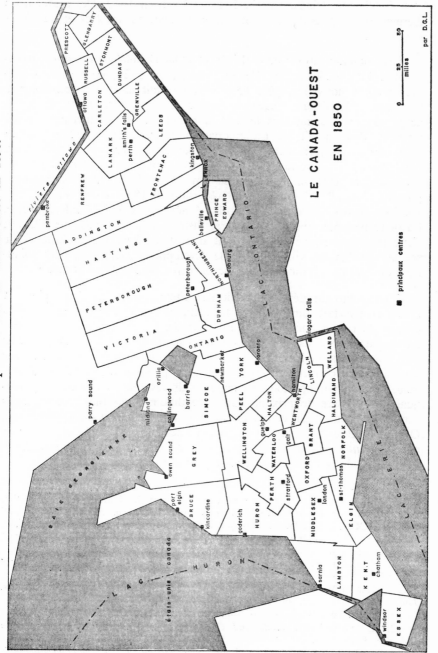

Schéma no VI : Principaux centres du Canada-ouest en 1850.

LE CANADA-OUEST EN 1850

par D.G.L.

■ principaux centres

était établi entre Niagara-on-the-Lake et York en 1827. Des associations d'armateurs se constituaient pour faire le cabotage des lacs et du Saint-Laurent [18].

Les communications entre l'Érié et l'Ontario étaient devenues insuffisantes. Le premier canal Welland, ouvert en 1829, était devenu trop petit pour la nouvelle espèce de navires. Il était difficile de remonter le Chippewa et la Niagara à cause de la force des courants. On décidait alors de prolonger le canal vers le Sud, à travers les hauts niveaux jusqu'à Gravelly Bay sur l'Érié. La compagnie obtenait une participation de $200 000 du gouvernement ; ce qui lui permit de terminer les travaux en 1833. En cette même année, dix-huit bateaux à vapeur furent construits, presque tous sur l'Ontario et l'Érié. En 1834 débutaient les travaux de port à Chicago [19]. Même s'il y eut récession en 1835, les années 1836 et 1837 furent des années de spéculation foncière et d'activité inflationnaire. La dette nationale payée, le Fédéral distribuait les surplus aux États [20]. Cette politique d'*easy money* créait une atmosphère d'optimisme et de spéculation dans les villes en voie de développement et notamment à Chicago où les lots à bâtir devinrent le principal article d'exportation [21].

La rapidité du développement des États américains limitrophes de l'Ontario affectait sensiblement la composition des échanges canado-américains car, à compter de cette période, les Américains importaient davantage de produits bruts [22]. Certes, les matières brutes abondaient dans les États voisins, mais ceux-ci en importaient de la province voisine pour des raisons de convenance économique. La pression d'une demande soutenue par une immigration croissante créait des zones de rareté et provoquait des hausses de prix ou autres conditions favorables aux échanges canado-américains. Un commerce de bois se développait de Kingston, via Oswego et Érié, et le capital américain s'acheminait vers l'Outaouais ; ce que le *Montreal Gazette*, déjà en 1836, dénonçait comme une tendance des Américains à constituer un monopole des terres au Canada [23].

---

18. E. A. Cruikshank, « Notes on the History of Shipbuilding and Navigation on Lake Ontario to September 1816 », *Ontario Historical Society,* Papers and Records, XXIII, 1926 ; H. A. Musham, *American Neptune,* vol. III, 4, vol. V, 1, vol. VI, 3 ; William Hodge, « Papers concerning early navigation on the Great Lakes », *Buffalo Historical Society,* 1863.

19. A. T. Andreas, *History of Chicago, from the earliest period to the present time,* Chicago, 1884.

20. Harold W. Guest, Public Expenditure, New York, 1927 ; H. C. Adams, *The Science of Finance, an investigation of public expenditure.*

21. A. T. Ford, *A History of Illinois,* Chicago, 1934.

22. I. D. Andrews, *Trade and Commerce of the British North American Colonies,* 32nd Congress, 1st sess., Ex. Doc., Washington, 1853.

23. A. R. M. Lower & H. A. Innis, *Select Documents in Canadian Economic History 1783-1885,* Toronto, 1933, Part II, Section III.

Progression démographique et accumulation de capital

La population du Haut-Canada, depuis 1824 devait augmenter au rythme suivant [24] :

TABLEAU XVI

Taux d'accroissement de la population du Haut-Canada de 1825 à 1842

	%
1825-26	3,60
1826-27	7,54
1827-28	5,37
1839-40	4,88
1840-41	8,87
1841-42	4,45

La population du Canada-ouest passait de 210 437 en 1830 à 791 000 en 1849, soit une augmentation de 375%. Durant la même période, la population globale de l'Ohio, du Michigan et de l'Illinois passait de 1 126 851 en 1830 à 3 505 000 en 1850, soit une augmentation de 320%.

À l'intérieur de l'univers du Canada-ouest, l'accroissement présentait des inégalités d'un district à l'autre. Par exemple, le comté d'Oxford doublait sa population durant les huit premières années de l'Union ; la population des comtés de Huron, Perth, Bruce augmentait de 571% durant la même période. Le district de Huron faisait plus de progrès de 1827 à 1850 que l'Ohio, le Michigan et l'Illinois en quarante ans et que le Bas-Canada en cent ans. De 1840 à 1850 Toronto enregistrait une augmentation de population de 95%, New York 66% et Boston 45%.

Le Canada-ouest absorbait la quasi-totalité de l'immigration européenne établie au Canada. En vingt ans, la valeur de la propriété inscrite au rôle d'évaluation triplait ; elle se chiffrait à 2,2 millions en 1825, à 7,7 en 1845 [25]. Après ce premier élan commercial, soit au commencement de l'ère du chemin de fer, le Canada-ouest présentait un échiquier de centres régionaux vers lesquels allaient se propager les effets des investissements et des techniques nouvelles, caractéristiques de la période préconfédérative.

Parce qu'ils entraînaient des effets de polarisation, les investissements avaient des effets différents sur les centres existants. L'un des plus anciens, Kingston, ne tirait pas grand avantage de l'élan général. Sa situation éco-

---

24. Census, 1851, *Report of the Secretary of the Board of Registration and Statistics.*
25. *Journals of the Legislative Assembly,* Province of Canada, 1849, App. N. Property ratable including lands, houses, grist mills, merchants shops, stone houses, horses, oxen, milk cows, young cattle, sawmills, carriages kept for pleasure.

nomique demeurait stationnaire, elle déclinait relativement. C'était le cas aussi de Belleville. Cobourg et Port Hope, aussi villages anciens, devaient lutter pour la conquête d'un commun hinterland, sans grand succès ni pour l'un ni pour l'autre. Oshawa, dont l'origine remonte à 1795, n'était qu'une étape sur la *Kingston Road.* Il en était ainsi des autres villages riverains, à l'exception de Hamilton, Oakville, Windsor et Chatham, qui occupaient des positions stratégiques en fonction des routes les reliant aux îlots intérieurs de colonisation et aux ports du lac Huron et de la baie Georgienne. Toronto était leur métropole commune.

Tous ces centres, on le sait, sont d'origine commerciale et pré-ferroviaire. On connaît moins l'existence des villages et des ports qui se situent dans un rayon d'une centaine de milles de Toronto, sur les rives de la rivière St. Clair, du lac Huron et de la baie Georgienne, et sur les voies qui y mènent.

Sarnia, chef-lieu du comté de Lambton sur la rivière St. Clair, près du lac Huron, à 62 milles à l'ouest de London, reliée à Port Huron, Michigan, existait depuis le début du siècle, la colonisation britannique s'y orientait à compter de 1832. Goderich était du même âge. John Galt, fondateur de la Canada Company en faisait le port et le terminus de la route Huron reliant Guelph au lac Huron. La position de Goderich était ensuite renforcée par l'ouverture d'une autre route Goderich-London. Owen Sound, au nord du comté de Grey, devenait village de colonisation en 1840. On y installait un port en 1844, pour les steamers qui faisaient le service entre Port Sarnia et Sturgeon Bay. Collingwood, sur la baie Nottawasaga, s'ouvrait à la colonisation dès 1835, Penetanguishene, sur la même baie, poste militaire depuis 1812, était remis à l'administration civile en 1832. Barrie, chef-lieu du comté de Simcoe, à la pointe de la baie Shanty sur le lac Simcoe, à 49 milles au nord de Toronto, s'ouvrait à la colonisation dès 1833 ; de même Orillia, à la pointe sud du lac Couchiching (à 84 milles au nord de Toronto) ; et Midland, plus au nord, avait même devancé Orillia.

Tous ces centres forment une chaîne de villages sur des eaux navigables qui invitent aux échanges avec les États-Unis.

À partir de ces centres, par un réseau de rivières, et grâce à certains travaux de canalisation et de voirie, se sont développés d'autres centres, situés à l'intérieur des terres. La plupart sont antérieurs à l'entreprise ferroviaire. Énumérons-en quelques-uns, et précisons leur âge et leur rôle historique.

Smith Falls, située à 52 milles au sud-ouest d'Ottawa, dans le comté de Lanark, doit son origine au major Thomas Smyth, concessionnaire de terres en cette région. L'érection de la première scierie en 1823 indique que la colonisation y a même devancé le canal Rideau. Perth aujourd'hui chef-lieu du comté de Lanark, à 52 milles au sud d'Ottawa, doit son origine à un groupe de 700 émigrants d'Écosse arrivés à Québec en 1815 et qui s'y établirent en 1816, après avoir hiverné à Brockville, un ancien village loyaliste sur le fleuve Saint-Laurent, à 47 milles au nord-est de Kingston. La fonction économique de Perth fut renforcée par la construction d'un embranchement Perth-Smith Falls (sept milles) sur le canal Rideau, de 1831 à 1833. Peterborough, à 76 milles au nord-est de Toronto dont l'origine remonte à 1821 s'est formé à partir de la scierie. Purdy's Mill, à 27 milles à l'ouest de Peterborough, est fondé en 1834 par un américain du nom de William Purdy, sur la rivière Scugog, et prend le nom de Lindsay en 1850 à titre de chef-lieu du comté de Victoria.

London, comté de Middlesex, est un site privilégié par lord Simcoe qui l'avait choisi comme future capitale du Haut-Canada. Effectivement la colonisation y débuta en 1826 seulement, London fut incorporé comme village en 1840, et comme ville en 1848. Woodstock, chef-lieu du comté d'Oxford à 88 milles au sud-ouest de Toronto fut fondé en 1838 par l'amiral Vansittar ; on y établit un bureau de poste en 1835, Kitchener, chef-lieu du comté de Waterloo, à 63 milles au sud-ouest de Toronto, fut ouvert dès 1800 par des Américains de Pennsylvanie ; Brantford, chef-lieu du comté de Brant, à 65 milles au sud-ouest de Toronto, fut ouvert dès 1805 mais ne fut effectivement colonisé qu'après 1840. Ce village fut alors relié par le canal au lac Érié. St. Thomas, dans le comté d'Elgin, à 120 milles à l'ouest de Toronto se situe au centre même du plan de colonisation de Thomas Talbot qui s'y établit en 1803.

Dynamique de développement

Un concours de conditions géographiques et de circonstances historiques a façonné l'économie du Haut-Canada. Au nord-est l'activité forestière lui a donné une nervure commerciale. Dès 1806, Philemon Wright, un entrepreneur américain, flottait son premier train de billes à Québec. Au sud-ouest et à l'ouest, la province, politiquement séparée des États-Unis, y était toutefois techniquement reliée par des eaux navigables. Les conflits qui ont ébranlé les deux voisins ont provoqué ou suscité tantôt des migrations tantôt des tactiques de défense mais, dans tous les cas, dans la guerre de révolution comme dans les guerres napoléoniennes, la colonisation et le commerce des produits forestiers y ont trouvé un stimulant. Des groupes d'émigrés américains, sous le couvert du loyalisme, sont venus prendre terre et élire domicile. L'armée britannique y a établi des garnisons qui ont servi de support commercial aux colons. Les préférences substantielles accordées par la Grande-Bretagne aux bois coloniaux en 1808-1809, rajustées en 1821, se maintiennent fermes jusqu'en 1843, et l'exportation de bois à la Grande-Bretagne compense l'affaissement du commerce des fourrures en amont de la Laurentie. De l'Outaouais l'activité forestière se répand vers les régions du haut Saint-Laurent comme l'atteste l'histoire de Kingston, après l'ouverture du canal Rideau principalement.

En même temps une immigration de groupe, qui évoque l'importance du militarisme dans l'histoire pré-industrielle de l'Ontario, porte l'agriculture dans les régions fertiles du sud-ouest comme en témoignent les plans Talbot et Selkirk. L'agriculture nouvelle produit un surplus qu'on s'efforce d'écouler par l'intermédiaire des marchands de Montréal sur le marché de la Grande-Bretagne à la faveur d'un tarif préférentiel. Toutefois, les céréales trouvent une voie de sortie plus commode que le Saint-Laurent avec le canal Érié (1825) et, de ce fait, New York devient concurrente de Montréal, un événement qui va hâter la canalisation du Saint-Laurent. On introduit la navigation à vapeur sur le lac Ontario (1815), sur le lac Érié (1818) et sur l'Outaouais (1822). Le canal Welland (1829) donne accès aux lacs d'en haut, le canal Rideau (1832) relie Ottawa aux Grands Lacs, et l'accession aux lacs d'en haut valorise le potentiel agricole des comtés en bordure du lac Huron et favorise la colonisation du comté de Huron notamment, comme en témoigne le développement de Goderich. Les ports et les colonies que la navigation à vapeur a établis en bordure du lac Huron et de ses baies deviennent des foyers de développement, et des points d'attraction pour les centres situés en aval, sur le lac Ontario par exemple, et exigent des liaisons routières qui vont favoriser la colonisation à l'intérieur des terres. Le progrès de l'agriculture, parallèle à l'immigration et à l'occupation agricole trouve un appui dans la réalisation de la première voie maritime du Saint-Laurent et favorise la fonction commerciale de Montréal. Du côté d'Ottawa et de Kingston, les modifications de la fonction de production forestière après l'affaissement des préférences britanniques s'expliquent par un ajustement au marché nouveau (demande domestique et demande américaine) qu'exige l'industrie de la construction. Il en résulte une floraison de scieries, mais les scieries accusent une tendance à se situer au sud-ouest et à l'ouest de l'axe Ottawa-Kingston, dans les comtés de Hastings, Northumberland, et dans les comtés voisinant le lac Simcoe et la baie Georgienne.

Cette dynamique de développement influe sur l'agriculture et, indirectement, sur l'activité portuaire de Montréal et de Québec où s'achemine une part des denrées destinées à l'exportation. Les canaux du haut Saint-Laurent, à neuf pieds de profondeur, permettent aux vapeurs des Grands Lacs de s'y rendre, l'aménagement du chenal en aval de Montréal ouvre son port aux vapeurs océaniques, évitant ainsi une coûteuse rupture de cargaison entre Montréal et Liverpool. Il faut donc tenir compte de sa liaison avec le haut Saint-Laurent et le bassin des Grands Lacs, et non pas seulement avec la région métropolitaine de Montréal, si l'on veut interpréter les statistiques du port de Montréal [26].

---

26. Les Anglo-Canadiens et les Américains semblent réagir de façon semblable aux défis de la conjoncture et aux besoins d'innovation, et plus rapidement que les Franco-Canadiens. Cette différence présage les inégalités de rendement entre l'Ontario et le Québec. Pour une introduction à l'étude des inégalités dans l'agriculture, voir Fernand Ouellet, *Histoire économique et sociale du Québec*, 1760-1850, Mont-

Le chemin de fer arrive à son heure pour animer les îlots d'activité plus ou moins dispersés que desservaient la navigation interne et le réseau routier, pour agrandir ces îlots et les intégrer au grand ensemble, tout en les reliant les uns aux autres. Il est créateur d'utilités.

réal, 1966, ch. XII ; Fred Landon, *Western Ontario and the American Frontier,* Toronto, 1941, ch. IV ; H. A. Innis, *Essays in Canadian Economic History,* Toronto, 1956, « Introduction to the economic history of Ontario from outpost to empire », « Historical development of the dairy industry in Canada » ; Journaux de l'Assemblée législative, Canada 1850, App. T.T. ; Robert Leslie Jones, *History of Agriculture,* ch. VI, VII.

CHAPITRE VII

La situation privilégiée de l'Ontario

2. La période du chemin de fer et de l'industrie

Au déclin de la politique impériale et au relâchement des liens mercantilistes, vers le milieu du XIXe siècle, correspondait un engagement progressif du gouvernement canadien dans les entreprises exigeant du capital à long terme, engagement qui caractérise le passage du commercialisme au capitalisme colonial. Au point crucial où l'entreprise du chemin de fer prenait la relève de l'entreprise de canalisation, la caution financière du gouvernement colonial, condition des emprunts négociés sur le marché métropolitain de la finance, entraînait la responsabilité ministérielle dans la province du Canada. À la tutelle londonienne, et d'une certaine manière en symbiose avec elle, succédait l'impérialisme anglo-laurentien étayé par Hamilton, Toronto et Montréal. L'ampleur de l'engagement dans la finance à long terme pour la construction et l'entretien des réseaux de transport et de communication, et pour le soutien ou la canadianisation d'un industrialisme difficile, à cause des entreprises américaines, plaçait l'Ontario au premier rang des intéressés dans le procès des décisions. Ici la notion d'économie obérée, ou grevée de charges fixes, se concrétise, ici l'expansionnisme, obéissant au dictat de la comptabilité capitaliste, entraîne le transcontinentalisme. Et l'enjeu de l'Ontario devient le premier et ultime déterminant de la politique économique de la nouvelle puissance transcontinentale.

Afin de comprendre le caractère fondamentalement ontarien de l'élan transcontinental, ne convient-il pas d'ouvrir une enquête sur les raisons de la suprématie économique de la région des Grands Lacs et sur les enjeux laurentiens qui se trament en Ontario principalement, après 1850 ; ne convient-il pas de situer géographiquement les pôles qui résultent de la formation des réseaux de transport, des axes d'échange, et du développement industriel ou, vice versa, les pôles qui ont joué un rôle déterminant dans la formation des réseaux de transport et des axes d'échange, et enfin, de reconnaître la pression qu'exerce le développement sur l'entreprise capitaliste et sur la politique. Intimement mêlés au monde des affaires, les politiciens n'ont-ils pas emprunté leur style aux entrepreneurs capitalistes ?

Types de construction ferroviaire

Trois types de construction ferroviaire ressortent de la carte historique de l'Ontario : celui des voies interrégionales pour le transport à longue distance, qui se donnent pour fonction de compléter la navigation ou de suppléer ce qui y manque ; celui des voies de raccordement entre localités, complémentaires aux routes ou s'y substituant ; celui des voies subsidiaires aux voies interrégionales ou troncs principaux [1].

Les récits historiques postérieurs à la formation des réseaux du Canadien National et du Canadien Pacifique ne nous instruisent guère sur les fonctions de développement des petites compagnies aujourd'hui disparues dans l'anonymat ; ces récits escamotent l'histoire des compagnies qui, pourtant, ont eu leur existence légale et ont participé au développement économique de leur région. Il convient donc de les reconstituer dans leur contexte géographique et dans leur cadre chronologique.

1. Les voies interrégionales ou grands réseaux sont le **Grand Tronc**, le **Great Western** et le **Northern Railway of Canada**.

   a) Le Great Western a été construit pour relier le New York Central avec les lignes du Michigan et de l'Illinois en passant par le territoire canadien. Il a été conçu comme voie de transit, entre Détroit et Clifton, en passant par London et Hamilton (229 milles). Cette grande artère rejoint les réseaux américains à Détroit, au moyen d'un vapeur-traversier et à Clifton par le Suspension Bridge. Le service fut inauguré en 1854.

   b) Le Grand Tronc a été construit dans le dessein d'organiser le trafic sur l'axe ouest-est par Montréal jusqu'à Pointe-Levy et Rivière-du-Loup, Piedmont, Sherbrooke, Portland, Maine. Dans l'ouest

---

1. Collection Francis Shanley, *Canadian Railways,* Public Archives of Ontario ; Norman Thomson & Major J. H. Edgar, *Canadian Railway Development from earliest time,* Toronto, 1933.

de la province, le Grand Tronc devenait concurrent du Great Western pour le trafic des États américains des Grands Lacs en se raccordant lui aussi aux chemins de fer américains vers Chicago. La voie principale de Toronto à Montréal fut ouverte en 1856.

c) Le Northern relie Toronto à Collingwood sur la baie Georgienne, en passant par Brandford et Barrie (97 milles). Il fut construit de 1853 à 1855. Appelé d'abord Ontario, Simcoe & Huron Railway, il prit, en 1858, le nom de Northern Railway of Canada.

2. Les voies à fonction locale construites indépendamment des grands réseaux mais absorbées par eux plus tard, ont été construites, pour la plupart, par des localités, villages ou villes-ports en vue de se tailler un hinterland.

a) Bytown & Prescott Railway, appelé plus tard Ottawa & Prescott, ouvert au trafic en décembre 1854, relie Ottawa à Prescott, une distance de 54 milles. Sa principale utilité était le transport de bois. Le Canadien Pacifique s'en porta acquéreur en 1884.

b) Toronto & Guelph Railway, constitué en 1851, fut amalgamé au Grand Tronc en 1853, qui le prolongea jusqu'à Sarnia. Telle est l'origine de la section Toronto-Sarnia, via Guelph, Stratford et London, un parcours de 211 milles. Elle fut terminée en 1859.

c) London & Port Stanley Railway. Ce chemin de fer de 24 milles fut ouvert au trafic en 1856. Il se donnait pour principale artère du trafic entre le Canada et les États-Unis par le lac Érié, mais comme tel, il ne connut pas de succès. Il a servi au transport du charbon, son service de passagers a développé l'activité touristique. Le Great Western s'en portait acquéreur en 1875.

d) Buffalo & Lake Huron Railway, construit pour le trafic local entre 1856 et 1858, avec le support des municipalités, reliait Fort Érié, vis-à-vis Buffalo, à Goderich sur le lac Huron, et traversait le Great Western à Paris junction. En 1875, il fut absorbé par le Grand Tronc qui l'opérait d'ailleurs depuis son origine. En somme le Buffalo & Lake Huron Railway avait été la réplique du Grand Tronc au Great Western.

e) Port Dalhousie & Harold Railway, construit de 1856 à 1858, avait été incorporé en 1853. Il prit le nom de Welland Railway en 1857.

f) Wellington, Grey & Bruce Railway, incorporé en 1862, fut construit entre 1870 et 1874, et fut absorbé par le Great Western en 1876.

g) Stratford & Huron Railway. Son origine remonte à 1855, sa réalisation à 1864 seulement, où fut construite la section entre Stratford et Listowel (27 milles). Il fut absorbé en 1880 par le Port Dover & Lake Huron Railway.

h) Hamilton & Lake Erié Railway. Sa charte de 1869 lui conférait le pouvoir d'acquérir propriétés et droits du Hamilton & Port Dover (1872). La section Hamilton-Port Dover (41 milles) fut ouverte au trafic en 1875. Il fut ensuite amalgamé au Hamilton & North Western Railway.

i) Toronto & Nipissing Railway (1869-1880) eut comme tronçon original la section Toronto-Coboconk ouverte en 1872 ; il acquérait en 1877 la ligne de Stouffville à Jackson's Point sur le lac Simcoe (Lake Simcoe Junction Railway) ; en 1882, il devenait propriété du Midland Railway et était avec lui loué au Grand Tronc en 1884, et amalgamé au réseau en 1893.

j) Midland Railway of Canada. Il eut pour origine la ligne de Port Hope à Lindsay (43 milles) de la compagnie Port Hope Lindsay & Beaverton mise en service en 1857. Lancé en 1870 pour construire une extension de Lindsay à Midland sur la baie Georgienne (73 milles), il fut terminé en 1875. Il absorba en 1880 le Grand Junction Railway, un chemin de fer de 33 milles reliant Belleville à Peterborough. Ce réseau servait principalement au transport des produits forestiers. En 1882, il absorbait le Toronto & Ottawa Railway (voir t).

k) Toronto, Simcoe & Muskoka Railway. Cette entreprise fut constituée en compagnie en 1869, pour construire une voie conduisant au bord du lac Simcoe à partir de la route sud-nord du Northern Railway, de façon à relier les eaux navigables du lac Simcoe, à celles des lacs Muskoka et Rousseau. La voie fut construite de 1870 à 1872. En 1871, cette compagnie se fusionnait avec le North Grey Railway et constituait le Northern Extension Railway. En 1875, la voie était terminée ; elle s'étendait de Barrie à Muskoka Wharf, passant par Orillia, Atherley et Washago, une distance de 49 milles.

l) Toronto, Grey & Bruce Railway se donnait double fonction : celle de relier les centres agricoles et forestiers des comtés de Bruce & Grey à Toronto, et celle d'amener à Toronto directement le trafic du lac Supérieur. Son tronçon principal, Toronto-Owen Sound (122 milles) fut ouvert en 1873. Les embranchements d'Orangeville à Arthur (24 milles) et d'Arthur à Teeswater (50 milles) étaient ouverts en 1871 et en 1874. Enfin, le Toronto, Grey & Bruce était loué à l'Ontario & Quebec Railway en 1883 et au Canadien Pacifique en 1884.

m) Whitby & Port Perry Railway & Extension, plus tard appelé Whitby, Port Perry & Lindsay Railway, reliait Whitby, un village de la rive nord du lac Ontario, à Lindsay, 43 milles au nord-est. Il fut terminé en 1877. Il devint propriété du Grand Tronc en 1884.

n) London, Huron & Bruce Railway ouvert au trafic en 1876, reliait London à Wingham au nord du comté d'Huron, une distance de 74 milles à travers une région agricole. Ouverte en 1876, cette voie devenait propriété du Great Western.

o) Port Dover & Lake Huron Railway. La voie reliant Port Dover sur le lac Érié à Stratford dans le comté de Perth fut ouverte en 1875. En 1880, cette compagnie acquérait le Stratford & Huron Railway (voir g) et se fusionnait ensuite avec le Georgian Bay & Wellington Railway pour devenir le Grand Trunk & Lake Erie Railway.

p) Credit Valley Railway. Cette compagnie possédait un réseau complexe, dont l'histoire occupe la période 1874-1881. Ce réseau comprenait une voie de Cataract à Elora (27 milles), une autre de Streetsville Junction à Orangeville (35 milles), ouvertes en 1879, et aussi une voie reliant Toronto à St. Thomas (121 milles) ouverte en 1881. Elles devinrent propriété du Canadien Pacifique en 1883.

q) Cobourg & Peterborough Railway. Cette voie et son embranchement vers les mines de Marmora (1868) ne devaient servir qu'au transport de bois et de minerai de fer. La compagnie les ferma en 1885 et 1888.

r) Lake Simcoe Junction Railway, une voie de desserte (26 milles) allant de Stouffville à Jackson's Point fut ouverte en 1877 et devenait, la même année, propriété du Toronto & Nipissing Railway (voir i).

s) Georgian Bay & Wellington Railway. Cette compagnie fut incorporée en 1878 pour construire une voie de Guelph à Listowel, et de Listowel à Owen Sound, en passant par Harriston, Mount Forest et Durham. La voie entre Palmerston et Durham (25 milles) fut ouverte en 1882 ; elle fut amalgamée au Stratford & Huron Railway (1880) pour constituer le Grand Trunk, Georgian Bay and Lake Erie Railway (voir g, o).

t) Toronto & Ottawa Railway, reliant Bridgewater & Peterborough, Omenee Junction, Manilla Junction (1882-1883), fut amalgamé au Midland Railway dès 1882 (voir j).

u) Montreal & City of Ottawa Junction Railway, incorporé en 1871 pour construire une voie d'Ottawa à Coteau Landing (78 milles), entra en service en 1882. Cette compagnie s'était amalgamée au Coteau & Province Railway pour constituer Canada Atlantic Railway.

v) Ontario & Quebec Railway construisit une voie de Perth à West Toronto, via Norwood (1882-1884) ; cette voie fut achetée par le Canadien Pacifique.

3. Les voies subsidiaires aux troncs principaux.

a) Great Western. Rappelons que la voie principale de cette compagnie relie Clifton à Windsor, via Hamilton et London. À cette voie, se rattachent les embranchements suivants, construits de 1854 à 1856 : Harrisburg-Galt (12 milles), Hamilton-Toronto (38 milles), Galt-Guelph (15 milles), Komoka-Sarnia (51 milles) et Petrolia (5 milles) [2].

b) Grand Trunk. Ce chemin de fer demeure rival du Great Western dans l'ouest de la province jusqu'à l'acquisition de cette compagnie en 1882. Entreprise éminemment canadienne par son orientation trans-territoriale, elle s'est occupée du trafic local en organisant les points de jonction avec les tronçons orientés vers l'hinterland du nord, sans toutefois négliger le trafic de l'ouest. Ainsi, elle s'est donné une voie en territoire américain, de Détroit à Port Huron et, en 1875, elle prit le contrôle de la compagnie Buffalo & Lake Huron qui assurait le service des localités depuis Goderich jusqu'à Buffalo (voir 2d), puis le Grand Tronc se donna un embranchement sur London à la jonction St. Mary. Grâce à cette acquisition du Buffalo & Lake Huron, le Grand Tronc se trouvait, depuis 1875, relié aux chemins de fer de New York.

c) Le Northern Railway. Cette compagnie s'est aussi occupée de recueillir une part du trafic de l'ouest en organisant un service de vapeurs pour le cabotage aux ports du lac Michigan en fonction de son terminus sur la baie Georgienne.

Contribution locale à la construction des chemins de fer

Ce catalogue révèle des aspects intéressants de la dynamique économique de l'Ontario. L'un de ces aspects et non le moindre, c'est la participation financière de certains villages, villes, comtés et townships à la construction de cet énorme (unique au monde) réseau de chemin de fer. Bornons-nous à quelques citations importantes.

La cité de Hamilton contracta une dette de $800 000 pour la promotion de quatre compagnies de chemins de fer [3]. La compagnie London & Port Stanley, par exemple, doit son existence à l'initiative et à l'animation des hommes d'affaires de la ville de London qui y consacra $345 400 dont $200 000 en actions. Le chemin de fer Port Hope, Lindsay & Beaverton recueillit $920 000, en actions et en obligations, des petites villes de Peter-

---

2. L'étude de Breithaupt ajoute certaines variantes. W. H. Breithaupt, « The Railways of Ontario », *Ontario Historical Society, Papers and Records*, XXV, Toronto, 1929.
3. Albert Faucher, *Histoire économique et unité canadienne*, Montréal, 1970, Première partie, ch. 3 et 4.

Schéma no VII : Chemins de fer de l'Ontario en 1884.

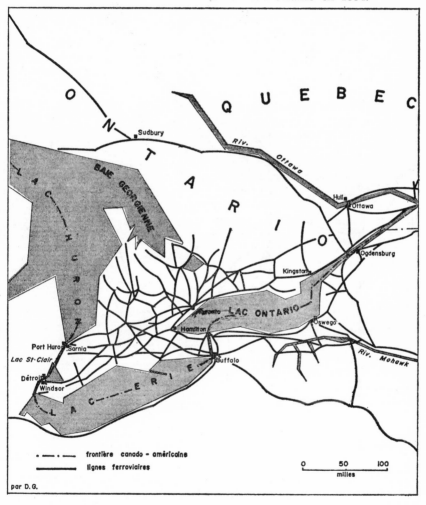

Schéma no VIII : Chemins de fer du Québec en 1884.

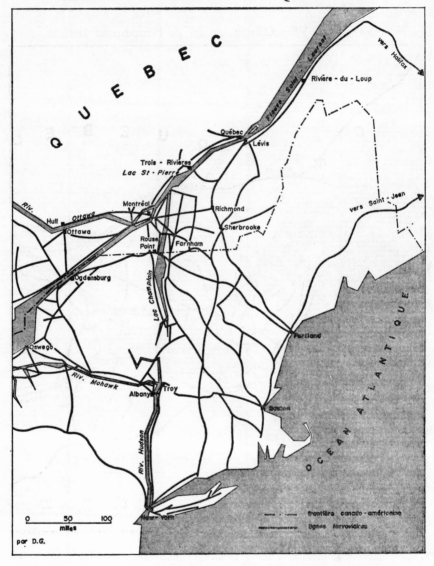

borough et de Port Hope. Les villages de Simcoe, Woodstock, les townships de Wingham et de Woodhouse fournirent à leur chemin de fer régional la somme de $380 000 en obligations. Le Buffalo, Brantford & Goderich Railway recueillit des townships et comtés environnants la contribution globale de $1 278 000 [4].

La fièvre ferroviaire avait gagné toute la province. Les petits centres voyaient l'occasion de participer au développement de leur région, les propriétaires y voyaient l'occasion de vendre à la hausse des terres agricoles ou des lots à bâtir et organisaient à cette intention des enchères du type pique-nique où l'on servait à boire. Les grandes entreprises comme le Great Western avaient misé sur le commerce de l'Ouest, et même le Northern, auquel s'intéressait vivement Toronto, entreprise pourtant tournée vers le nord, ravivait la vieille anticipation qui avait animé l'entreprise de canalisation ; à preuve son prospectus de 1850 : « La grandeur et l'importance de ce plan s'imposent particulièrement à l'attention de la société canadienne et américaine. Le grand avantage que le public va en tirer c'est celui d'une communication ferroviaire à travers la péninsule jusqu'au Far West en liaison avec les routes déjà terminées, de New York et Boston jusqu'à Oswego — réalisant ainsi une route du nord vers les États de l'Ouest, via Toronto, plus courte que toute autre d'un quelque cent milles, et évitant la sinueuse et dangereuse voie du lac Érié et du lac Huron. » [5]

Conjoncture de prospérité : importation de capital, immigration, spéculation

La vague de prospérité coïncide avec un tournant de l'histoire des prix dans l'économie anglo-américaine. Jusqu'en 1850 environ, depuis les guerres napoléoniennes, les prix avaient subi une déflation remarquable, déflation qui s'était accentuée au cours de la décennie 1840-1850, dans le prix du blé notamment, jusqu'en 1852. Or la tendance est renversée subitement [6]. Les récoltes se font rares en 1852 et en 1853. La guerre de Crimée, ouverte en mars 1854, provoque une hausse du prix des denrées. C'est dans cette conjoncture que débute la fièvre de construction ferroviaire. Dès 1852, la législature de la province du Canada vote 28 lois relatives aux chemins de fer. La hausse continue jusqu'en 1857, alors que se produit un crash commercial suivi d'une panique dans les milieux finan-

---

4. Doc. Sess., Canada, 1871-72, 8, Tableau n° 1.

5. Thomson & Edgar, *Canadian Railway Development*, p. 17.

6. *Statistical Contributions to Canadian Economic History*, Toronto, 1931, vol. II : H. Mitchell, « Notes on prices of agricultural commodities in the United States and Canada, 1850-1934 », *Canadian Journal of Economics and Political Sciences*, vol. I, n° 2.

ciers de New York et de Londres [7]. Les prix baissent jusqu'en 1859, puis de 1862 à 63, au Canada et en Grande-Bretagne. Et enfin, sous l'impulsion de la guerre de Sécession américaine les prix se remettent à la hausse [8].

À cette seconde étape de la conjoncture d'optimisme se déroule la construction de quelques voies secondaires ou complémentaires ci-haut indiquées. L'entreprise est conditionnée par l'ambition des anciens ports qu'avaient affectés les changements technologiques, ou encore, la rivalité des centres agricoles à l'intérieur des terres et enfin, l'assistance du fonds d'emprunt municipal ou la facilité de se procurer du crédit ; elle est animée et dirigée par des entrepreneurs clairvoyants et dynamiques. Avec le capital les immigrants affluent ; les terres sont en demande et elles se vendent à la surenchère. La spéculation gagne les régions favorisées par les travaux de construction de routes et de chemins de fer. Elle semble avoir commencé au cours des travaux de construction du Great Western dans le comté de Wellington pour gagner ensuite tout l'ouest de l'Ontario, puis les comtés de Simcoe et de Northumberland. Brantford rêve de devenir la métropole commerciale de toute la région agricole de l'ouest de l'Ontario [9]. Peterborough qui, en 1852, exporte les produits de son arrière-pays : du bois équarri à Québec, des madriers aux États-Unis, et quelques milliers de barils de farine à Montréal, envisage de devenir la plus grande ville du pays [10] ; le village de Fergus, dans le comté de Wellington, semble aussi se comporter de façon caractéristique.

Fergus, du nom de son fondateur, Adam Fergusson, est un village constitué d'immigrants écossais, village progressif et ambitieux. À la simple rumeur qu'un chemin de fer pourrait se construire pour relier Toronto à Goderich, et qui passerait peut-être par Fergus, le village s'anime ; et à la nouvelle qu'on doit construire de Guelph à Owen Sound, les lots se vendent à haut prix dans Fergus et ses environs ; les prix des sites hydrauliques montent en flèche à l'enchère des meuniers et maîtres de forges. George Perie, l'éditeur du *Guelph Herald* y fonde un journal, le *Fergus Freeholder*. Autour du village de Galt, fondé par la Canada Land Co.,

---

7. Thomson & Edgar, *Canadian Railway Development* ; Pentland, « The Role of Capital in Canadian Economic Development before 1875 », *Canadian Journal of Economics and Political Science*, XVI, 4 ; Albert Faucher, « Some Aspects of the Financial Difficulties of the Province of Canada », *Canadian Journal of Economics*, XXVI, 4 ; H. M. Hyndman, *Commercial Crises of the nineteenth Century*, London, 1932.

8. Voir prix des denrées agricoles, *Statistical Contributions*, vol. II.

9. Canniff Haight, *Life in Canada fifty years ago*, Toronto, 1885 ; Andrew F. Hunter, *A History of Simcoe County*, Barrie, Ont., 1948 ; W. H. Smith, *Canada West*, Toronto, 1900.

10. Major Strickland, *Twenty-Seven Years in Canada West*, London, 1953, vol. II, ch. XIV.

Des fermiers se sont enrichis, la propriété foncière prenant de la valeur à cause de la hausse des prix ; des lots de construction situés le long de petites rues en retrait se vendaient à des prix fabuleux, de nouvelles entreprises, privées et publiques, surgissaient spontanément, et l'esprit d'entreprise, et d'extravagance, gagne tout le monde... C'est à peine si l'on arrive à suivre le développement de la construction dans ce milieu durant la période d'inflation... [11]

Le désir d'apprendre envahit aussi la communauté. Le Mechanics' Institute organise des cours sur l'astronomie, l'horticulture, l'aqueduc, la musique ; on fait venir des conférenciers de Toronto, Hamilton, et même de Philadelphie. En cela Galt rivalise avec les villes de son espèce, avec Guelph notamment. Plus tard, au cours des années de récession, l'enthousiasme s'affaissera, et au lieu de donner des cours on organisera des « thés » et des « parties de cartes » [12].

Le même esprit anime la communauté rurale de Perth qui avait relevé le défi de la hausse des prix. Au début de la guerre de Crimée en effet, le prix du blé passe de $0.30 le boisseau à $2. Les terres louées par la Canada Land Co. à $2 l'acre sont maintenant offertes à $20. C'est dans le comté de Perth que s'organise une grande exposition agricole dès 1850, c'est dans le comté de Perth qu'on importe le cheval de la race Clyde et qu'on en fait l'élevage pour le marché des États-Unis, pour le marché des forges de Pennsylvanie après la guerre civile, et pour le marché des transports urbains après l'introduction du tramway à traction animale ; et c'est encore ce comté qui le premier en 1876, exporte des bestiaux à Liverpool, et qui est aussi à l'avant-garde dans le domaine de l'industrie laitière [13].

Le chemin de fer a aussi modifié ou amplifié le rôle des villes anciennes encastrées dans les terres, comme ce fut le cas de London. Avant le chemin de fer, le bois du sud-ouest de l'Ontario ne trouvait pas à se faire transporter à Montréal, son marché demeurait local. C'est à peine si l'on expédiait occasionnellement une cage (*raft*) au lac St. Clair. La potasse, sous-produit du bois, fournissait un revenu d'appoint. On apportait les cendres à la potasserie, rue Dundas, en échange de provisions de magasin. Avec les chemins de fer, le commerce de blé se développe, l'hinterland s'organise, et il se crée une division artisanale du travail : tannerie, brasseries, forges, charronneries, prélude à l'industrialisation qui donnera des fournaises, des poêles, des engins, et des raffineries pour les puits de pétrole du comté de Lambton [14]. La spéculation bat son plein

---

11. Hugh Templin, *Fergus, the Story of a little Town*, The Fergus News-Record, 1933, en particulier, ch. 11, « Land Gambling and Speculation ».

12. James Young, *Reminiscences of the Early History of Galt and the Settlement of Dumfries in the Province of Ontario*, Toronto, 1880, ch. XVIII.

13. William Johnston, *History of the County of Perth from 1825 to 1902*, Stratford, 1903, ch. XI.

14. Edward Taube, « The Growth of London, Ontario », *Canadian Geographical Journal*, XXXIII, 3.

durant la brève période de la guerre de Crimée jusqu'à la crise de 1857 ;
elle reprend au cours des quelques années qui précèdent la crise de 1873
alors que le gouvernement Mowatt passe une loi visant le Fonds d'emprunt
municipal et un réaménagement des dettes.

La spéculation avait engendré du capital réel ; elle avait aussi laissé
des débris de fortune. Au dire de Charles Clarke, les chemins de fer,
tout en contribuant au développement des ressources du pays, ont avivé
la convoitise des entrepreneurs [15]. « Certains ont fait fortune au cours
de cette période d'excitation, d'autres se sont tout simplement ruinés à
vouloir s'enrichir vite. » [16] Alexander Harvey et son associé de Galt,
Absolom Shade, construisirent un barrage pour un moulin en aval de
Fergus et taillèrent dans la forêt quelques voies d'accès et offrirent en
vente une centaine de lots qu'ils vendirent en un seul jour. Mais il faut
voir comme ils avaient bien orchestré la cérémonie. Une fanfare était
venue de Guelph, des voitures accueillaient les acheteurs à la station de
chemin de fer, on servait le whisky gratuitement, et du champagne à
l'heure du lunch. La fièvre de la spéculation avait atteint presque tous les
comtés de la province. Ce fut pour plusieurs citoyens l'occasion de
boire du champagne pour la première fois et pour quelques-uns, la dernière,
puisqu'ils se retrouvaient ruinés le lendemain, ayant acheté des lots
commerciaux, sites d'hôtels ou d'autres entreprises commerciales qui
n'auraient jamais existé que sur papier [17].

Fonction ferroviaire et liaison interrégionale

Cette fièvre ferroviaire ne s'étend pas qu'en méfaits ; au Canada-ouest
au contraire, elle apporte le bienfait d'une acquisition incomparable. À cet
actif acquis à la province durant cette remarquable période des années
1850 s'ajoutent, après 1870, des lignes complémentaires, construites avec

---

15. Charles Clarke, *Sixty Years in Upper Canada*, Toronto, 1908, ch. XI.
16. Hugh Templin, *Fergus*, p. 144 ; *Comité sur les banques et le cours moné-*
taire, Conseil législatif, Canada, 1859. J. M. Paton, gérant général, Banque de l'Amérique du Nord, soumet que « le crédit avait été trop étendu. Les cultivateurs recevant
argent comptant en échange de presque tout ce qu'ils vendaient n'auraient pas dû
prendre à crédit tout ce qu'ils achetaient »... « Malgré les abondantes récoltes de 1853,
1854 et 1855, et les prix élevés qu'obtenaient tous les produits de l'agriculture, les cultivateurs, comme classe, étaient plus profondément endettés en 1857 qu'ils ne l'étaient
en 1853 »... « Beaucoup de cultivateurs ont amélioré leur position en mettant plus de
terre en culture et en se servant d'instruments aratoires améliorés, etc.; mais comme
classe, leurs dépenses ont été trop fortes pour l'habillement, la nourriture, etc. » Et
William Workmann, président, Banque de la Cité de Montréal : « La spéculation des
terres dans le Haut-Canada, les prêts iniques à différentes municipalités en vertu de
l'acte du fonds d'emprunt municipal augmentent le prix de tout, et portant la
communauté à se départir de ses habitudes d'industrie patiente, ont, sans doute,
beaucoup contribué à produire la sérieuse dépression du commerce, et le dérange-
ment général, dans cette partie de la province... » *Papiers parlementaires*, Conseil
législatif, Canada, 1859, Appendice nᵒ 67.
17. Charles Clarke, *Sixty Years*, ch. XI.

l'aide du gouvernement ontarien, aide inaugurée par le gouvernement
Mowatt ; de sorte que la province se trouve, à la fin du siècle, toute
treillissée de voies ferrées. Aucune région canadienne ne sera aussi bien
dotée de chemins de fer que la section ouest de l'Ontario. Or presque
tout ce réseau a été construit de 1855 à 1885 par une multitude de
petites compagnies tour à tour influencées, dominées, et enfin absorbées
par les trois entreprises majeures [18]. Si, pour une part, les villages et les
villes ont contribué à cet acquis, les chemins de fer ont, à leur tour, ren-
forcé la fonction des villages et villes. À l'origine, ce sont les ports du
lac Ontario qui concentrent l'activité commerciale, tels Kingston, Toronto,
Hamilton. London est la seule exception, pour la raison qu'elle se situe
en plein centre d'une région agricole ; London devient la métropole de
l'agriculture de l'Ouest.

Toutes les villes de cette époque s'orientent en fonction d'un hinterland
(ou d'un umland) forestier ou agricole. Port Hope, Cobourg, Belleville
lorgnent l'intérieur et rêvent d'y étendre leur domination le plus loin
possible. Mais ces ports sont inégalement affectés par la technologie nouvelle. Quelques-uns voient leur fonction renforcée par le Chemin de fer
et le Steamer, d'autres en sont affaiblis. En général les ports ayant les
meilleures ramifications vers l'intérieur en profitent. Les Steamers dédai-
gnent les petits ports à faible hinterland et s'en vont là où le chemin de
fer agglomère de grandes quantités de produits en provenance de vastes
intérieurs auxquels ils ont accès. Le cas de Toronto est notoire. Hamilton
dont le sort semble se décider dès 1830, grâce au canal de la baie de
Burlington, accède au territoire de l'ouest ; elle occupe une position
stratégique dans le cercle riverain Toronto-Niagara. Les petites villes qui
peuvent se payer un chemin de fer ou se situer sur une voie importante
réussissent à attirer de l'industrie telles Port Hope, Cobourg, St. Catherines.
Les ports que négligent les chemins de fer s'affaissent ; les ports ou
villages qui profitent de leur entourage en raison de leur isolement et
manque de communication finissent par céder à la concurrence que leur
livrent les centres ferroviaires. Avec le chemin de fer, c'est donc une
nouvelle structure de relations économiques et sociales qui se fait. Sous le
régime pré-ferroviaire l'activité économique avait été plus également
répartie à travers le territoire ontarien ; de plus cette activité avait été
aussi plus simple : quelques produits, quelques fonctions locales, non
métropolisées encore, parce que déliées, inarticulées. Depuis 1825 la
coupe de bois avait pénétré dans le Haut-Canada mais à faible distance
encore des rives du lac Ontario. La fondation de Goderich sur le lac
Huron introduit un développement semblable. Parallèlement au bois
la production du blé se développe. Dans les années 1840, à Port Stanley

---

18. John F. Due, *Railways into Huron, Grey and Bruce*, Mimeograph, 11
pages, Lawson Memorial Library, The University of Western Ontario, London,
Ontario, 1955. Bibliothèque du Canadien National, Montréal.

on charge jusqu'à 300 000 boisseaux de blé dans une seule année. À Whitby sur la route de Kingston, on a vu jusqu'à trente navires venir chercher du blé et, sur la route qui y conduit, une chaîne de wagons y apporter le blé de l'arrière-pays. De 1835 à 1855, l'activité d'exportation, de bois, de blé et de farine devient la base de l'économie. Cette activité demeure encore bien répartie entre plusieurs ports qui y connaissent un essor assez extraordinaire : Toronto, Hamilton, Kingston, Port Stanley, Brockville, Oakville, Cobourg, Port Hope, Whitby, Belleville, Prescott, Gananoque, Sandwich, Sarnia... mais, pour les exportations, c'est encore Kingston qui occupe le premier rang. Tant mieux pour Québec et Montréal, car Toronto n'aime pas leur confier ses produits.

Or le chemin de fer va regrouper des fonctions, au détriment de Kingston et des petits ports riverains. Le chemin de fer, la vapeur et l'engin stationnaire à vapeur, vont entraîner, en même temps que l'industrialisation, une relocalisation d'une industrie ancienne comme la scierie. Dès 1850 on remarque la tendance à utiliser la vapeur, à délaisser les anciens sites hydrauliques et à se dissocier de l'ancien moule de localisation. Devenue plus mobile, cette industrie se situe en fonction de l'approvisionnement et en fonction des commodités ferroviaires [19]. Le mouvement s'accompagne d'une concentration : le nombre de scieries diminue cependant que le volume augmente. Même phénomène dans la meunerie. Et dans la mesure où Toronto rassemble, les exportations prennent la voie des États-Unis : New York est devenue le port d'hiver de Toronto. Dans le commerce des grains l'organisation des services aux stations terminales, les élévateurs à Collingwood, Owen Sound, Goderich, favorisent la concentration. Les centres les plus forts s'y trouvent renforcés ; d'autres centres intermédiaires en profitent. Les principaux tronçons de chemins de fer construits dans les années 1870 et 1880 les renforcent davantage, comme London à Wingham (1875), Toronto à St. Thomas (1879), Toronto à Perth (1894), Belleville à Peterborough (1879) [20]. L'œcoumène reflète le processus d'industrialisation [21]. En 1881, la scierie demeure encore le plus grand pourvoyeur d'emploi ; elle est particulièrement développée en Simcoe Nord, Muskoka et Hastings ouest. L'industrie du vêtement domine à Kingston et Toronto ; elle emploie quinze cents personnes à Toronto. La ferronnerie occupe le troisième rang comme employeur, elle est pratiquement la seule industrie dans les districts de Frontenac, Northumberland-est et Wellington-Centre. L'industrie de la chasse se place au quatrième rang [22]. Toronto occupe un site privilégié sur le lac, avec ses liaisons intérieures à trois dimensions. On a dit de cette ville qu'elle a eu la sagesse de se donner un hinterland en misant

19. Carl Schott, *Landnahme und Kolonization*, p. 274.
20. N. Robertson, *History of Bruce County*.
21. Jean Delage, « L'industrie manufacturière », in *Montréal économique*, Esdras Minville, Montréal, Fides 1943, p. 200, Tableau IV.
22. J. Spelt, ch. IV.

sur la route du nord comme jadis les traiteurs, et d'éviter le long circuit du lac Érié. L'accès facile à son voisin du Sud, l'État de New York, et la possibilité de recourir aux services de New York plutôt qu'à ceux de Montréal, expliquent pourquoi Toronto s'est occupée d'ouvrir Yonge Street menant aux eaux navigables du nord plutôt que la route riveraine de Kingston. On ne s'étonne pas que la première capitale de l'Ontario ait été Niagara-on-the-Lake [23]. Les liaisons canado-américaines et le volume de marchandises échangées entre ports canadiens sont les caractéristiques qui se dégagent des statistiques de la navigation. Québec ne compte qu'un seul port ayant un tonnage d'échange de 100 000 et plus avec les États-Unis, et c'est Montréal. L'Ontario en compte dix-huit dont les six principaux sont Kingston, Toronto, Owen Sound, Fort William, Sarnia, Niagara. Des ports ayant un tonnage d'échange de 400 000 avec d'autres ports canadiens, la province de Québec en compte deux seulement : Québec et Montréal. L'Ontario en compte cinq : Toronto, Ottawa, Kingston, Niagara, Sault-Ste-Marie. Il convient d'en avoir une notion cartographique si l'on veut apprécier le volume et la diversité des flux commerciaux à l'intérieur de l'Ontario, et entre l'Ontario et les États-Unis [24].

Pétrole et industrialisation

Le tableau de la vague d'optimisme, de prospérité et d'inflation, qui a lancé l'Ontario sur la piste de décollage industriel serait incomplet si on ne faisait mention de la course au pétrole, à l'organisation de la production et du raffinage du pétrole, dans l'ouest de l'Ontario à la fin de la période inflationnaire. Cet événement plutôt négligé de l'historiographie, a pourtant placé la province au rang de concurrent des États-Unis du nord, à un certain moment de l'histoire industrielle, il a mis beaucoup d'animation dans la province, il a stimulé l'esprit d'entreprise et le génie technique d'organisation ; il a attiré sur l'ouest ontarien l'attention des financiers. Enfin, l'entreprise pétrolière arrivait à point pour assurer la relève des industries paralysées par la crise de 1857, et pour soutenir l'élan vers l'industrialisation que la prospérité et la spéculation de la période antérieure à 1857 avaient imprimé à plusieurs secteurs de l'économie ontarienne.

Bien que la présence de gisements pétroliers ait été scientifiquement reconnue depuis 1850, la production ne débutait effectivement qu'en 1857. C'était à Oil Springs, comté de Lambton. Le promoteur et organisateur de cette production était James Miller Williams de Hamilton où il avait dirigé une usine de wagons de chemins de fer. En 1856 il vendait

23. J. E. MacNabb, « Toronto's Industrial Growth to 1891 », *Ontario History Papers and Records*, XLVII, 2.

24. E.-T. Quinette de Rochemont & H. Vétillart, *Les ports maritimes de l'Amérique du Nord sur l'Atlantique*, Paris, 1891, ch. VI.

son entreprise et achetait des terrains de l'entreprise Tripp et, l'année suivante, il forait le premier puits. En 1860 il en avait une centaine. Il y établissait un atelier de purification pour brûler les fractions légères de l'huile crue et il expédiait le produit de cette concentration à Hamilton où il avait construit une raffinerie. À Pétrolia, quelques milles au nord, les puits Kelly expédiaient leur produit aux raffineries de Boston. On y construisait une raffinerie en 1861. Dès 1859, Williams avait offert son produit au public en l'annonçant dans le *London Free Press*, à l'enseigne du nationalisme économique (c'était l'année du tarif Galt) : *Canada Earth Oil, Something new, Support Home Manufacture* [25]. En 1862, La production des puits semblait se raréfier ; en 1863, après écoulement des surplus, les prix montaient. Devant la montée des prix du pétrole brut, certains propriétaires de raffinerie ne purent éviter la faillite. C'était en 1866. Il se produisit alors une concentration des entreprises de raffinage, le début d'une rationalisation. Williams et des partenaires américains avaient investi $50 000 dans la raffinerie. La production se déplace de Oil Springs à Petrolia, Wyoming, Sarnia. La région attirait un flot de travailleurs et l'événement produisait l'effet d'un boom comparable à la course à l'or sur la Fraser, en Colombie-Britannique. Ici, d'ailleurs, on parlait d'or noir. Williams s'enrichissait en cédant à bail des lots à des spéculateurs, dont l'un d'eux, au moins, connut un succès remarquable, le fameux John Henry Fairbanks. D'autres spéculateurs, sous la poussée capitaliste des États-Unis (les puits de Pennsylvanie ne suffisant plus à la demande), foraient des puits un peu partout à travers l'Ontario, exploit qui occasionnait la découverte de gisements de sel à Goderich, Sarnia, Warwick.

Edward Phelps écrit :

> La découverte de pétrole et, ce qui est plus important encore, le développement de la Science des usages qu'on pourrait en faire, ont assisté et accéléré l'industrialisation de l'Ontario au cours de la période de grande construction de chemin de fer au XIXᵉ siècle [26].

Dès 1863 existaient déjà à Oil Springs dix raffineries, d'autres s'établissaient à Petrolia, Bothwell, Wyoming et se répandaient vers l'est le long des voies ferrées, en se fixant aux points de jonction ou dans les centres importants de distribution : London, Ingersoll, Woodstock, Brantford, Hamilton, Port Credit et Toronto. Enfin, après 1866, la production pétrolière du district d'Enniskillen, comté de Lambton, atteignait la stature d'une industrie nationale, comme pourvoyeur d'emploi, comme client des chemins de fer et comme contributeur au revenu de la province. Encore dans les années 1880, la production canadienne de pétrole fournissait 70 à 75% de la consommation domestique [27].

---

25. Edward Phelps, « Foundations of the Canadian Oil Industry », *Profiles of a Province, Ontario Historical Society*, 1967, pp. 161-163.
26. « Foundations », p. 160.
27. *Le Moniteur du Commerce*, XVIII, 22, 10 janvier 1890.

Le développement des gisements dans les États-Unis du Middle West et du Sud, l'appauvrissement des sources canadiennes parallèle à la formation du monopole de la raffinerie avec le Standard Oil of New Jersey allaient toutefois fixer les limites de l'industrie pétrolière au Canada [28]. Son déclin n'infirme toutefois pas le rôle qu'elle a joué dans la dynamique de l'industrialisation de l'Ontario au XIXe siècle.

Quoique moins importante, l'industrie du sel du sud-ouest Ontario aurait joué un rôle de promotion industrielle analogue à celui de l'industrie pétrolière [29].

Réseaux de transport et fonction métropolitaine

De simple qu'elle était en 1861 avec les grands réseaux mettant en évidence St. Catherines, Hamilton, Toronto, Détroit, Sarnia, Goderich et Collingwood, la fonction ferroviaire devenait complexe avec les réseaux secondaires qui s'y raccordaient. À partir d'un croissant central encerclant le côté sud-ouest du lac Ontario, les grands réseaux rayonnaient de façon divergente dans les directions nord, nord-ouest, ouest et sud-ouest, vers un grand cercle périphérique sur les eaux navigables des lacs St. Clair, Huron, et de la baie Georgienne. On compte quatre grands réseaux de cette espèce : Le Grand Tronc : Toronto - Guelph - Stratford - St. Mary - Sarnia ; le Great Western : Toronto et Niagara - Hamilton - London - Sarnia et Windsor ; le Buffalo & Lake Huron : Fort Érié - Paris - Stratford - Goderich ; le Northern : Toronto - Barrie - Collingwood.

Celui-ci, le Northern, reconstituait l'ancienne route du nord des traiteurs, abandonnée depuis 1821. Il exerçait une fonction de transit ouest-est ; Collingwood et Toronto en profitaient, Collingwood en sa qualité d'étape, et Toronto en sa qualité de métropole ou de distributrice de services, à l'échelle inter-régionale ou continentale.

Collingwood sur la Nottawasaga Bay, une anse de la baie Georgienne, de petit village côtier qu'il était en 1851, devenait, comme terminus du Northern, un important port de transbordement. Sa population était de 4 485 habitants en 1881. De Collingwood des bateaux-vapeurs avaient réalisé la liaison au chemin de fer dès 1857 ; et grâce à ce service s'était développé le trafic des céréales. En 1871, on y érigeait un élévateur à grain. Collingwood était devenu le relais, l'étape du commerce de l'Ouest, et le demeurait jusqu'à l'avènement du Canadien Pacifique en 1883. À cette période d'ailleurs, on n'y transportait pas que du grain, mais aussi du minerai de fer, du cuivre, de l'argent, du lac Supérieur ; et de Collingwood on transportait marchandises et immigrants à Port Arthur

28. H. F. Williamson & Arnold R. Daum, *The American Petroleum Industry,* Evanston, 1959, vol. 1.
29. L. Heber Cole, *Salt Industry in Canada,* Département des Mines, Ottawa, 1930 ; Max Braithwait, *Land, Water and People,* Toronto, 1961, pp. 130-132.

et à Duluth [30]. Barrie sur le lac Simcoe servait de relais dans le trajet des produits forestiers et agricoles. En 1870, la région comptait 49 scieries, d'une capacité totale de 182 000 000 pieds, dont 140 000 000 étaient expédiés à Toronto.

Le Grand Tronc reliant Toronto à Sarnia, et passant par Guelph, Stratford, St. Mary, desservait une région fertile tout le long de son parcours, y rassemblait les céréales dans les villages pour les concentrer ensuite dans les élévateurs de Toronto. Aussi, grâce à ce réseau, Toronto pouvait affirmer son leadership en organisant le Stock Exchange (1855). Toronto croissait au rythme de l'immigration ; et une immigration entreprenante y développait l'esprit d'entreprise ; Toronto participait au boom de la construction ferroviaire et du développement pétrolier ; Guelph, Stratford, St. Mary, étaient situés sur l'axe de polarisation torontoise.

Sur l'axe du Great Western reliant Toronto, Niagara, Hamilton, à Sarnia et Windsor, London représentait le point de jonction privilégié. L'esprit d'aventure et l'ambition y régnaient, comme en témoignent la spéculation sur les terres de la région et la coûteuse expérience du London & Port Stanley Railway.

Sur l'axe du Buffalo & Lake Huron Railway, reliant Fort Érié à Goderich, Paris et Stratford devenaient des lieux de nodalité semblables pour la fertile vallée de Grand River.

Tous ces lieux intermédiaires, reliés aux fonctions métropolitaines du pôle Hamilton-Toronto constituaient des centres de trafic et, dans un deuxième moment de construction ferroviaire, ils devenaient des points de jonction multiples, se développant en fonction de la complexité de l'ensemble. Tous y avaient leur part d'industrialisation de l'ensemble, chacun selon son caractère spécifique et souvent, en proportion du dynamisme et de l'esprit d'innovation de ses hommes d'affaires. Le cas de Stratford semble bien caractéristique, en ce qu'il illustre comment on peut bâtir une ville en exploitant à bon escient les avantages naturels d'un site [31]

Ainsi, dans un premier temps, la construction ferroviaire, associée à l'immigration, à la construction de routes, à la spéculation sur terres et à l'inflation des prix, donnait un réseau que l'on peut symboliser comme partant d'un moyeu. Ce moyeu formait comme une « corne d'abondance » encerclant l'ouest et le sud-ouest du lac Ontario [32], d'où rayonnaient les

---

30. J. Spelt, *The Urban Development*, ch. IV ; Jas. MacConnell, « Shipping out of Collingwood », *Ontario Historical Society*, Papers & Records, vol. XXVIII.

31. William Johnston, *History of the County of Perth*, ch. XXVI, p. 164.

32. Sorte de prolongement en territoire canadien de la section centrale au *manufacturing belt* des États-Unis qui renferme un grand nombre de villes industrielles constituant quatre groupes : Détroit, Cleveland, Pittsburgh, Buffalo, où le fer, dans chacun, représente 20% de tout le trafic de gros. La section ouest est desservie principalement par la région métropolitaine de Chicago drainant presque

troncs en parallèle ou en divergence plus ou moins, vers la jante maritime
de l'ouest et du nord-ouest, jalonnée par Windsor, Sarnia, Goderich,
Owen Sound et Collingwood. (Voir schéma no VII, p. 139.)

Dans un temps second, disons de 1861 à 1881, l'Ontario entrait dans
la voie du développement complexe et de l'industrialisation. Les réseaux
secondaires s'édifiaient à partir des lieux nodaux principalement, ceux
que nous avons situés sur les troncs originaux. Et en 1881, le résultat
pouvait être symbolisé par une figure géométrique évoquant une toile
d'araignée. (Voir même schéma.)

Indubitablement, le noyau métropolitain reposait sur une infrastructure
d'entreprises métallurgiques mais son régime manufacturier comprenait
bien d'autres types d'entreprises. Le réseau routier et la fonction métropolitaine étayaient les efforts d'une classe d'entrepreneurs et d'hommes
d'affaires qui s'appliquaient à relever les défis de la conjoncture et de la
concurrence des États-Unis. L'agriculture même s'animait. Au blé elle
substituait la culture mixte en fonction de l'industrie laitière et, à la fin de
la décennie 1870, en fonction de l'élevage pour l'exportation de bestiaux
en Grande-Bretagne via Montréal (voir ch. V) [33].

Industrialisation, tension transcontinentale et ambiance
nord-américaine

Les intérêts industriels constitués en groupe de pression, en 1859,
Canada Trade Protection Society et, en 1880, Canadian Manufacturing
Association, comprenaient l'importance d'une expansion vers des terres
lointaines de colonisation, de même que la nécessité de contribuer à ce
type d'expansion, comme moyen d'agrandir le marché domestique. Leur
instrument était la Confédération : en ouvrant l'Ouest canadien et en
élevant la colonisation des terres de l'Ouest au rang d'entreprise nationale,
la politique confédérative leur assurait ce marché ; de plus, la construction du chemin de fer du Pacifique allait leur faciliter l'accès au Bouclier
canadien. Les premiers lieux d'activité dans cette projection vers
le nord étaient North Bay et Sudbury. La découverte de gisements
de nickel à Sudbury au cours de la construction d'un chemin de fer (1883)
qu'on destinait aux régions fertiles de l'ouest, avait l'effet d'une surprise.
Plus tard, un décret du Conseil privé déplaçant les frontières des provinces centrales jusqu'à la baie de James, suscitait la construction par
la province d'Ontario d'un chemin de fer qu'on destinait à la section
argileuse du Bouclier, à la latitude du lac Abitibi, et ouvrait inopinément
la voie à l'entreprise minière vers le nord. Désormais l'Ontario industriel

---

toute la région du maïs et du porc. Chicago résume tout le Middle West. Or la
région du Sud-Ontario s'ouvre sur ces deux régions industrielles des États-Unis parmi
les quatre comprises dans le *Manufacturing Belt*.

33. J. A. Ruddick, *The Dairy Industry in Canada*, Toronto, 1937 ; Ferdinand
Van Bruyssel, *Le Canada*, Bruxelles, 1895, pp. 138, 168-169.

s'ouvrait sur quatre façades. L'ouest canadien, le nord ontarien, devenaient l'empire du croissant Toronto-Hamilton-Niagara. Montréal constituait son prolongement et sa voie d'accès à l'économie nord-Atlantique ; voie alternative quand même, car les États-Unis lui ouvraient plusieurs portes d'accès.

Le voisinage des États-Unis est un voisinage différencié géographiquement, à cause de la diversification des richesses régionales et, historiquement à cause du caractère mouvant de la technologie.

Historiquement, on peut distinguer trois axes de pénétration canadoaméricaine. Ces axes de pénétration sont des zones de liaison spatiale, des aires d'affinité ou d'inter-influence entre l'Ontario et les divers États de la république voisine. (Voir schéma no IX, p. 154.)

La région est de l'Ontario, c'est-à-dire, ce territoire situé à l'est d'une ligne hypothétique reliant Ottawa et Kingston, est associée historiquement aux États du nord-est (Nouvelle-Angleterre) par l'axe Champlain-Châteauguay. Sur cet axe s'ouvrait la route du Vermont, de Plattsburgh au village de Four Corners (Châteauguay, N.Y.), conduisant à l'État de New York, section nord voisinant le fleuve Saint-Laurent où Ogdensburg et Prescott feront les deux points de contact. La route du Vermont conduisait aussi aux sections, québécoise et ontarienne, voisinant le confluent des fleuves Saint-Laurent et Ottawa. En effet, entre les seigneuries du Richelieu et l'État de New York s'ouvrait le corridor Missisquoi-Huntingdon où les essais de colonisation à caractère biethnique et biculturel s'étaient prolongés jusque dans les comtés de Beauharnois, Glengarry, Prescott et Argenteuil. Cette région avait joué un rôle important dans l'histoire, à cette époque où l'ouest ne correspondait encore qu'à cette section s'étendant du lac Champlain jusqu'à Ogdensburg sur le fleuve. Par le corridor Missisquoi-Huntingdon et par le fleuve, les immigrants loyalistes avaient accédé à la région de Kingston et à la baie de Quinte sur le lac Ontario ; par ce corridor des colons avaient aussi pénétré dans le comté de Beauharnois, puis dans les comtés de Prescott et d'Argenteuil, colons américains d'abord, puis colons écossais qui, à l'école des Américains, auraient réussi à y adopter des méthodes d'agriculture efficaces. Les pressions exercées sur le corridor avaient refoulé l'élément anglophone vers le nord, au-delà de la rivière des Outaouais qui avait déterminé la frontière entre les deux provinces lors de la sécession de 1791 [34]. Dès les quinze premières années de son existence le Haut-Canada avait reçu 80 000 immigrants anglophones ; c'est à peine si la province du Bas-Canada en avait gardé 8 000 [35]. Dans le corridor Huntingdon-Missisquoi, des Écossais prenaient les défrichés des habitants ruinés par le crédit des usuriers, mais en bien des cas, à cause de la difficulté qu'éprouvaient les anglophones protestants à se donner

---

34. Robert Sellar, *The History of the County of Huntingdon and the Seignories of Chateauguay and Beauharnois*, Huntingdon, 1888, ch. IV.
35. Robert Sellar, *The History of the County of Huntingdon*, ch. XXV.

des écoles et des églises, les francophones reprenaient leurs lots et les Écossais se regroupaient ; en d'autres secteurs, francophones et anglophones se mêlaient plus volontiers, comme à Sainte-Martine, par exemple [36]. Il se peut bien que les habitants aient beaucoup appris au contact des Écossais ; et ainsi s'expliquerait le caractère progressif de l'agriculture en cette région [37].

À l'âge industriel, la région dite de l'Ontario sud-central devenait beaucoup plus riche en liaisons spatiales, à cause de son association avec le massif industriel des États-Unis en formation, massif polarisé par Pittsburgh et ses satellites, par Buffalo et quelques autres villes, elles-mêmes dépendantes, sous des rapports divers, de Philadelphie, New York ou Boston. Dans ce contexte, Hamilton jumelait avec Buffalo, son courtier en charbon, et Toronto avec Oswego et Rochester. L'Ontario sud-central devait donc une part de sa prospérité au voisinage de cette section américaine et à ses relations d'échange, commerciales ou autres, avec les grandes villes de cette aire ; et l'Ontario sud-central, c'était toute la région comprise entre Hamilton et Kingston, à l'est, et jusqu'à la frange sud du Plateau laurentien, au nord.

Le sud-ouest ontarien s'apparente au nord-ouest américain par une géographie créant des lieux de contact tels que Sarnia-Port Huron, Windsor-Détroit et Sault-Sainte-Marie, et tout le système de navigation des hauts lacs dont le thalweg établit la frontière canado-américaine. Au surplus, on se rappelle qu'une proclamation de 1860 avait créé port-franc la région de Sault-Sainte-Marie.

Ces aires d'affinité historique existaient encore à l'âge industriel et le taux de croissance urbaine au Canada reflétait celui des zones limitrophes des États-Unis, comme l'indique le tableau suivant [38].

TABLEAU XVII

Population des principales villes, canadiennes et américaines,
de la région des Grands Lacs en 1871, 1881 et 1891

	1871	1881	1891
Hamilton	26 880	36 661	48 959
Buffalo	116 000	155 000	251 000
Toronto	59 000	96 196	181 215
Chicago	298 000	508 000	1 099 000
London	18 000	22 266	31 977
Détroit	79 000	116 000	205 000

36. Robert Sellar, *The History of the County of Huntingdon*, ch. XIII.
37. C. Thomas, *History of the County of Argenteuil and Prescott*, Montréal, 1896.
38. U.S. Census ; Annuaire du Canada ; A. M. Schlesinger, *The Rise of the City*, 1878-1898, N.Y., 1933, ch. III ; *Le Moniteur du Commerce*, XX, 20, 26 décembre 1890.

Schéma no IX : Régions métropolitaines et réseaux ferroviaires.

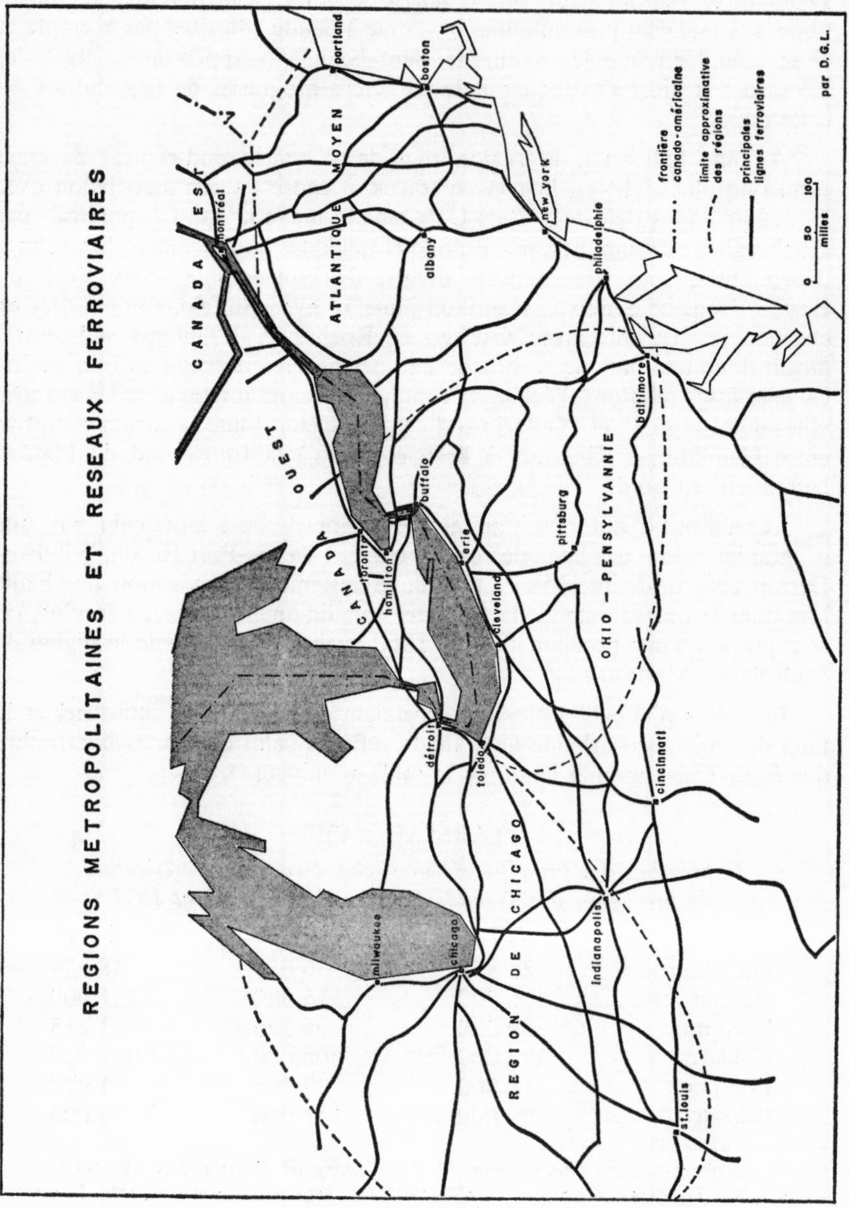

REGIONS METROPOLITAINES ET RESEAUX FERROVIAIRES

CANADA EST

CANADA OUEST

ATLANTIQUE MOYEN

OHIO — PENSYLVANNIE

REGION DE CHICAGO

portland
boston
new york
philadelphie
baltimore
montréal
albany
buffalo
erie
pittsburg
cleveland
toronto
hamilton
détroit
toledo
cincinnati
milwaukee
chicago
indianapolis
st.louis

frontière canado-américaine
limite approximative des régions
principales lignes ferroviaires

0   50   100
milles

par D.G.L.

Les métropoles de l'Ontario tout en se situant sur un axe transcontinental subissaient, comme par osmose, l'influence de la région limitrophe du sud en voie d'industrialisation, à laquelle d'ailleurs elles se raccordaient par les liens d'un réseau complexe de chemins de fer [39].

Dynamique de développement et mobilité des facteurs

Si, pour Québec, l'année 1871 représente un point de départ, pour l'Ontario c'est autant un point d'arrivée qu'un point de départ. C'est une étape. Il ne faudrait donc pas se méprendre sur le biais à donner au recensement de 1871 : l'Ontario et le Québec, de 1831 à 1871, diffèrent profondément par rapport à leurs taux de croissance respectifs. Au cours de cette période la population du Québec (Canada-est) augmente de 1,70 fois, celle de l'Ontario de 6,80 fois ; l'étendue des terres en culture augmente au Québec de 2,76 fois, en Ontario de 10,8. La population des villes du Québec et de l'Ontario, le nombre de milles de chemins de fer dans le Québec et dans l'Ontario, accusent des écarts proportionnels [40].

L'Ontario était déjà bien pourvu de chemins de fer lorsqu'il s'avisa de supporter l'Intercolonial et le Canadien Pacifique comme voies transcontinentales. Vouloir raccorder les zones agricoles du pays avec le centre industriel, c'était promouvoir ses propres intérêts... et peut-être aussi ceux de la province de Québec. Mais le Québec n'était pas unanime sur cette question. Hormis la classe commerciale, les Québécois s'opposaient au projet de l'Intercolonial, car cette espèce d'expansion ne convenait guère à ses besoins, disait-on. Selon *L'Opinion Publique* il existait au Québec des besoins plus pressants que l'Intercolonial et le Canadien Pacifique ; il lui fallait plutôt des embranchements vers l'intérieur, car il lui manquait une dimension en largeur, un arrière-pays. L'Ontario avait construit un véritable tissu ferroviaire ; Québec se faisait imposer des voies ouest-est transterritoriales [41]. Bien plus, au cours de cette période d'industrialisation des années 1880, l'Ontario perfectionnait ses réseaux à l'occasion de la fusion du Grand Tronc et du Great Western. Ainsi, toutes les lignes des comtés Huron, Grey, Bruce, tombaient sous la juridiction d'un système unique, à l'exception de la ligne de Meaford, extension du Northern Railway. La coordination des réseaux favorisait Palmerston. Par la même occasion des usines s'établissaient à Stratford. Grâce à la standardisation [42] des réseaux ferroviaires, l'économie ontarienne acquérait de la mobilité et de la souplesse. Les lieux de jonction dispersés à travers tout le terri-

---

39. Pour l'étude des raccordements ferroviaires aux frontières canado-américaines, consulter W. J. Wilgus, *The Railway Interrelations of the United States and Canada*, Toronto, 1937, Appendice I.
40. *Annuaire du Canada ; Recensement du Canada.*
41. J.-A. Mousseau, *L'Opinion Publique*, vol. 1, n° 29, 21 décembre 1870.
42. Dans les deux sens du mot : uniformisation de l'écartement des voies, coordination des services entre différents réseaux.

toire sud-ontarien devenaient autant de petites villes possédant une personnalité industrielle propre à chacune, et ces lieux favorisaient l'équilibre de l'ensemble. De plus, à la même période, le Canadien Pacifique pénétrait dans le sud de l'Ontario en se portant acquéreur de tronçons qui avaient été construits par des hommes d'affaires dans le dessein de développer leurs régions respectives, avec l'appui de la finance de Toronto.

La densité des réseaux ferroviaires favorisait la mobilité des facteurs de production. On s'en rendait compte à l'occasion des déplacements provoqués par l'industrialisation, et par son phénomène parallèle, la déruralisation. S.A. Cudmore a fait sur le phénomène de la déruralisation en Ontario des observations intéressantes [43].

Il existait une différence notable, selon Cudmore, entre les régions horticoles et les régions de culture mixte et d'élevage sous le rapport de la densité de population rurale en Ontario. Au cours de la seconde partie du XIXᵉ siècle, les régions d'horticulture voyaient s'accroître leur population, cependant que les régions de culture mixte, comme en général toute région agricole autre que les districts riverains des lacs Ontario et Érié, voyaient décroître leur population. La dépopulation se produisait aussi dans le Québec, mais moins rapidement. Le Québec avait tendance à retenir une plus forte densité de population rurale, pour des raisons d'ordre technique : faible mécanisation dans l'agriculture, manque d'emploi dans l'industrie et insuffisance dans les moyens de transport et de communication.

Vers le milieu du XIXᵉ siècle la mécanisation de l'agriculture engendrait une efficacité croissante de la main-d'œuvre affectée à la production agricole. Une étude américaine de la fin du siècle établissait que dans les neuf principaux types de culture des États-Unis, 120 000 000 jours de travail-homme en 1895 équivalaient à 570 000 000 jours de travail-homme en 1850. En d'autres mots, 400 000 travailleurs produisaient autant, en 1895, que 1 900 000 en 1850 dans une même unité de temps. Cet accroissement de la productivité du travail libérait de la main-d'œuvre et la rendait disponible pour de nouvelles tâches, à condition que cette main-d'œuvre veuille ou puisse se déplacer. La technologie qui libérait de la main-d'œuvre à la campagne créait de l'emploi en ville à mesure que s'effectuait une division des tâches autrefois concentrées dans la ferme. L'unité de production agricole qui, autrefois, se suffisait à elle-même en nourriture, vêtement, habitation s'en remettait maintenant aux industries spécialisées de l'alimentation, du textile, et de la construction.

Dans un pareil contexte l'efficacité de la main-d'œuvre dépendait donc pour une part de la mobilité, c'est-à-dire de l'aptitude de la population à accepter de nouveaux emplois ou à s'en aller là où existait une demande

---

43. « Rural Depopulation in Southern Ontario », *Transactions of the Canadian Institute,* vol. IX, 1912, pp. 261-267.

de main-d'œuvre. En Ontario, un réseau complexe de transport favorisait singulièrement cette mobilité. La densité des milieux en voie de s'urbaniser invitait les artisans à se disloquer de la ferme et à s'établir en ville : des forgerons, charrons, wagonniers devenaient des producteurs industriels employant de plus en plus de main-d'œuvre. Ainsi s'effectuait le transfert graduel aux villes de boutiques reliées à la préparation ou transformation de produits alimentaires tels que le pain, les pâtisseries, confiture, beurre, etc. ou des produits du bois ou du cuir. Par rapport aux déplacements de population la province d'Ontario se trouvait encore doublement favorisée ; d'une part elle était plus rapprochée des plaines de l'Ouest et donc elle trouvait plus facile d'y établir une partie de son excès de population rurale et, d'autre part, elle pouvait plus facilement recruter des artisans d'Angleterre pour les besoins de ses industries et services en voie de développement [44].

À cause de cette mobilité, la province d'Ontario pouvait soutenir un processus d'urbanisation et d'industrialisation accéléré ; elle pouvait plus facilement affecter de la main-d'œuvre aux services nouveaux et à la fabrication de l'outillage de ferme et de transport qu'exigeaient l'ouverture et le développement des zones périphériques. Au transfert généralisé des arts mécaniques de la campagne à la ville s'ajoutait une mobilisation dans les villes de travailleurs employés dans les services de transport. Il en résultait une plus forte densité sociale, et une plus forte propension à s'instruire et à communiquer. Aux moyens de transport par chemin de fer s'ajoutaient des moyens de communication comme les lignes télégraphiques et les services postaux. La densité des réseaux de transport et des services postaux facilitait la circulation des journaux et des revues périodiques [45]. En 1901, l'Ontario publiait 55 quotidiens, 469 semi-hebdomadaires et hebdomadaires et 146 semi-mensuels et mensuels ; le Québec publiait 15 quotidiens, 114 semi-hebdomadaires et hebdomadaires et 62 semi-mensuels et mensuels.

La comparaison vaut également en ce qui concerne la circulation postale ; l'écart est manifestement très prononcé en ce qui concerne les bibliothèques publiques.

Comme résultat social, cette redistribution de la population avait créé des pôles d'attraction qui y mobilisaient les ressources humaines, s'attribuaient les gains de la technologie et drainaient vers l'industrie des épargnes réalisées dans l'agriculture. Du point de vue politique, les grands centres urbains constituaient un pouvoir capable d'orienter en leur faveur les grandes décisions, en matière de tarif notamment ; ils modelaient les relations du centre avec la périphérie sur le modèle des relations de métropole à colonie. Les Boards of Trade et les Chambres de commerce

---

44. S. D. Clark, *The Developing Canadian Community*, Toronto, 1968, ch. XVI.
45. *Annuaire du Canada*, 1901, p. 563.

se constituaient en groupe de pression mais, comme ils ne pouvaient s'entendre sur l'option de libre-échange ou de protection, les divergences en cela reflétant des particularités d'entreprise ou de conditions régionales, il avait fallu aménager les groupes en fonction des foyers industriels les plus puissants, comme Toronto, Hamilton, London, et tout le groupe du croissant Toronto-Hamilton-Niagara, dans le club confédératif d'abord, en 1867, pour la création d'un hinterland, et dans le Manufacturers' Association of Ontario en 1877, pour l'obtention d'une politique fédérale à caractère protectionniste. Ayant obtenu l'assentiment de Montréal (celui du Board of Trade, du moins), l'association devenait la Canadian Manufacturers' Association en 1887. Elle devenait caution de la politique dite nationale de John A. Macdonald [46]. C'était atteindre l'ultime objectif des pères ontariens de la Confédération et, comme par connivence, celui de Tupper et de Thomson, protecteurs des intérêts de la Nouvelle-Écosse.

Fédéralisme et capitalisme

Ici l'économie capitaliste du centre à la recherche d'un optimum de production conspire avec une économie nationale à la recherche d'une échelle d'opération proportionnée aux charges fixes que lui impose son infrastructure de transport et de communication. Pour illustrer cette difficulté de l'économie canadienne et pour expliquer le fondement de la politique protectionniste on a eu recours parfois à la notion théorique de rigidité ou d'économie grevée de charges financières (*overhead economics*) [47].

Il peut être intéressant d'examiner dans cette perspective le plaidoyer de certains industriels pour un tarif protecteur [48]. Prenons, par exemple le cas du tarif sur les instruments aratoires. On a dit :

a) les Américains réalisent des économies d'échelle : un marché domestique plus étendu permet aux Américains de réaliser une production massive ;

b) les Américains réalisent des avantages de localisation inaccessibles aux Canadiens ; leurs manufactures d'"instruments aratoires sont situées dans le Middle West, plus rapprochées des centres de consommation que ne le sont celles du Canada, pourtant situées en Ontario ;

---

46. S. D. Clark, *The Canadian Manufacturers' Association*, Toronto, 1939.
47. V. W. Bladen, « The Theory of cost in an economy based on the production of Staples : Canada and Wheat », *The Canadian Economy and Its Problems*, H. A. Innis and H. F. W. Plumptre, éd., Toronto, 1934 ; H. A. Innis, « The Canadian Economy and the Depression », *Essays in Canadian Economic History*, Toronto, 1962 ; pour un aperçu critique de ce problème, voir J. H. Dales, *The Protective Tariff in Canada's Economic Development*, Toronto, 1966, ch. 8.
48. Merrill Denison, *Harvest Triumphant*, Toronto, 1948, ch. XI.

c) les Américains peuvent faire du dumping au Canada. Et pourquoi cette pratique du dumping ? À cause d'un différentiel de climat entre certaines parties des États-Unis et la plaine canadienne, la récolte américaine se termine quand débutent les récoltes au Canada. Pour les manufacturiers américains, le marché canadien s'ouvre au moment où le marché américain se referme. Ils y voient une occasion d'écouler le surplus de leur production, et ils le font à prix réduit (dumping) ; ils se servent donc du marché canadien comme d'une espèce de tampon saisonnier, anticyclique.

Voilà. C'était le point de vue d'un groupe en relations conflictuelles avec les clients de l'ouest ; celui du centre contre la périphérie. Et quel était donc le point de vue de l'autre groupe ? Eh bien, à cause de tout cela qui est inhérent au capitalisme, et qui se déploie à l'échelle continentale, les fermiers se disaient contraints de payer plus cher leurs instruments, et donc de défrayer le maintien d'un industrialisme non viable en dehors des contraintes ; on les obligeait à payer une prime à l'Est, disaient-ils. La tarification des transports soulevait des griefs analogues.

Ainsi se créent au Canada des zones fortes et des zones faibles. La zone forte du centre laurentien domine les zones faibles de l'est (Québec et les Maritimes) et de l'ouest canadien grâce aux avantages naturels de localisation que fortifient les stratégies de l'entreprise capitaliste et certaines politiques des gouvernements fédéral, provincial et municipal. À l'intérieur de l'ensemble canado-américain toutefois, même la zone forte du Canada (l'Ontario) s'avère périphérique par rapport au complexe industriel des États américains des Grands Lacs et elle doit, pour résister à la concurrence, recourir aux stratagèmes politiques. Les zones faibles le sont plus ou moins selon la distance financière qui les sépare des grands centres de décision ; elles sont, en d'autres termes, plus ou moins faibles selon les rapports plus ou moins étroits qu'elles entretiennent avec les institutions financières. L'aliénation de leurs pouvoirs aux mains des zones fortes engendre une espèce de condition coloniale ; et c'est ce qui explique que parfois, en parlant d'elles, on soit porté à emprunter au vocabulaire du colonialisme contemporain [49]. D'ailleurs, l'expérience économique du sous-développement nous porte à croire que le malaise canadien du XIXe siècle ne provient pas du fédéralisme mais du capitalisme.

L'entreprise transcontinentale au Canada, depuis le début de son histoire, se trouve exposée aux pressions de l'empire capitaliste des États-Unis. Même les zones fortes de l'économie canadienne doivent compter

---

49. Georges Balandier, « La Mise en rapport des sociétés « différentes » et le problème du sous-développement », *Tiers Monde,* Paris, 1961. L'expérience canadienne semble confirmer que « les zones fortes qui se constituent ne peuvent maintenir leur dynamisme qu'en accentuant le caractère dépressif des zones faibles », p. 121.

avec cet empire ou prendre les mesures nécessaires de protection contre cet empire. À cause de cette ambiance, les artisans de la Confédération, en tant que politiciens, ont dû soumettre leur projet sous la forme d'un nationalisme défensif ; en tant qu'hommes d'affaires ou promoteurs de chemins de fer, ils l'ont défini comme une forme de nationalisme payant. Promoteurs et entrepreneurs y ont mis leurs conditions. Et l'entreprise transcontinentale s'est manifestée à son meilleur sous la direction d'un politicien qui l'administrait comme un capitaine d'industrie.

CHAPITRE VIII

Relations spatiales et industrie sidérurgique

Les innovations du XIXe siècle, dans le domaine de la sidérurgie, ont dérangé les conditions de la production ; elles ont modifié l'équilibre des facteurs de localisation des usines et, effectivement, elles ont favorisé l'implantation d'entreprises nouvelles dans les régions riches en charbon et en minerai. Aussi, vers la fin du siècle dernier, voyait-on s'accentuer, d'une part, un contraste entre la région américaine des Grands Lacs et la péninsule ontarienne pourtant la plus industrialisée des régions canadiennes, et, d'autre part, un contraste encore plus marqué entre le Middle West américain et la province de Québec.

Le présent chapitre veut montrer comment et dans quelle mesure l'industrie sidérurgique est arrivée à s'implanter dans la province de Québec et, pour discuter ce problème complexe de l'histoire économique du Québec, il propose de le définir à trois niveaux d'analyse : par rapport aux réalisations techniques de l'entreprise dans le cadre continental ; par rapport au problème canadien du combustible ; par rapport aux politiques de subvention à l'entreprise canadienne [1].

---

1. A. P. Usher, *The Industrial History of England*, N.Y., 1920, c. XIII ; C. W. Wright, *Economic History of the United States*, N.Y., 1941, cc. XXXIII-XXXIV ; Erik Oberg & Franklin D. Jones, *Iron and Steel*, N.Y., 1920, cc. III-VI ; Martin Nordegg, *The Fuel Problem of Canada*, Toronto, 1930, cc. I, II, V ; W. J. Dick, *Conservation of Coal in Canada*, Commission of Conservation, Committee on Minerals, Clifford Sifton, Chairman, Toronto, 1914. J. Ronald & Paul Wonnacott, *Free Trade between the United States and Canada*, Cam., Mass., 1967.

I. *Les réalisations à l'échelle continentale*

L'histoire de la métallurgie dans la province de Québec remet en question le cas des Forges de Saint-Maurice. Cette entreprise dont les Québécois ont fait leur deuil n'a cependant rien à faire avec les entreprises plus récentes de la métallurgie dans la province de Québec. Les Forges de Saint-Maurice appartenaient à un âge technologique maintenant révolu, elles produisaient pour un marché aujourd'hui disparu : poêles à bois, casseroles, chaudrons à potasse, etc. Pourtant on continue de s'interroger sur les causes de leur disparition et sur les effets de retardement que leur disparition a pu entraîner dans l'économie du Québec. Pour cette raison il nous paraît opportun de situer les entreprises de cette espèce dans leur moment technologique. Même s'il n'existe pas d'histoire complète de la métallurgie dans la province de Québec, qui assumerait les points de vue de l'histoire des techniques, il n'est pas impossible d'indiquer ici les fondements d'une telle histoire et, en élargissant un peu le débat, d'amorcer tout de suite une discussion sur les conditions technologiques d'un démarrage industriel de la province de Québec au XIXᵉ siècle. Or, dans l'optique de la technologie où nous nous situons, les entreprises de la métallurgie apparaissent liées à certaines conditions qui les qualifient comme plus ou moins efficaces à l'intérieur d'ensembles (espaces) eux-mêmes variant en fonction des facteurs techniques. Elles se situent, du point de vue technologique, dans des ensembles qui ne correspondent pas toujours ou nécessairement à l'espace politique ou territorial de la province de Québec. N'empêche qu'à un moment donné, les Forges de Saint-Maurice paraissaient liées à des conditions tout à fait québécoises : cette fixation dépendait de la demande agricole et domestique et, fondamentalement, de la façon de fabriquer de la fonte et du fer à telle période du XIXᵉ siècle. L'âge d'or des Forges de Saint-Maurice, en effet, correspondait à la période de fabrication de la fonte à partir d'un minerai de tourbière et du charbon de bois (*charcoal*) comme combustible. La localisation de l'entreprise était alors déterminée par l'abondance et la proximité de ces matériaux bruts. Le marché privilégié des Forges de Saint-Maurice était celui des moulages de fonte pour usages domestiques et agricoles.

À cet âge technologique, les hauts fourneaux se situaient en fonction des matières premières, près des forêts autant que possible. Les entreprises étaient petites, nombreuses, et inarticulées ou isolées les unes des autres. L'implantation demeurait rurale. À cette condition de la production correspondait une demande changeante, dont les exigences allaient finir par entraîner des transformations techniques de la production même. Or ces exigences se sont fait sentir de façon sporadique, elles ne se sont pas accusées dans toutes les parties de l'Amérique du Nord en même temps. Il y a eu décalage technologique dans le temps et dans l'espace, et la province de Québec, assez paradoxalement, a bénéficié d'un attardement dans l'ancienne structure. Mais, en fin de compte, l'évolution destructrice n'a pas épargné la province de Québec.

Demande, offre et condition de la production

Aux États-Unis, de 1830 à 1850, la consommation de fonte augmentait relativement à la consommation de fer ; la demande se développait plus rapidement dans le secteur des moulages de fonte que dans celui du fer de forge. Après 1850 la demande de moulages de fonte cessait d'augmenter relativement à la demande de fer de forge : période de transition au cours de laquelle on allait utiliser de moins en moins de fer sous forme de fonte. Et pourtant, même après 1850, les producteurs américains s'appliquaient encore à produire de la fonte en grande quantité, vu que ce type de production se trouvait moins exposé à la concurrence étrangère. Il est vrai que la demande de fer augmentait depuis 1850, mais on trouvait préférable de suppléer par l'importation l'excédent de la demande. Les producteurs américains continuaient donc à produire davantage de fonte et moins de fer pour les ateliers ou les boutiques. Le caractère historique de la demande de fonte explique aussi l'attachement des producteurs à ce secteur particulier. Celui-ci répondait au besoin traditionnel des moulages de fonte pour la fabrication des articles de ménage et d'outils agricoles. La demande de matériaux pour les industries de construction et de transport s'est développée plus tard ; et la demande massive de ces industries allait jouer un rôle déterminant dans l'orientation de la production. Il y eut toutefois chevauchement de la traditionnelle demande et de la nouvelle. Ainsi, l'ancienne demande des moulages de fonte dépendait, d'une part, de la fonderie produisant des oreilles et des socs de fonte pour les charrues à pièces remplaçables. La grande industrie des instruments aratoires du type McCormick comme soutien d'une demande massive de fer et d'acier, ne se développa qu'après la guerre de Sécession. Quant à l'industrie nouvelle de la construction, elle créait une demande massive de clous, boulons, poutres ; l'industrie du transport exigeait des wagons, roues, essieux, rails, etc.

Grâce à cette demande industrielle en voie de développement, des changements de structure s'effectuaient du côté de l'offre, sous la pression d'un double effort d'adaptation. D'une part, on commençait à utiliser du combustible minéral dans les hauts fourneaux ; d'autre part, on construisait des hauts fourneaux de plus grande capacité. Toutefois, les anciens fours à charbon de bois gardaient une clientèle qui leur permettait de se maintenir. Cette clientèle d'artisans-forgerons préférait le fer préparé au charbon de bois, cependant que les fonderies recherchaient plutôt le fer brut à l'anthracite. La persistance d'une clientèle artisanale expliquerait donc que l'anthracite n'ait pas remplacé le charcoal tout de suite, dans l'est, et que le charbon à coke ne se soit pas imposé dès le début de la production sidérurgique, dans l'ouest de la Pennsylvanie. Pour des raisons analogues les anciennes techniques des Forges de Saint-Maurice auraient survécu aux innovations de la sidérurgie [2].

En Amérique, avant 1830, presque tout le fer en gueuse était produit au charbon de bois ; après 1830 débutait la production au charbon minéral. Or celui-ci est de deux espèces : le charbon mou (bitumineux) dont on peut extraire des gaz et qu'on peut transformer en coke, et le charbon dur (anthracite) contenant peu de gaz, communément appelé coke bleu. L'anthracite était le charbon de l'est, principalement concentré dans l'est de la Pennsylvanie, tandis que le charbon à coke était principalement concentré dans les régions situées à l'ouest des Alleghanys, dans un rayon de cinquante milles de Pittsburgh. Or, si la production à l'anthracite se développait rapidement dans l'est, il n'en était pas ainsi de la production au charbon bitumineux dans l'ouest. En 1854, la production au charbon anthracite s'élevait à 45% de toute la production du fer brut aux États-Unis, la production au charbon bitumineux ne représentait que 7,5%. La balance demeurait encore une production au charbon de bois. Comment expliquer ce retard à adopter la technologie du coke dans l'ouest ? Était-ce ignorance ou paresse de la part des producteurs ? C'est du côté de la demande, nous venons de le voir, qu'il faut chercher la réponse à cette question. Une certaine clientèle accordait ses préférences à l'ancien produit à base de charcoal. Dans un milieu encore à prédominance rurale, le fer, comme produit semi-fini, se vendait principalement au forgeron de village ou au fermier lui-même [3]. Le fer au charcoal coûtait plus cher mais il se travaillait mieux que le fer fabriqué à moindre coût, au charbon minéral. Ainsi, la demande traditionnelle s'avérait plus sensible à la qualité qu'au prix ; et c'était une demande qui demeurait encore largement artisanale. Or, après la guerre de Sécession, la demande devenait industrielle, les achats devenaient massifs ; et pour satisfaire cette demande le producteur devait être capable de produire en grande quantité, et, dans ces conditions, ce n'était plus tellement les coûts comparatifs des combustibles qui comptaient, mais la technique qui lui permettrait de produire la plus forte quantité au plus bas coût à l'unité de production. Autrement dit, la technique devait lui permettre de réaliser le gain le plus fort sur son capital. Donc, l'usage du charbon minéral ne devenait profitable qu'à condition de se conjuguer à d'autres innovations qui, toutes ensemble, modifiaient l'échelle des opérations. Le coût du charbon n'était donc plus le seul facteur en cause. Plus importante était la question de savoir quel type de fer on allait produire en utilisant le coke comme combustible, compte tenu de la nouvelle demande.

2. Peter Temin, *Iron and Steel in Nineteenth Century America*, Cambridge, 1964, pp. 45-51.
3. Peter Temin, p. 55.

De plus, l'utilisation même du coke dépendait de trois conditions : la possibilité d'accroître la production, un coût de revient moindre, le coût du coke lui-même. La condition fondamentale, répétons-le, c'était une demande massive de l'industrie de la construction, une demande dérivée de l'expansion vers l'Ouest et la région des Grands Lacs. La présence de gisements abondants de charbon bitumineux dans la région de Pittsburgh, au portique de l'expansion est-ouest, à l'heure d'une demande massive de fer, facilitait une réorganisation ; la demande favorisait l'adoption de techniques nouvelles. Avant la guerre civile les entreprises de l'est s'étaient surtout occupées de répondre à la demande des boutiquiers, forgerons et artisans, et avaient mal répondu à la demande des chemins de fer, en ce qui concerne le rail notamment [4]. Après la guerre, les nouvelles entreprises établies à l'ouest des montagnes s'organisaient pour répondre à la demande industrielle et, en prenant le leadership de ce secteur nouveau, elles adoptaient le coke comme combustible. Ce leadership intégrait les opérations que la tradition avait tenues disloquées, l'intégration se faisant par attraction du combustible. *Iron goes to coal,* pour la raison que toutes les industries secondaires du fer utilisaient du charbon et du fer et même des sous-produits de l'industrie primaire du fer et de l'acier, à l'échelle de la production massive. Celle-ci était liée à l'invention des procédés Bessemer, Siemens, Thomas-Gilchrist.

Au début, l'acier était un produit coûteux, un produit spécialisé qu'on ne pouvait produire qu'en quantité restreinte, pour la fabrication des couteaux et des faulx, par exemple. Or, durant la guerre de Sécession les États du Nord ont fait l'expérience du rail d'acier importé d'Europe [5]. Et après la guerre, grâce aux améliorations techniques qui permirent l'utilisation de diverses espèces de minerais et de fers de rebut, l'industrie sidérurgique s'est organisée en fonction du marché des aciers de construction. La province de Québec n'a pas franchi ce stade de production primaire.

Donc, les conditions générales ou fondamentales de l'implantation des grands foyers sidérurgiques en Amérique dépendaient de l'existence de matières brutes et de leur distribution dans l'espace, des facilités de transport, par rapport aux approvisionnements et par rapport aux marchés de consommation, et enfin, de la demande générale. Disons, de façon générale, qu'il s'agissait, à l'intérieur d'un ensemble donné d'entreprises, de produire à un coût minimum ou inférieur à celui des concurrentes, pour un marché également accessible à toutes, par hypothèse. Si, à un moment donné, la technologie situait les entreprises de la province de Québec dans un ensemble nord-américain ou nord-atlantique, ces entreprises devaient assumer comme constante la concurrence des entreprises américaines, anglaises ou européennes. Dans l'hypothèse d'un pareil ensemble (nord-

4. Peter Temin, pp. 75-82.
5. Peter Temin, p. 50.

américain ou nord-atlantique) les entreprises situées dans la province de Québec trouvaient dans la concurrence des entreprises situées dans le même ensemble les limites de leur efficacité. Or, il semble bien que la sidérurgie de la province de Québec n'ait pas réussi à s'adapter à l'évolution technologique qui l'insérait dans un espace de plus en plus vaste et l'obligeait à devenir une industrie lourde, d'artisanale qu'elle avait été.

Dans cette optique générale, et à la lumière des notions précédentes, essayons de cerner le problème de la localisation de l'entreprise sidérurgique à l'échelle nord-américaine. Situons-nous par rapport au charbon.

Combustible et localisation de l'entreprise

Il n'y a guère plus qu'un siècle, W. Stanley Jevons écrivait : « On distingue deux périodes naturelles dans l'histoire de la métallurgie — celle du charbon de bois, celle du charbon minéral », et il ajoutait que déjà, en Angleterre, la première était tout à fait révolue [6]. Pourtant elle ne l'était point au Canada, et c'était même pour la province de Québec la phase la plus glorieuse dans l'histoire de sa métallurgie. Mais l'avènement de la deuxième période lui apportait le défi qu'elle avait peine à relever : les gisements de charbon n'étaient pas économiquement accessibles à la province de Québec et l'utilisation du charbon minéral dans les hauts fourneaux exigeait des innovations techniques pour lesquelles elle n'était pas préparée.

L'évolution de l'industrie sidérurgique aux États-Unis ne diffère point sensiblement de celle de la métallurgie anglaise. L'une et l'autre nous éclairent sur les destinées et les infortunes de la métallurgie québécoise [7]. Néanmoins, pour mettre en lumière la pertinence du type américain ou anglais d'évolution dans l'étude des problèmes québécois, il faut faire une brève incursion dans la théorie de la localisation des entreprises de métallurgie. Adam Smith écrit :

> La valeur d'une mine de charbon pour son propriétaire dépend autant de sa situation que de sa fertilité. Celle d'une mine de métal dépend davantage de sa fertilité et moins de sa situation. Les métaux grossiers (vils) et à plus forte raison les métaux précieux, lorsqu'ils sont séparés du minerai ont tant de valeur qu'ils peuvent généralement supporter les coûts d'un très long voyage sur terre et d'un plus long voyage encore sur mer [8].

Ce schème théorique de localisation repose sur une structure de relations particulières à tel stade technologique. Il rend compte du fait, par

---

6. W. Stanley Jevons, *The Coal Question*. Third and revised edition, London, 1906, p. 370.

7. Theodore A. Wertime, *The Coming of the Age of Steel*, Chicago, 1922, ch. 4.

8. Adam Smith, *La Richesse des Nations*, Traduction Garnier, réimpression de l'édition 1843, Otto Zeller, 1966, p. 165.

exemple, qu'à l'âge du charbon de bois les procédés de fabrication du fer s'installaient près des sources du combustible qui ne pouvaient pas supporter des hauts coûts de transport : c'était le minerai qui allait au bois. Cela suggère la façon dont les entreprises de métallurgie s'implantaient dans un milieu, et pourquoi elles choisissaient tel lieu plutôt qu'un autre. Le fondement des relations des entreprises à leurs lieux d'implantation est technologique. Aussi la théorie économique de la localisation devient un problème d'écologie industrielle. Or le modèle de localisation a subi, depuis l'époque industrielle, à cause des changements de nature technologique, une révolution profonde. Le modèle qui s'applique à la métallurgie rurale du XIXe siècle dans la province de Québec nous reporte à l'ère proto-industrielle et aux structures de la sidérurgie anglaise du XVIIIe siècle. On connaît l'ancien type de localisation de l'Angleterre à cette époque : les fourneaux s'installaient aux lieux de juxtaposition du bois, du minerai et du pouvoir hydraulique réalisant les conditions de coût minimum. Les exigences en capital étaient, selon nos barèmes contemporains, assez faibles. Une aristocratie y pourvoyait. L'organisation n'exigeait pas plus que n'en pouvait donner la classe moyenne des bricoleurs ou inventeurs individuels. Les liens entre l'organisation technique et la science n'étaient pas de cette espèce qu'on connaît aujourd'hui. Or, avec la révolution industrielle commençaient les transformations techniques de la métallurgie, transformations qui se révélaient sous des aspects divers à l'avenant du progrès scientifique. Elles étaient tour à tour commerciales, administratives, physiques, mécaniques, chimiques. L'introduction du charbon et de la vapeur, le développement de nouveaux moyens de transport, entraînaient des exigences plus précises et liaient de plus en plus étroitement l'industrie à la science. L'industrie se rapprochait des gisements de charbon, elle modifiait son organisation, elle suscitait de nouvelles initiatives et inspirait ou exigeait des formes nouvelles d'*entrepreneurship*. En définitive, l'industrie métallurgique allait s'identifier au milieu urbain qu'elle développait et au progrès scientifique qu'elle stimulait.

Les développements majeurs de l'époque industrielle dans la fabrication du fer et de l'acier se sont effectués au XIXe siècle. L'épuisement des ressources forestières, la rareté des sites hydrauliques, et une demande croissante de produits du fer, ont amené les entrepreneurs à rechercher de nouvelles sources d'approvisionnement en matière brute et énergie. Puis, à un moment du XIXe siècle, l'utilisation du charbon minéral et de la vapeur introduisait un mode plus complexe de production et par conséquent plus rapproché de la science, de la chimie, par exemple. Alors l'industrie commençait d'émigrer vers les gisements de charbon anthracite. Plus tard elle émigrait vers les gisements de charbon bitumineux.

Aux États-Unis [9] les développements se présentent en deux étapes. L'industrie du charbon de bois s'était d'abord établie sur les flancs boisés

---

9. Theodore A. Wertime, pp. 136-137.

de la chaîne des Appalaches depuis la Georgie jusqu'à la Nouvelle-Angleterre, mais plus particulièrement dans l'est de la Pennsylvanie et le New Jersey ; plus tard, vers 1840, voyant se développer un marché de l'ouest, et recherchant de nouvelles forêts, des entrepreneurs établissaient des fours sur le flanc ouest des montagnes, depuis l'ouest de la Pennsylvanie jusqu'au Tennessee. Ils développaient une métallurgie au charbon de bois le long des tributaires de l'Ohio. Or, à la même époque, dans l'est de la Pennsylvanie, débutait une nouvelle méthode de fabrication du fer utilisant du charbon anthracite, mélangé au charbon de bois, dans les anciens fourneaux à charcoal. Vers 1850, l'usage de l'anthracite se généralisait, à l'exclusion du charcoal, et son usage entraînait l'abandon des anciennes fournaises et leur remplacement par des fournaises de plus grande dimension. À la même époque, dans l'ouest de la Pennsylvanie et dans l'Ohio, se développaient le *puddlage* et le laminage en fonction de la nouvelle demande du Midwest (rail et clou principalement). C'est ce secteur d'avant-garde qui allait substituer le charbon à coke à l'anthracite et réaliser les grandes innovations du siècle. Ces innovations entraînaient la désuétude des anciens foyers d'implantation dans les régions de l'anthracite et déplaçaient des pôles de développement vers le Midwest.

Il est difficile de préciser une chronologie des implantations métallurgiques par rapport aux innovations, car l'anthracite, aux États-Unis, ne s'est pas substitué entièrement au charcoal, et le charbon bitumineux (ou le coke, son dérivé) non plus, ne s'est pas entièrement substitué à l'anthracite. Plutôt, les procédés au charcoal, à l'anthracite et au coke ont chevauché. L'usage du coke s'est généralisé lorsque la demande, exigeant une production massive, imposa un type de fournaise adapté à l'usage du coke, comme dans les procédés Bessemer, Siemens-Martin, Thomas-Gilchrist. En 1847, encore 75% du fer brut américain était fabriqué au charcoal. Le boom des années 1840 n'a pas entraîné de révolution technique ; et même dans les bonnes années de la décennie suivante, la moitié de la production du fer brut utilisait le charbon de bois. Dans le domaine des innovations, les régions se différencient historiquement. Un procédé nouveau ne pénètre pas en Angleterre et en Amérique simultanément, car le mécanisme des prix opère de façon circonstanciée. Les pays neufs n'adoptent pas un procédé nouveau nécessairement ou pour l'amour de la nouveauté ; ils l'adoptent, tôt ou tard, en considération des coûts et rendements. Ainsi le *puddlage* (procédé de purification du fer) connu et utilisé en Angleterre dès la fin du XVIIIe siècle ne fut introduit en Amérique que vers 1830 à cause de certaines caractéristiques qui, à la phase initiale, le rendaient non économique aux conditions américaines de production. Les Américains ont adopté le procédé à compter de 1830.

La production à grande échelle commençait avec l'utilisation du charbon anthracite vers 1840. L'utilisation du charbon bitumineux ou de son dérivé, le coke, se généralisait après la guerre civile, avec le développement des mines à Connesville à une cinquantaine de milles de Pittsburgh ; et l'utilisation du coke entraînait un déplacement des centres de production vers les Grands Lacs et la vallée de l'Ohio. Avec les procédés nouveaux, le contrôle des réactions chimiques permettait la production d'un acier plus fort pour la demande ferroviaire et industrielle. Pour cette raison, le procédé Bessemer marquait une étape importante dans l'industrie sidérurgique. Les améliorations subséquentes, celles qu'on associe aux noms de Thomas et Gilchrist, par exemple, rendaient possible la fabrication massive d'acier de qualité requise. La technique de déphosphoration permettait l'utilisation d'un minerai jusque-là inutilisable à cause de son contenu de phosphore : d'où le nom de « minette » qu'on donnait à ce minerai en Lorraine. Avec le procédé de déphosphoration, la Lorraine acquérait une dimension industrielle, au moment où elle passait sous la domination allemande [10].

Pittsburgh et la province de Québec face à la sidérurgie nouvelle

La localisation de la nouvelle sidérurgie dans la région de Pittsburgh et la liaison de cette industrie avec les gisements de minerai du lac Supérieur résultait de la nouvelle technologie du charbon et du traitement des minerais ; mais ces facteurs n'expliquent pas entièrement la formation des foyers industriels. Il fallait donc compter avec la marche du peuplement et l'orientation de la demande d'acier. Si, par exemple, l'avance du peuplement s'était effectuée ouest-est via Mississipi, alors les foyers de développement auraient pu être tout autres. On aurait exploité les gisements du Haut Mississipi. D'autres influences ont donc joué en faveur de Pittsburgh, dont l'orientation géographique du peuplement agricole et du développement commercial principalement. Or, même à l'époque coloniale, Pittsburgh, à la tête de la navigation de l'Ohio et au confluent des rivières Alleghany et Monogahela, jouissait déjà d'une situation privilégiée. Les facteurs récents de la technologie industrielle et l'habitude qu'on a d'imputer au charbon l'avancement de Pittsburgh nous font oublier ses débuts, c'est-à-dire la phase commerciale de son développement [11]. D'ailleurs, la plupart des pôles de développement du Midwest américain ont une origine agricole et commerciale. Pittsburgh, comme centre agricole et commercial, se situait au carrefour des mouvements migratoires ; c'était un point d'étape entre les nouveaux villages et les villes de l'est. Sa vocation industrielle s'est révélée relativement tard : avant l'âge du coke et du convertisseur Bessemer, Pittsburgh n'apparaissait pas comme une ville à vocation sidérurgique. Les dépôts superficiels de minerai s'étaient avérés insuffisants ; les charbons de la région étaient inutilisables dans les fourneaux adaptés

10. C. W. Bowden, M. Karpovic, A. P. Usher, *An Economic History of Europe since 1750*, N.Y., 1937, c. 24.

11. Voir A. Faucher, *Histoire économique et unité canadienne*, Montréal, 1970, Deuxième partie, ch. 7.

au charbon de bois. C'était une ville commerciale qu'on avait reliée à Philadelphie par canal en 1830, au lac Érié en 1840, et à Philadelphie par chemin de fer en 1850. Avec le chemin de fer, le commerce s'établissait directement entre l'est et l'ouest, et Pittsburgh y perdait son rôle d'étape. Mais alors commençait son histoire industrielle. Cette histoire se tramait à partir des petites unités de fabrication que la demande rurale avait fait naître, petites unités disséminées dans la campagne environnante. La réorganisation des fours et l'utilisation du charbon minéral comme combustible amenaient la concentration verticale des entreprises et justifiaient leur localisation à Pittsburgh, où s'organisaient la production primaire de l'acier et celle des laminoirs. Le fer brut y était acheminé ; quatre-vingt pour cent du fer brut y arrivait sous forme de lingots, encore au milieu du siècle dernier, les usines de laminage ayant organisé la réduction du minerai sur la base de procédés nouveaux. Or, les nouvelles techniques favorisaient la concentration ; l'abondance dans la région de nouveaux combustibles comme le coke et le gaz naturel favorisaient l'établissement d'une multitude d'entreprises de transformation. On y trouvait, dans un rayon de cinq milles, les plus importantes usines de fer et de verrerie.

En somme, la vocation industrielle de Pittsburgh est scellée du moment que le charbon mou, ou le charbon à coke, est substitué au charbon de bois, et au charbon anthracite, et que la grande fournaise adaptée à ce type de combustible remplace la fournaise ancienne de petite dimension. Et alors, les nouveaux procédés de fabrication en masse provoquent la réorganisation à un point central le mieux favorisé par rapport aux matières brutes et aux débouchés. Pittsburgh se trouve particulièrement favorisée quant au charbon à coke, les voies naturelles de transport et les chemins de fer l'avantagent quant aux débouchés, déjà ouverts par les axes de trafic de l'âge rural et artisanal.

En nous plaçant strictement sur le plan primaire de la production métallurgique, on peut dire que Pittsburgh évoluait de façon contraire à la province de Québec ; car si la production vraiment industrielle commence avec le four à coke, ou même plus tard avec le convertisseur Bessemer, la sidérurgie primaire dans la province de Québec, par contre, déclinait à mesure que les techniques nouvelles exigeaient le remplacement du charbon de bois par le coke. Le convertisseur Bessemer, et plus tard l'*open-hearth*, ne devaient pénétrer au Canada qu'à la fin du siècle, en Nouvelle-Écosse et en Ontario. La première usine à fabriquer de l'acier Bessemer en territoire canadien s'est implantée à Sault-Ste-Marie, au tournant du siècle, en vue de répondre à la demande canadienne de rail au cours du boom ferroviaire. La province de Québec n'a pas franchi le seuil de la production primaire de l'acier. Ses ateliers de mécanique et ses fonderies de la région de Montréal utilisaient de la fonte de rebut ou des lingots importés pour leurs propres fins de moulage ou de laminage.

Donc au XIXᵉ siècle, l'expérience québécoise de la métallurgie se limitait aux anciennes techniques à base de charcoal et de minerai de tourbe. La province de Québec pouvait quand même se vanter d'avoir possédé, à un moment donné, le plus vieux haut fourneau en Amérique.

Expérience québécoise et condition canadienne

Les Forges de Saint-Maurice ont connu de bonnes années, lorsque la demande de fer et d'articles en fer augmentait en raison du développement de la colonisation et de l'agriculture. On y fabriquait, même pour l'exportation, des articles en fonte moulée : des poêles, des chaudrons à potasse, des pièces de machinerie pour les scieries et les meuneries. On y produisait aussi quantité de fers moulés et laminés pour l'exportation, de même que de la fonte ou du fer en tige. Joseph Bouchette qui avait visité la région, écrivait, en 1832, que 250 à 300 ouvriers y travaillaient, que les ouvriers étaient canadiens et que les cadres étaient anglais et écossais [12]. Les forges étaient propriété de George McDougall de Trois-Rivières lorsqu'elles éteignirent leurs feux à l'été de 1883 [13]. Les Forges de la Batiscan établies du côté est de la Batiscan à quelque six milles de son embouchure, dans la seigneurie de Batiscan, eurent la vie brève ; elles moururent avec leur propriétaire. Elles avaient été établies en 1798.

En 1880, apparaissaient les Forges Radnor, à Fermont, dans la seigneurie du Cap-de-la-Madeleine, comté de Champlain, à dix milles de Trois-Rivières, sur la voie des Piles du North Shore Railway. Elles avaient été établies par Larue & Co., Messieurs Larue, Turcotte et Hall y possédant 40 000 acres de bois et de minerai [14]. W. Logan qui visitait la région en 1863 écrivait :

> Le minerai est transporté près de la fournaise à son état brut en partie par des ouvriers de la compagnie en partie par les cultivateurs de la région qui trouvaient de la tourbe sur leurs terres. On le lavait pour dégager le minerai de ses impuretés. Le minerai rendait quarante à cinquante pour cent de métal. On y fabriquait environ 2000 tonnes de fonte par année avec 4 à 5000 tonnes de minerai. Le nombre d'ouvriers employés aux Forges variait de 200 à 400. Les opérations d'extraction et de charroi du minerai, celles de la préparation et du transport du charbon de bois, expliquent les fluctuations saisonnières de l'emploi [15].

La compagnie s'occupait principalement de fabriquer des roues et essieux pour wagons de chemins de fer ; elle fabriquait aussi du fer

12. Joseph Bouchette, *A topographical Dictionary of the Province of Lower Canada,* London, 1832, voir St. Maurice Seigniory.
13. James Herbert Bartlett, *Manufacture, Consumption and Production of Iron, Steel, and Coal in the Dominion of Canada,* Montréal, 1885.
14. William Logan, *Rapport géologique,* 1863.
15. Cité in Bartlett, *Manufacture, Consumption,* pp. 11-12.

d'œuvre, et elle avait installé un laminoir pour répondre à la demande des manufactures de faulx et de clous. Une part de son minerai provenait du fond du lac Tortue, d'où on le transportait par chemin de fer. Les roues de wagons étaient fabriquées dans un atelier de Trois-Rivières qui après vingt ans d'opération, disparut dans un incendie. Moins vivace encore avait été L'Islet Blast Furnace de McDougall, à environ quatre milles des Forges de Saint-Maurice, l'entreprise cessant d'opérer faute de minerai local et de bois. À Hull on avait bâti une fournaise en 1857 pour la Canada Iron Mining & Manufacturing Co., qui la ferma peu de temps après. Dans Yamaska, la St. Francis River Mining Co., établie en 1869, passa, en 1873, aux mains de McDougall et Compagnie de Montréal qui l'opéra jusqu'à l'épuisement de la tourbe locale en 1880.

Les Forges de la Baie-St-Paul comprenant deux fournaises, des bâtiments et une voie ferrée jusqu'au fleuve, furent construites en 1873 par la Canadian Titanic Iron Co. [16]. L'entreprise s'étant avérée non rentable, on démolissait ses bâtiments en 1880.

En 1880 et 1881, John McDougall & Co. construisait deux hauts fourneaux sur la rivière St-François à Drummondville, dans le canton de Grantham. Les soufflets étaient actionnés par roue hydraulique. L'entreprise trouvait sa tourbe dans un rayon de trois à cinq milles à teneur de 40 à 45%, elle utilisait du charbon de bois comme combustible et elle produisait 4 000 tonnes par année de fonte pour roues de wagon. Elle avait été la dernière entreprise du groupe McDougall à opérer jusqu'à la fin du siècle.

Le rapport géologique pour 1866-1869 relate l'apparition de Moisie Iron Works pour le traitement des sables ferrugineux de la rive nord du golfe Saint-Laurent, entreprise qui eut pour promoteur le docteur Sterry Hunt et pour directeur propriétaire W. M. Molson, celui-ci établissant à Montréal un haut fourneau et un laminoir pour la production de blooms. L'entreprise ferma ses portes en 1876.

Nous tenons de B. J. Harrington [17] un bref récit de la singulière aventure de Quebec Steel Works dirigée par un Monsieur Viger. Son premier objectif fut de transformer à Québec, les sables de la Moisie. Après le décès de M. Viger, la compagnie se reconstitua avec M. Chinic, quincaillier de Québec, comme président. L'effort pour y introduire le procédé Siemens-Martin se serait soldé par une faillite technique et une liquidation commerciale. Haycock Iron Works, 1872-1873, fut établie à huit milles de Hull et fit faillite ; à Montréal fut incorporée en 1881 Experimental Works dans le dessein d'introduire à Montréal les procédés nouveaux de la sidérurgie. On abandonnait le projet après y avoir dépensé 70 à $80 000.

---

16.   Rapport géologique, 1873-4.
17.   Rapport géologique, 1873-4.

Enfin, le plus célèbre groupe métallurgique de la fin du XIXe siècle dans la province de Québec fut celui de Montreal Iron Works. Cette entreprise établit quatre laminoirs, et elle produisit du fer pour son propre usage à partir de fonte de rebut ou de fer puddlé qu'elle importait. D'Angleterre et de Suède elle importait aussi du fer de qualité pour la fabrication de broquettes, clous, ressorts. Ses usines étaient : Montreal Rolling Mills Co., qui utilisait la vapeur et la roue hydraulique dans sa fabrique d'écrous ; Peck, Benny & Co., qui fabriquait fers à cheval, chevilles et boulons pour voie ferrée, et Metropolitan Rolling Mills, des clous et divers outils [18].

Ce groupe d'entreprises caractérise bien la situation de la province de Québec dans le domaine de la sidérurgie après la disparition des Forges de Saint-Maurice sous la pression du progrès technique. C'est la situation d'une région que la technologie vient de projeter dans un nouvel espace économique. Mal située par rapport à la demande dérivée de l'agriculture et de l'industrie, isolée des charbonnages canadiens plus que toute autre province, mal préparée financièrement, frappée depuis longtemps d'incapacité scientifique, la province de Québec pouvait-elle s'adapter au nouvel espace qui s'ouvrait à elle ? Dans le domaine de la sidérurgie, clef de la grande industrie au XIXe siècle, elle apparaissait comme partie différenciée et manifestement sous-privilégiée d'un ensemble canadien lui-même comparativement faible devant les foyers nouveaux de développement des États-Unis. Problème de la province de Québec, oui, mais aussi problème canadien des déséquilibres interrégionaux. Les frontières politiques n'arrivent pas à corriger ces déséquilibres parce que la technologie confond deux pays dans un même espace économique. Le problème se pose, au XIXe siècle principalement, comme question d'approvisionnement en charbon.

II. *Le problème canadien du combustible et la province de Québec*

Voyons d'abord, a) comment se pose cette question ; nous verrons ensuite, b) comment elle est reçue et interprétée par les Canadiens à deux phases distinctes de l'expérience confédérative, et enfin, c) comment elle est traitée au cours de la période pertinente, c'est-à-dire, de 1880 à 1910. C'est naturellement le point (c) qui intéresse avant tout, parce qu'il s'applique à la période en question.

Les points (a) et (b) ont toutefois valeur d'explication.

a) Le problème consiste dans le fait

Que le Canada est l'un des pays les plus richement pourvus de charbon mais que ses mines, situées aux deux extrémités de son immense territoire, dans les provinces maritimes et l'Alberta sont trop éloignées des centres de consommation pour pouvoir soutenir la concurrence

---

18. Sur l'origine de la métallurgie dans l'Île de Montréal, voir S. P. Day, *English America*, vol. I, ch. X, London, 1862.

américaine. Notre charbon se vend à un prix triple et quadruple de sa valeur réelle à cause des frais énormes qu'entraîne son charroi. Le problème du charbon, au Canada, se ramène donc à une question de transport [19].

b) Le problème a pris une tournure politique au cours de la guerre 1914-1918, lorsque l'Ontario et le Québec se sont mis à acheter leur charbon des États-Unis, et alors on en a fait une question de sécurité. La région centrale du pays consommait, en 1920, 50 pour cent de toute la consommation canadienne et importait 94,5 pour cent de sa consommation.

> Savez-vous que la province d'Ontario est mal située ? Nous dépendons absolument des États-Unis... [20]
> Nous ne pouvons pas être une nation tant que nous dépendons d'un autre pays pour le charbon ; nous pouvons être mis de côté en cinq minutes... [21]

C'était poser le problème dans la perspective du nationalisme ou de l'indépendance à l'égard des États-Unis. Mais que pouvaient faire les politiciens contre la géographie ? Les gisements houilliers du Canada sont dispersés aux extrémités du pays et ils ne correspondent guère à son œcoumène. Or il se trouve que la région la plus peuplée du pays et la plus industrialisée est absolument dépourvue de charbon et située près des gisements de l'Ohio et de la Pennsylvanie.

D'autre part, les enquêtes des premiers comités parlementaires sur cette question, qui commencèrent peu de temps après la Confédération, situent cette région sur le plan de la production industrielle ; les débats parlementaires qui préparent ou prolongent ces enquêtes la situent sur le plan de la politique douanière et des relations interprovinciales.

c) À toute fin pratique, arrêtons-nous aux enquêtes et débats des années 1874-1878 [22], et particulièrement au rapport du comité Mackey de 1877 [23].

Le comité de 1877 a entrepris d'interroger des hommes d'affaires canadiens, importateurs, exportateurs, armateurs de navires et industriels ou consommateurs de charbon, sur les moyens possibles d'encourager la production du charbon domestique et de promouvoir les relations commer-

---

19. Paul Chartier, *Le Charbon au Canada,* l'École sociale populaire, Montréal, 1923, brochure nᵒ 112, pp. 1-2.

20. Henry Harrington, contrôleur du combustible de la province d'Ontario, Comité spécial de la Chambre des communes, 1921, p. 284.

21. *La Question du combustible au Canada,* Chambre des communes, Comité permanent des mines et minéraux, Ottawa, 1924, p. 152.

22. *Débats de la Chambre des communes,* Intérêts houilliers, Canada, vol. V, 5ᵉ session, 1878.

23. Rapport du Comité spécial chargé de s'enquérir de la condition du commerce du charbon et des moyens de développer le commerce interprovincial, Ottawa, 1877, *Journaux de la Chambre des communes,* vol. XI, app. nᵒ 4.

ciales entre provinces afin de fortifier l'axe transcanadien. Conformément au désir de la Chambre dont il tenait son mandat, le Comité devait demander aux intéressés de se prononcer sur les propositions suivantes :

1) Une prime à l'exportation égale au droit que la production canadienne aurait à payer pour entrer aux États-Unis ;

2) Imposition d'un droit sur le charbon et produits des manufactures importés des États-Unis, égal à celui que les produits semblables du Canada doivent payer pour entrer aux États-Unis ;

3) Taxe de $0.50 la tonne sur le charbon américain entrant au Canada ;

4) Paiement d'une prime au charbon canadien expédié des provinces maritimes aux États-Unis ou à des ports canadiens à l'ouest de Montréal ;

5) Subvention à une ligne de navires assurant le service entre les Maritimes et les Grands Lacs ;

6) Imposition d'un droit sur le charbon bitumineux de façon à renforcer le tarif protecteur en faveur des industries canadiennes (Nouvelle-Écosse) ;

7) *Drawback* dégrevant de l'impôt les articles importés pour usage dans les mines de charbon.

Ainsi, semble-t-il, le mandat du comité ne pouvait être plus politique, car, en somme, on demandait à ce comité de justifier la politique protectionniste dans laquelle le gouvernement était déjà engagé. Néanmoins, les hommes d'affaires qui ont pris part aux travaux de ce comité ont orienté le débat dans une direction économique et dans le sens de la comptabilité capitaliste. En posant le problème dans la perspective des coûts différentiels et des avantages comparatifs entre régions, ils ont projeté un peu de lumière sur les difficultés d'un fédéralisme qui veut raccorder des intérêts contraires. Ainsi la Nouvelle-Écosse demande un tarif protecteur pour ses mines, mais les Chambres de commerce de Hamilton et Toronto s'opposent à tout droit prélevé sur le charbon américain, car c'est aux États-Unis que l'Ontario trouve à s'approvisionner à coût minimum. Le charbon de Nouvelle-Écosse peut trouver acheteur dans la province de Québec mais il a pour concurrent le charbon anglais :

> Les propriétaires de navires chargent le charbon comme lest dans les ports anglais, et, après avoir sauvé les frais du lestage ordinaire, se contentent d'un léger profit et même le vendent au prix coûtant. La province de Québec importe une moyenne annuelle de 160 000 à 180 000 tonnes de charbon anglais, mais on ne peut compter sur cet approvisionnement, qui est irrégulier à cause des circonstances dans lesquelles l'exportation s'en fait [24].

24. Rapport du Comité spécial, p. V.

À l'ouest de Montréal les coûts de transport favorisent les charbonnages américains.

> Le Grand Tronc a accepté l'offre de lui vendre le charbon de la Nouvelle-Écosse, livrable sur les quais de Montréal, $3.96 la tonne anglaise, ou, en ajoutant 27 cents pour le charroyage, $4.23 rendu dans ses cours. Il a accepté pour Toronto l'offre du charbon américain au prix de $3.40 la tonne américaine, rendu dans ses cours, ce qui équivaut à $3.78 la tonne anglaise. Il y a donc une différence de 45 centins en faveur du charbon américain livrable à Toronto. Si à cela l'on ajoute $1.00 pour le transport de Montréal à Toronto — ce qui est le taux le plus bas que l'on ait mentionné — on peut dire qu'il y a, en chiffres ronds, une différence de $1.50, au désavantage de la Nouvelle-Écosse... [25]

Pour une fois, l'historien peut donner raison aux contemporains de la question. Ils ont raison parce qu'ils décrivent une situation sans l'immerger dans la politique : ils posent le problème canadien du combustible sur le plan de la comptabilité des échanges et y situent la province de Québec. Mais les politiciens, pourtant férus de libéralisme, n'ont pas fait confiance à la main invisible qui, selon eux pourtant, aurait dû orienter l'utilisation des ressources en fonction de leur rendement optimum.

III. *Les politiques de gratification à l'industrie du fer et de l'acier*

L'industrie sidérurgique en Amérique du Nord est une industrie territorialement différenciée. Elle possède un côté américain et un côté canadien, un côté fort et un côté faible, séparés l'un de l'autre par une frontière politique, l'un et l'autre protégés par une armure tarifaire. La politique protectionniste a favorisé le côté canadien où cette industrie n'aurait pas pu s'implanter en régime de concurrence, étant donné qu'il en coûtait plus cher de produire en territoire canadien qu'en territoire américain. Du côté canadien, c'est à Hamilton que l'industrie semble s'être implantée avec le plus de succès, à cause des avantages de localisation. Dans l'ensemble canado-américain Hamilton possédait des avantages comparatifs inférieurs à ceux du milieu américain des Grands Lacs mais supérieurs à ceux des autres lieux ontariens ; et dans l'ensemble canadien, la province d'Ontario possédait plus d'avantages que la province de Québec. Particulièrement avantageux pour le commerce au stade de la colonisation agricole, le site de Hamilton l'était aussi pour l'industrie. Et cela explique que Hamilton ait joué un rôle prépondérant dans l'implantation de l'industrie lourde au Canada. Elle se situe au carrefour des voies de transport : les cargos lourds peuvent s'y rendre via Welland, deux voies transcontinentales y passent, un chemin de fer américain les y rejoint ; elle est située à proximité des gisements de charbon et de minerais américains, elle dispose d'espaces : les usines y occupent une plaine. Et l'administration munici-

---

25. Rapport du Comité spécial, p. VI.

pale s'est montrée libérale envers les industriels, et même portée au risque de la promotion industrielle, comme en témoigne sa participation aux entreprises de chemin de fer [26]. Mais Hamilton n'est qu'un lieu dans une région, et la région n'est qu'une partie différenciée d'un ensemble. Elle apparaît comme un point de fixation des problèmes de l'industrialisme en territoire canadien. Même à Hamilton, lieu privilégié au Canada, l'entreprise sidérurgique se conçoit difficilement sans la politique fédérale qui l'a protégée. Et protégée elle l'a été par plusieurs moyens, par une politique de subsides au transport par eau ou par chemin de fer, entre autres moyens. Dans cette dernière section du présent chapitre, nous en examinerons deux qui, tour à tour, se substituent l'un à l'autre marginalement : la protection douanière et la prime à la production. Ces deux moyens subsidiaires ou complémentaires auront incidence inégale sur les différentes parties du pays.

On appelle prime une gratification payée par un gouvernement dans le dessein d'encourager un secteur de la production ou une industrie. Adam Smith écrit :

> Les seules branches du commerce qui aient besoin de gratification, ce sont celles où le marchand est obligé de vendre ses marchandises à un prix qui ne lui remplace pas son capital avec le profit ordinaire, ou bien de les vendre pour moins qu'il ne lui en coûte réellement pour les mettre en marché. La prime se donne en vue de compenser ce déficit, en vue d'encourager le marchand à continuer ou peut-être même, à entreprendre un commerce dans lequel la dépense est censée plus forte que les retours, dont chaque opération absorbe une partie du capital qu'on y emploie ; un commerce enfin de telle nature que, si tous les autres lui ressemblaient, il ne resterait bientôt plus de capital dans le pays [27].

Dans l'expérience économique du Canada, la politique des primes a pour fondement la condition physique même du pays dont nous avons esquissé les traits précédemment. La question peut se résumer ainsi. Les gisements de charbon canadien sont situés aux extrémités du pays, en Colombie, en Alberta, en Nouvelle-Écosse. Le charbon de la Nouvelle-Écosse n'arrive pas à concurrencer le charbon des États-Unis dans les provinces centrales. La région canadienne est pauvre en minerai ; les aciéries de Hamilton doivent compter sur l'importation de minerai américain. Tout compte fait, l'industrie sidérurgique au Canada n'arrive pas à produire aussi efficacement qu'aux États-Unis ; et pour s'assurer le marché canadien il faut le protéger contre l'envahissement des produits étrangers par une barrière tarifaire, abaisser la marge des coûts au moyen de primes à la production : politique d'application difficile au Canada, car un droit

26. Albert Faucher, *Histoire économique et unité canadienne*, Montréal, 1970, Première partie, chap. 3 et 4.

27. *La Richesse des Nations*, traduction Garnier, réimpression Otto Zeller, 1966, p. 102.

sur le charbon américain destiné à protéger les charbonnages de la Nouvelle-Écosse défavorise les aciéries d'Ontario qui achètent leur charbon des États-Unis. Donc, le conflit d'intérêts inhérent au tarif frappant le charbon américain entrant au Canada ($0.53 la tonne à la fin du XIXᵉ siècle) doit être aplani par la politique de restitution des droits (*drawbacks*) aux producteurs qui utiliseraient du charbon américain dans la fabrication d'un produit « destiné au marché domestique », et par le paiement de primes à la production.

Le tableau suivant établit la chronologie du progrès de la production du fer brut et la répartition géographique de cette production.

TABLEAU XVIII

Production annuelle de fer brut par province, 1867-1912 [28]
(tonnes : 000 omis)

	Nouvelle-Écosse	Ontario	Québec	Total
1887	19 300		5 507	24 927
1888	17 556		4 243	22 799
1889	21 289		4 632	25 921
1890	18 382		3 390	21 772
1891	21 353		2 538	23 891
1892	40 049		2 394	42 443
1893	46 472		9 475	55 947
1894	41 344		8 623	49 967
1895	35 192		7 262	42 454
1896	32 351	28 302	6 615	67 261
1897	22 500	26 115	9 392	58 007
1898	21 627	48 253	7 135	77 015
1899	31 100	64 749	7 094	102 943
1900	28 133	62 387	6 035	96 575
1901	151 130	116 371	6 875	274 375
1902	237 244	112 688	7 970	357 902
1903	201 246	87 004	9 635	297 885
1904	164 488	127 345	11 121	303 454
1905	261 014	256 704	7 588	525 306
1906	315 008	275 558	7 845	598 411
1907	366 456	275 459	10 047	651 962
1908	352 642	271 484	6 709	630 835
1909	345 380	407 012	4 770	757 162
1910	350 287	447 273	3 237	800 797
1911	390 242	526 635	658	917 535
1912	424 994	589 593		1 014 587

28. W. J. A. Donald, *The Canadian Iron and Steel Industry*, Boston, 1915, App. B.

La politique canadienne de primes à la production sidérurgique remonte à 1883. Elle apparaît comme mesure complémentaire à la politique dite nationale de 1879. La production sidérurgique elle-même dépend d'un programme d'expansion transcontinentale, car son principal marché est celui du rail et du matériel roulant de chemin de fer. Le Canadien Pacifique est terminé en 1885 ; puis s'ajoutent deux autres transcontinentaux de 1900 à 1913.

Deux observations s'imposent en marge de ce tableau : premièrement l'entrée de la province d'Ontario dans le champ de la production primaire et l'accroissement de sa production en fonction du marché domestique, et du développement ferroviaire notamment ; deuxièmement le déclin de la production dans la province de Québec et sa disparition quasi complète du champ de la production primaire au cours du renouveau technologique de la sidérurgie. Si maintenant nous plaçons ces chiffres de la production en regard de ceux de la consommation domestique totale, nous constatons, premièrement, que les producteurs canadiens occupent une part croissante du marché domestique, la production canadienne comme pourcentage de la consommation canadienne de fer brut s'établissant comme suit : 23,5 en 1890 ; 60,9 en 1900 ; 81,0 en 1910.

Deuxièmement, une participation de plus en plus forte de la province d'Ontario, avec un volume de production supérieur à celui de la Nouvelle-Écosse au cours du boom ferroviaire de la première décennie du siècle. La province de Québec disparaît pratiquement du champ de la production primaire à la fin du XIXᵉ siècle.

Des primes ont été payées sur le fer en gueuse depuis 1883, sur le fer *puddlé*, sur l'acier depuis 1896, et sur divers produits de l'acier depuis 1904. Le tableau suivant donne l'échelle des primes allouées à la production du fer et de l'acier de 1883 à 1910.

TABLEAU XIX

Primes payées par le gouvernement canadien à la production de fer en gueuse fabriqué avec du minerai canadien et du minerai étranger, et à la production de l'acier, 1883-1910 [29].

	Fer en gueuse de minerai canadien	Fer en gueuse de minerai étranger	Acier
	$	$	$
1883-86	1.50		
1886-92	1.00		
1892-97	2.00		
1897-1902	3.00	2.00	3.00

29. *Annuaires du Canada* ; Canadian Annual Review.

	Fer en gueuse de minerai canadien	Fer en gueuse de minerai étranger	Acier
D'où échelle mobile :			
	$	$	$
1902-3	2.70	1.80	2.70
1903-4	2.25	1.50	2.25
1904-5	1.65	1.10	1.65
1905-6	1.05	0.70	1.05
1906-7	0.60	0.40	0.60
D'où rajustement et nouvelle échelle mobile :			
1907-8	2.10	1.10	2.10
1909	1.70	0.70	1.70
1910	0.90	0.40	0.90

1911 : fin des primes à la production.

En vertu de cette législation, le gouvernement fédéral aurait, selon W. J. A. Donald, versé les sommes suivantes à divers secteurs de la production métallurgique.

TABLEAU XX

Primes payées par le gouvernement canadien à la production du fer en gueuse, du fer puddlé, de l'acier et d'articles en acier, 1883-1912 [30]

A — Fer en gueuse,

1883-95	$ 590 602.
1896-1900	762 518.
1901-04	2 244 450.
1905-11	4 090 173.

Total, 1883-1911 : $7 687 743.

B — Fer en barres (*puddlé*)

1896-1900	$43 968.
1901-04	55 627.
1905-11	13 882.

Total, 1896-1911 : $113 477.

C — Acier

1896-1900	$ 283 323.
1901-04	1 537 904.
1905 11	5 536 076.

Total, 1896-1911 : $7 357 303.

Grand total des primes payées à l'industrie métallurgique de 1883 à 1911 ....$18 016 646.

---

30. W. J. A. Donald, *The Canalian Iron and Steel Industry,* a study in the economic history of a protected industry, Boston, 1915.

Ce n'est point le lieu d'exposer en détail les modalités d'application de cette politique de gratification. Nous retenons seulement deux questions pertinentes à notre contexte : premièrement, quelle sorte de philosophie l'a guidée ou en a marqué les étapes ; deuxièmement, quelle a été son incidence sur les sections ou régions du pays.

La politique des primes est apparue en 1883 comme variante du protectionnisme canadien communément appelé *Politique Nationale* sous les Conservateurs ; elle s'est perpétuée, amplifiée même sous les Libéraux, en s'ajustant aux exigences de groupes d'intérêts ou d'associations de producteurs. Par exemple, on haussait les primes à l'occasion d'une baisse de tarifs, ou on haussait les tarifs en abaissant les primes.

Les premières primes furent versées au titre de la production primaire du fer fabriqué avec du minerai du pays et, à ce titre, le total des primes versées jusqu'en 1894 ne dépassait guère le demi-million. Les premières forges à bénéficier de cette politique furent celles de Radnor dans la province de Québec et celles de Londonderry en Nouvelle-Écosse. Les premières primes, annuelles et variables, s'appliquaient au fer en gueuse fabriqué avec du minerai du pays seulement ; à compter de 1897 les primes s'appliquaient aussi au fer en gueuse fabriqué avec du minerai importé ; elles s'appliquaient également au fer *puddlé* sorti de l'atelier primaire, et aussi à l'acier. En 1902, sous les Libéraux, on adopte une échelle mobile qui devait mener à l'extinction des primes en 1907-1908, mais en 1907 on adoptait une nouvelle échelle décroissante, prolongeant ainsi la politique des primes jusqu'en 1910.

Jusqu'à la fin du siècle dernier, les Libéraux, en tant que parti de l'opposition, s'étaient engagés à mettre fin à ce régime de gratification. On se rappelle en particulier avec quelle véhémence Laurier (dans son discours de Winnipeg notamment) avait attaqué la politique de protection et de gratification des Conservateurs. Pourtant, en 1896 encore, les primes à l'industrie du fer et de l'acier ne coûtaient que $87 000 au gouvernement, et alors elles ne s'appliquaient qu'au fer et à l'acier fabriqués avec du minerai du pays. De plus, selon la législation de 1894, il demeurait possible de les abolir en 1899. Or, il n'en fut rien. Laurier devenant premier ministre, Fielding, leader des Maritimes, se fit défenseur des intérêts de la Nouvelle-Écosse, Cartwright, le Cobden du Canada promu au poste de ministre du Commerce et de l'Industrie, assume les points de vue des groupes d'intérêts accoutumés à la politique de protection et de gratification. En 1897, on introduisait le tarif préférentiel en faveur de la Grande-Bretagne, mais sans déranger la structure protectionniste ; au cours de l'année fiscale 1906-1907, à l'instigation de la *Canadian Manufacturers' Association* [31], on augmentait les tarifs pour protéger des *infant industries* qui, pourtant, avaient dépassé le stade de l'enfance. On disait que

---

31. S. D. Clark, *The Canadian Manufacturers' Association*, Toronto, 1936.

ces industries avaient besoin maintenant de protection pour se spécialiser, ou encore, pour garder à elles exclusivement le marché canadien. Les industries canadiennes, disait-on, avaient droit au marché canadien, et il incombait au gouvernement canadien de défendre ce droit.

Les décisions du nouveau gouvernement qui était, comme le précédent, commis à l'objectif transcontinental, portent la marque des intérêts acquis dans les charbonnages de la Nouvelle-Écosse. Les premiers défenseurs de ces intérêts, sous les Conservateurs, avaient été Thompson et Tupper. On leur doit les tarifs sur les charbons importés des États-Unis, ceux de 1879 et de 1894 notamment, ainsi que les primes à l'industrie du fer en 1883. Ils eurent pour principal successeur, sous les Libéraux, Fielding, l'ancien premier ministre de la Nouvelle-Écosse.

Les primes versées à la production du fer brut de 1883 à 1894, visaient à encourager la consommation de minerai canadien. La loi en faisant même une condition d'éligibilité aux primes. Or, lorsque naquirent les aciéries de la Nouvelle-Écosse à la suite de la découverte de minerai dans l'Île Bell, territoire de Terre-Neuve, donc d'un minerai non canadien selon la loi, il fallait trouver un moyen pour rendre éligibles à la prime les nouvelles aciéries de la Nouvelle-Écosse que supportaient les financiers de Boston et de New York, et des techniciens de Pittsburgh. Tout simplement, les Libéraux amendaient la loi, en 1897. La prime sur le fer en gueuse et sur le fer en barre fabriqués avec du minerai canadien était augmentée de $2 à $3 la tonne ; la prime pour le fer en gueuse fabriqué avec du minerai non canadien était fixée à $2 la tonne. Cette législation devait s'appliquer depuis juin 1897 jusqu'à avril 1902. Dans ces circonstances naquit la Dominion Iron and Steel Company de Sydney, créature gratifiée par les gouvernements, fédéral, provincial et municipal [32]. Au cours du même parlement on renforçait la protection douanière. D'après la législation de 1897, le tarif sur le fer en gueuse était de $2 la tonne, et le tarif sur le lingot d'acier et la billette, de $2.50 également. Et en 1905 on imposait un tarif de $7 la tonne sur le rail d'acier, dans une conjoncture pourtant favorable au producteur canadien : la construction ferroviaire battait son plein, la demande excédait l'offre et les deux usines de Sydney et de Sault-Ste-Marie n'arrivaient pas à satisfaire la demande de rail ; les hauts fourneaux canadiens n'arrivaient pas à satisfaire la demande canadienne de fer en gueuse. Les centres de production de l'acier étaient Hamilton, Sault-Ste-Marie et Sydney.

La politique de gratification tournait en faveur des producteurs d'acier, mais alors la province de Québec n'apparaissait plus au tableau des récipiendaires, parce qu'elle ne produisait pas d'acier primaire. La province d'Ontario, concurrente de la Nouvelle-Écosse, se révélait agressive car, en 1902, le gouvernement ontarien ajoutait une prime provinciale d'un

---

32. Edward Porritt, *Canada's Protective Tariff*, Winnipeg, 1920.

dollar la tonne à la prime de $3 que le gouvernement fédéral allait payer à compter de cette année-là. La même année, le gouvernement d'Ontario décidait de construire un chemin de fer dans le nord de la province, une entreprise qui allait favoriser les usines de Sault-Ste-Marie et de Hamilton.

Situation de la province de Québec

Dans ce réseau de relations spatiales où donc se situait la province de Québec ? En métallurgie, elle avait été la première à l'échelle continentale ou, à tout le moins, l'égale de la Nouvelle-Angleterre : en témoigne l'entreprise des Forges de Saint-Maurice. À la fin du XIXe siècle, sur le plan de la technologie ancienne, elle se révélait étonnamment persévérante : en témoigne la production au charbon de bois et au minerai de tourbe aux Forges de Radnor. Pourtant la technologie nouvelle déclassait les entreprises de la province de Québec auxquelles manquaient les conditions fondamentales d'un renouveau rentable. Les premiers fourneaux à produire du fer selon les techniques nouvelles de la fin du siècle se situaient à Hamilton, à Sydney et à Sault-Ste-Marie, avec la participation technique et financière des Américains. Une politique administrative d'intégration, exercée par persuasion commerciale ou par pression financière, subordonnait les entreprises de production des semi-finis de la province de Québec aux entreprises de production primaire des provinces d'Ontario et de la Nouvelle-Écosse.

Le processus d'intégration avait été amorcé, à Montréal et à Toronto, au niveau des laminoirs qui absorbaient les ateliers d'outillage et de mécanique. Par exemple, à l'Ontario Rolling Mills installé à Hamilton en 1879 s'agrégeait un ensemble métallurgique qui s'était développé au cours de la première période de construction ferroviaire. Depuis une vingtaine d'années en effet, les usines de la compagnie du Great Western y fabriquaient des wagons, des roues et des essieux et relaminaient du rail d'importation. On y construisait, en 1862, la première locomotive à bouilloire de haute pression. Le premier laminoir y fut construit en 1864 pour relaminer les rails de fer importés d'Angleterre qui se détérioraient vite au froid canadien [33]. La machinerie lui était fournie par les entreprises Bertram de Dundas, et Goldie, McCulloch de Galt.

Les innovations Bessemer-Kelly aux États-Unis (1872) modifiaient fondamentalement le rôle de Hamilton dans la métallurgie et stimulaient le mouvement protectionniste animé par Isaac Buchanan de Hamilton et supporté par le *Hamilton Spectator,* journal conservateur et protectionniste. La guerre américaine (1860-65) favorisait la cause et incitait les entreprises canadiennes des produits finis et semi-finis à se regrouper et à s'intégrer à quelque entreprise de production primaire. Les ateliers de Dominion Wire Manufacturing Company, de Canada Bolt and Nut

---

33. William Kilbourn, *The Elements Combined,* Toronto, 1960, pp. 37-38.

Company de Perth, s'implantaient dans la région de Toronto dès 1868. En 1879, ils se réorganisaient en banlieue de Toronto (Swansea). Une entreprise de Dundas déménageait à Hamilton en 1866 ; l'Ontario Tack Company s'établissait à Hamilton en 1885. Après 1896, l'Ontario Rolling Mills absorbait les usines de London, Toronto et Hamilton. Le Hamilton Blast Furnace (1895), producteur primaire, fusionnait en 1899 avec l'Ontario Rolling Mills (1879), producteur secondaire, sous la raison sociale de Hamilton Steel and Iron Company, ayant un capital autorisé de $1 000 000.

En Nouvelle-Écosse se déroulait un processus semblable mais en association étroite avec les charbonnages. La faiblesse de cette région, c'était son éloignement des marchés, étant donné que la demande industrielle se concentrait de plus en plus dans la péninsule ontarienne. Quand même, un rapprochement s'y effectuait entre producteurs primaires et producteurs de semi-finis, et avec les charbonnages, comme en témoignent les constituants de la Dominion Steel Corporation formée en 1909.

Dans la province de Québec la production métallurgique se concentrait dans Montréal et les entreprises s'agrégeaient à la Montreal Rolling Mills, une usine établie en 1868 pour répondre à la demande des chemins de fer, de la quincaillerie et des ateliers d'outillage forestier et de machinerie agricole [34]. En quinze ans, cette entreprise voyait son capital quintupler ; en 1887, année où elle était transformée en compagnie à responsabilité limitée, son capital autorisé était de $750 000. Sise sur les bords du canal Lachine, son usine à cheminée géante, la plus haute de toute la ville, faisait écho à la fierté du Montréal industriel. Elle employait 400 hommes. Ses promoteurs et directeurs étaient Morland, Molson, Redpath. En 1902 elle absorbait les intérêts Pillow, Bigelow et Hersey. Elle-même entrait dans le courant de l'intégration verticale et fusionnait, en 1910, de même que l'Ontario Rolling Mills et une multitude d'entreprises mineures, dans la Steel Company of Canada de Hamilton.

La caractéristique de l'industrie québécoise de métallurgie, c'est d'en être restée au stade de fabrication de produits semi-finis et finis, utilisant comme matière brute du fer en gueuse acheté d'Ontario, de Nouvelle-Écosse ou, le plus souvent, importé d'Écosse, et du charbon de Nouvelle-Écosse ou, à l'occasion, de l'Angleterre, à la façon de l'Ontario Rolling Mills qui, avant l'implantation de la Hamilton Blast Furnace, importait des États-Unis son charbon et son fer brut. Contrairement à son homologue ontarienne qui s'était agrégée au producteur primaire, la compagnie de Montréal n'avait pas grand effet d'entraînement. Si par exemple, l'Ontario Iron and Steel (le nom légal du *merger* de 1899) attirait dans la province d'Ontario Westinghouse et International Harvester, dans la province de Québec, par contre, l'absence d'unités de production primaire obligeait la

---

34. William Kilbourn, *The Elements combined.*

compagnie montréalaise, i.e. Montreal Rolling Mills à s'ajuster à des espaces qui compromettaient son autonomie. Les exigences de la technologie (l'on sait les arguments utilisés par les animateurs de la consolidation industrielle), le caractère transcontinental de la demande, la répartition géographique des matières brutes obligeant à des raccords canado-américains, favorisaient l'Ontario ; puis la politique de gratification, sous forme de tarifs douaniers, de primes à la production et de subsides aux chemins de fer, venait raffermir la supériorité de l'Ontario, et en quelque sorte confirmer l'adage : à ceux qui ont beaucoup reçu il sera donné davantage.

La politique fédérale, et même provinciale s'il s'agit de l'Ontario, n'a pas engendré l'industrie sidérurgique au Canada ; elle n'a même pas fixé la vocation industrielle des provinces ou déterminé leur importance relative sur l'échiquier des ressources. Elle a voulu simplement protéger les producteurs canadiens contre l'entreprise plus efficace des voisins du sud. Elle ne modifiait pas la technologie, non plus que la structure des ressources nord-américaines. On ne peut pas dire, évidemment, ce qu'eût été l'histoire industrielle de la province de Québec en l'absence de cette politique de gratification, mais il faut bien admettre l'insertion de la province de Québec dans le système capitaliste comme condition historique de son développement.

Les débats de la Chambre des communes sur la question des primes et des tarifs, ceux de la période 1879-1909 notamment, nous aident à comprendre le fondement de cette politique. Celle-ci a pour fondement l'option canadienne ou transcontinentale : il faut, pour des motifs canadiens (anti-américains), protéger un marché domestique contre l'envahissement de concurrents plus efficaces. Quant à savoir quelles régions en ont profité davantage, c'est une autre question. Dans le cadre géographique ci-haut défini, semble-t-il, la politique de gratification à l'entreprise sidérurgique ne pouvait profiter qu'à l'Ontario et à la Nouvelle-Écosse, et encore soulevait-elle des conflits d'intérêts.

Envisagée dans l'ensemble nord-américain, la sidérurgie canadienne apparaît donc comme une industrie périphérique. Grâce au support de son gouvernement, l'entreprise canadienne en retenait une part du grand ensemble, part proportionnelle à la section du marché domestique qu'elle peut convenablement desservir. La sidérurgie de la Nouvelle-Écosse, de son côté, à partir des mines de charbon, et avec l'aide des intérêts Whitney de Boston, réussissait à monter une entreprise bien intégrée techniquement mais incapable de s'adapter à l'économie canadienne, commercialement. Sa participation à la demande canadienne ne répondait guère à la mesure d'intervention du gouvernement en sa faveur, sous forme de primes ou de subsides à la production et au transport. Du moment que l'entreprise du chemin de fer créait et soutenait une demande d'acier, sous forme de rail principalement, la Nouvelle-Écosse pouvait bénéficier du marché canadien de l'est et de la région métropolitaine de Montréal et même d'une partie de la province d'Ontario, mais au-delà d'Ottawa et de Prescott, l'éloignement des maritimes et le rapprochement des gisements américains de charbon et de minerai favorisaient l'entreprise ontarienne. Celle-ci, au surplus, obtenait restitution des droits (*drawbacks*) sur le charbon importé, à condition qu'il servît à produire pour le marché domestique. La partie du pays située entre Rimouski et Prescott, à équidistance des charbonnages de la Nouvelle-Écosse et des États-Unis, n'ayant rien à gagner à la politique du *drawback* à cause des coûts de transport, se trouvait économiquement privée de charbon. La région industrielle de l'Ontario, d'autre part, se rattachait aux charbonnages et gisements de minerai des États-Unis par les liens du moindre coût, surtout après l'ouverture du nouveau canal Welland en 1887.

Quant à la région métropolitaine de Montréal, elle représentait, à l'échelle des coûts comparatifs d'approvisionnement et de mise en marché, une zone intermédiaire entre deux pôles. Certaines modalités de l'aide fédérale à l'industrie sidérurgique pouvaient favoriser Montréal en lui facilitant l'accès aux charbonnages de la Nouvelle-Écosse, aux marchés domestiques et à l'industrie primaire de l'Ontario, par une politique de régie appropriée des transports et par un tarif sur les produits de la sidérurgie étrangère. Dans ce contexte fragile, Montréal pouvait peut-être se considérer comme site privilégié, mais par rapport à l'ensemble québécois seulement. Dans le grand ensemble nord-américain Montréal demeurait un site marginal, la limite au-delà de laquelle la stratégie fédéraliste cessait d'opérer décemment. Car toute politique de gratification qui eût favorisé l'implantation d'une industrie primaire de sidérurgie à Montréal, ou en aval de Montréal, ne pouvait qu'accroître la marge de bénéfices déjà acquise au sud-Ontario et, par conséquent, confirmer le rôle de cette région comme pôle de croissance.

Ainsi apparaît la vocation ontarienne des politiques fédérales de gratification à l'entreprise privée. La région industrielle de l'Ontario se rattachait aux charbonnages des États-Unis par les liens du coût minimum. La région métropolitaine de Montréal se situait, à l'échelle des coûts comparatifs d'approvisionnement, au point maximum.

La carte reproduite ci-contre veut illustrer sa situation par rapport aux charbonnages [35]. Par rapport à la technologie du XIXᵉ siècle, la région de Montréal y apparaît comme la limite nord-est d'un espace industriel.

---

35. Comité spécial sur la situation du commerce du charbon au Canada, Chambre des communes, Ottawa, 1921.

Schéma no X : Consommation du charbon au Canada selon les sources d'approvisionnement

LA CONSOMMATION DU CHARBON

MANITOBA

ONTARIO

QUEBEC

BAIE DE JAMES

GOLFE DU SAINT-LAURENT

ILE-DU-PRINCE-EDOUARD

NOUVEAU-BRUNSWICK

NOUVELLE-ECOSSE

OCÉAN ATLANTIQUE

ÉTATS-UNIS

port arthur

sault-ste-marie

toronto

montréal

québec

SOURCES D'APPROVISIONNEMENT

charbon domestique

charbon importé des états-unis

concurrence des charbons domestique et étranger

0   100   200
milles

par D.G.L.

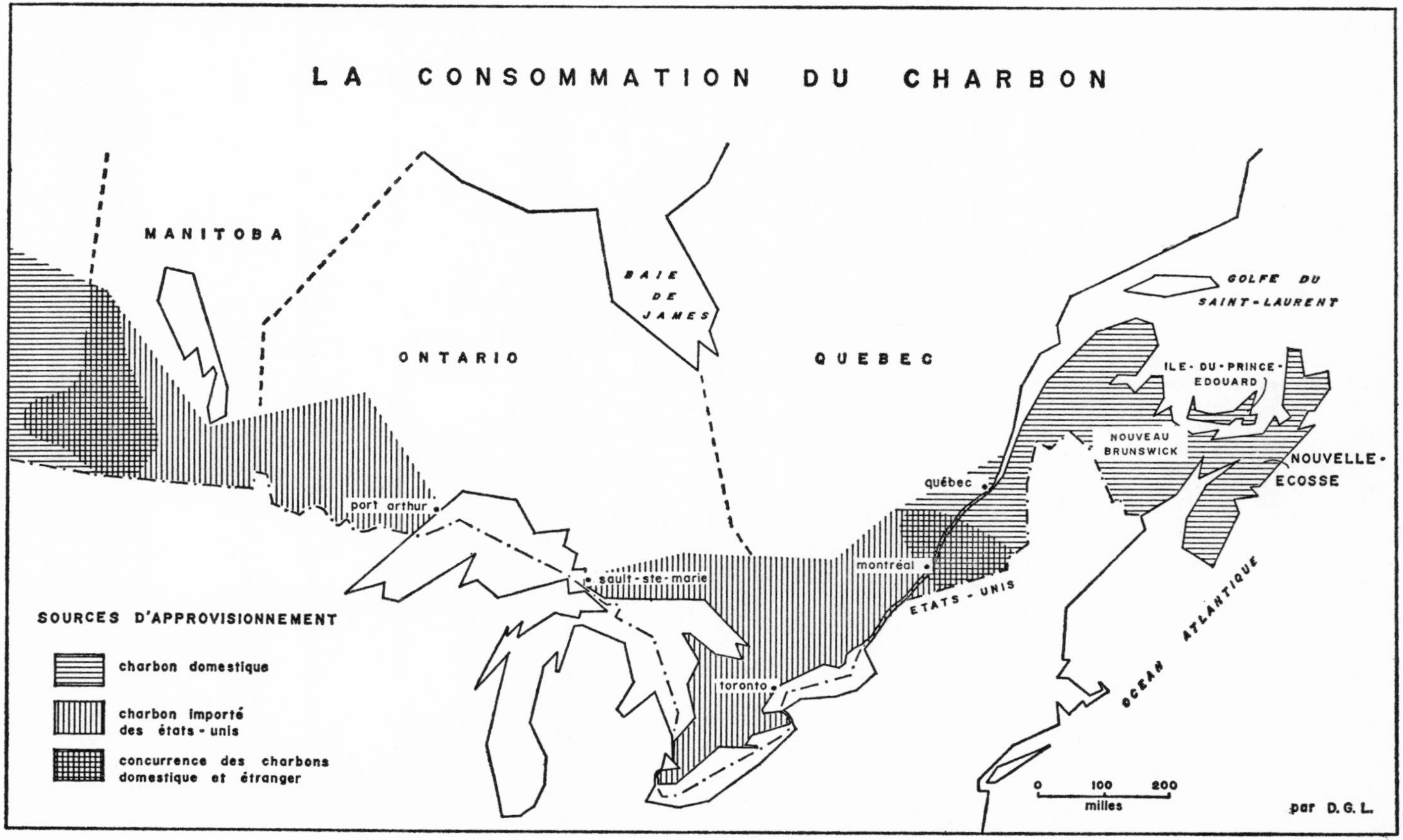

CHAPITRE IX

Regards sur la société québécoise

Dans une société à prédominance rurale comme la province de Québec, on aurait pu croire que l'agriculture, à la faveur des courants du grand commerce, se serait organisée en fonction des marchés, domestiques ou extérieurs, et aurait produit davantage et à des coûts décroissants. Or il n'en fut rien. L'insuffisance ou l'inaccessibilité de terres nouvelles dans une société à population croissante engendraient une surpopulation rurale. L'industrie se développait, mais à un rythme inférieur à celui de l'augmentation de l'offre de main-d'œuvre ; et, en l'absence d'industries qui eussent absorbé le surplus de main-d'œuvre rurale et qui eussent, de ce fait, favorisé un reclassement de cette main-d'œuvre, l'exode se chargeait de rétablir l'équilibre. À l'insuffisance des terres s'ajoutait une improductivité liée à un ensemble de conditions défavorables à l'éclosion de l'*entrepreneurship,* à la recherche scientifique, et à l'élévation du niveau technique. Un système d'éducation à base d'humanités gréco-latines, système hérité de la tradition des vieux pays de l'Occident, préparait mal au relèvement technique, diminuait la possibilité d'une reconversion de l'emploi, augmentait l'accumulation à la campagne de travailleurs techniquement inutiles et compromettait l'effort d'amélioration agricole.

Une agriculture plus productive aurait pu engendrer des disponibilités d'épargne pour investissement dans l'industrie et créer ainsi un accroissement de la demande de main-d'œuvre, à condition toutefois que les Qué-

bécois, soucieux de développer à leur bénéfice des entreprises industrielles, n'aliènent point leurs épargnes. En fait, l'agriculture québécoise
se trouvait incapable d'organiser son propre mécanisme d'autofinancement.
Selon le fondateur des Caisses populaires écrivant au début du XXe siècle,
elle souffrait d'un manque traditionnel d'organisation [1].

Sur ces problèmes majeurs de la société québécoise du XIXe siècle :
improductivité agricole et sous-développement industriel, émigration aux
États-Unis, éducation, le présent chapitre présente le résultat de quelques
coups de sonde à travers une documentation susceptible d'exprimer les
opinions des pionniers de l'agronomie, des politiciens et des curés, et
celles d'une certaine bourgeoisie commerciale. Peut-être que le résultat
n'est pas concluant ? Il semble, à tout le moins, significatif.

La technologie agricole

Quelle est-elle au XIXe siècle, cette économie agricole du Québec ?
Se tient-elle à l'affût des innovations techniques, innove-t-elle ou se com-
plaît-elle dans la routine ? Les réponses à cette question peuvent varier
selon qu'elles réfèrent à différentes régions de la province. L'abbé Provancher a-t-il à l'esprit quelque région ou l'ensemble de la province, ou simplement l'univers canadien-français, lorsqu'il parle, en 1879 de « défauts
qui prévalurent dès l'origine dans l'agriculture... et qui prédominent encore
de nos jours, défauts qu'on peut résumer dans les chefs suivants, savoir :
absence d'engrais, égouttage imparfait, labours défectueux, animaux insuffisants, absence de comptabilité ; » et lorsqu'il constate quels « faibles
rendements à l'arpent donne notre province : huit à neuf minots de blé,
20 minots d'avoine, etc., tandis que pour rémunérer convenablement il
faudrait au moins le double de ces quantités » [2].

L'agriculture du Bas-Canada, de 1820 à 1850, avait souffert d'une
dépression chronique, imputable en partie à la destruction du blé par le
moucheron. Les autres récoltes, l'orge, l'avoine, n'ont eu qu'un marché
domestique limité, et les pois, un marché d'exportation fluctuant. Il était
difficile alors, de changer cette situation ; d'autant plus qu'on persistait à
conserver les techniques du XVIIIe siècle. Et cependant, on ne pouvait
ignorer que l'agriculture obtenait plus de succès dans Argenteuil, Beauharnois, Huntingdon, l'Île de Montréal et l'Île-Jésus ; ce qui pouvait
s'expliquer par l'adaptation des cultures au marché urbain. « C'est dans les

---

1. Alphonse Desjardins, « Mémoire sur l'organisation de l'agriculture dans
la province de Québec », in Cyrille Vaillancourt & Albert Faucher, *Alphonse Desjardins, pionnier de la coopération d'épargne et de crédit en Amérique*, Lévis,
1950, pp. 132-228. Le mémoire démontre plutôt qu'il y avait organisation de type
hiérarchique, articulée de haut en bas et mettant en vedette le politicien. Dans la
hiérarchie, le supérieur absorbait ou paralysait l'initiative locale. Desjardins voulait
promouvoir l'association locale et l'articuler de bas en haut (pp. 191-195).
2. *Le Naturaliste canadien*, vol. XL, 1879, 107-108.

environs des villes que le progrès agricole s'est fait le plus sentir, sans doute parce que les marchés sont plus rapprochés, mais aussi parce que les cultivateurs anglais plus instruits, plus progressifs, habitent près des villes et ont donné l'exemple. Plus loin, l'habitant canadien-français privé de ces contacts nécessaires est demeuré plus attaché à ses méthodes routinières. » [3]

Selon L. Jones, les régions de Montréal et des Cantons de l'Est connaissaient un progrès économique comparable à celui du Haut-Canada et des États du Nord, cependant que les seigneuries du Québec tiraient de l'arrière [4]. On disait encore en 1866 que les deux-tiers des habitants s'endettaient d'année en année et de plus en plus. Impossible de surmonter la stagnation agricole ; la routine régnait. La plupart des habitants, au dire de l'abbé Provancher, n'utilisaient pas de fertilisants ou ne pratiquaient point la rotation des cultures, cependant que dans les Cantons anglophones on introduisait les techniques scientifiques de l'Écosse et de l'Angleterre. Dans le comté de Brome, on tentait les premières expériences en industrie laitière. En agronomie, des citoyens d'extraction étrangère, tels les Ossaye, Barnard, innovaient. Les premiers agronomes canadiens-français étaient J.-C. Chapais, avocat, MM. Pilote et Mailloux, prêtres de Sainte-Anne-de-la-Pocatière.

L'agriculture, comme les autres secteurs de l'économie subissait, directement ou indirectement, l'influence du voisinage américain. Des cultivateurs des Cantons de l'Est, par exemple, imitant leurs voisins du Vermont et du New Hampshire, introduisaient des méthodes de rotation adaptées aux exigences de l'élevage du cheval et de la vache laitière. Dans les seigneuries, l'élevage du cheval pour exportation débutait après la récession de 1847-1849 et orientait la culture en fonction de la production d'orge et d'avoine, le marché américain de chevaux étant stimulé par la guerre du Mexique et par les travaux publics.

La hausse extraordinaire des prix au cours des années 1853-1857 correspond à l'accélération de l'économie européenne et anglo-américaine ; elle a pour stimulants la guerre de Crimée, les grands travaux publics, la spéculation commerciale. La guerre de Sécession américaine favorise des adaptations heureuses dans l'agriculture du Canada-ouest en fonction des cultures spécialisées comme le tabac et le lin ; elle renforce l'ancienne tendance du Canada-Est à cultiver l'orge et l'avoine, principaux aliments du cheval qu'on élève pour répondre à la demande de la cavalerie fédérale des États-Unis [5].

---

3. Id., *ibid.* ; Marc-A. Perron, *Un Grand Éducateur agricole, Edouard-A. Barnard* ; R. Sellar, *History of the County of Huntingdon* ; C. Thomas, *History of the County of Argenteuil*, font la même observation.

4. « The agricultural development of Lower Canada, 1850-1867 » in *Agricultural History*, vol. XIX, 4, 1945.

5. Gustave Toupin, « La production animale », in *L'Agriculture*, ouvrage préparé sous la direction d'Esdras Minville, Études sur Notre Milieu, Montréal 1943.

L'agriculture québécoise n'en demeure pas moins stagnante. E.-A. Barnard, en 1877, pouvait écrire :

> Dans la province de Québec, on constate depuis quelques années des améliorations notables en agriculture. Dans plusieurs paroisses, bon nombre de cultivateurs ont l'ambition d'améliorer leur culture et de faire mieux que leurs voisins (...) Je pourrais nommer quelques paroisses où des progrès de tout genre se généralisent parmi la masse des cultivateurs, à la suite de l'heureuse initiative d'un ou de deux hommes intelligents et désireux de faire progresser l'agriculture.
>
> Malheureusement, à côté de ces succès partiels, il faut également reconnaître que la masse de nos cultivateurs, d'origine française n'est pas encore entrée dans la voie du progrès ; que la plupart de nos terres ne produisent plus que le tiers de ce qu'elles produisaient autrefois, qu'un grand nombre de familles s'appauvrissent de plus en plus et qu'elles devront, tôt ou tard, à moins d'un changement complet dans leur culture, abandonner la propriété que leurs ancêtres leur ont léguée, après y avoir vécu dans l'abondance pendant des générations. On fait du beurre ; mais la plupart des fermiers le font avec si peu de soin, les vaches sont si peu nombreuses, si maigres et si chétives, les pâturages si mauvais, que le beurre est rarement de première qualité, aussi, n'en obtient-on que le plus bas prix sur nos grands marchés. Pour une tinette de bon beurre, l'on en compte cinquante de qualité bien inférieure. En Angleterre, le beurre canadien ne se vend en moyenne que la moitié du prix qu'obtiennent nos cousins de la Normandie (...) [6]

Il a fallu recourir à l'intervention du gouvernement pour mettre sur pied une production laitière ; et encore, comment cette production allait-elle se comparer à celle de l'Ontario ? Les unités de production nous paraissent, en tout cas, plus petites qu'en Ontario, elles sont moins productives et elles dissimulent leur improductivité dans leur forme d'organisation familiale [7].

On peut dire de l'agriculture québécoise qu'elle a évolué de la culture du blé, de la culture de l'orge et de l'avoine, à celle des fourrages et à l'élevage de la vache laitière. Reste à voir, toutefois, si les adaptations se sont effectuées de façon dynamique, comme innovation du Québec, ou de façon passive, et comme entraînées par l'Ontario, les circonstances économiques s'y prêtant. Dire que l'industrie laitière du Québec s'est constituée comme réponse à la hausse des prix, ce serait exagérer l'impact de la conjoncture et surestimer le génie d'adaptation des habitants. En ce domaine le Vermont, le New Hampshire et l'Ontario ont devancé le Québec et ont exercé sur lui une influence d'entraînement, étant donné que

---

6. E.-A. Barnard, « L'Éloge de l'agriculture », *Bulletin de l'Institut Canadien*, 1878.

7. Il y aurait ici matière pour une étude sur la présumée révolution agricole du Québec par l'industrie laitière à la fin du XIXᵉ siècle.

les marchés américains et anglais constituaient la base commerciale de cette orientation agricole.

De profonds changements dans la structure agricole de l'Angleterre, changements préparés par les réformes commerciales et effectués à compter de 1860, expliquent la formation du marché anglais, principal débouché du Québec et de l'Ontario [8]. L'Ontario exporte des bestiaux en Angleterre de 1870 à 1890 ; du fromage et du beurre ensuite.

Le développement de l'agriculture, et celui de l'industrie laitière tout particulièrement, étaient liés aux facilités de transport, condition importante de la commercialisation des produits de la ferme, et sujet de comparaison entre le Québec et l'Ontario. Un autre sujet de comparaison serait celui de la dimension et de la mécanisation des fermes comme phénomène d'adaptation au progrès technique. Or les données du recensement de 1871 donnent à penser que la mécanisation demeure encore largement un fait ontarien. L'Ontario comprend alors 172 000 cultivateurs et le Québec 118 000. En Ontario on dénombre 37 000 faucheuses et moissonneuses, et dans le Québec 5 100. Et, fait bien caractéristique, de ces 5 100 unités, 5 026 se trouvent dans la région de Montréal et 74 disséminées dans les comtés de Beauce, L'Islet, Lotbinière, Mégantic, Berthier, Montmagny. Ces comtés-là et bien d'autres doivent affronter le difficile problème d'un surplus de population. En témoignent ces enquêtes périodiques sur l'agriculture et la colonisation. Le rapport Cauchon, déjà en 1857, nous dit qu'il n'y a plus de terres disponibles ou accessibles dans les limites seigneuriales, et qu'il faut regarder du côté des Appalaches, des Cantons de l'Est, du Témiscamingue et du Lac-Saint-Jean. À cette époque remonte une intensification de l'effort colonisateur vers des régions plus ou moins fertiles. Ceux qui ne voulaient ou ne pouvaient coloniser émigraient [9].

Le problème démographique

À mesure que les normes du marché pénétraient l'ancienne structure agraire de type seigneurial l'activité économique du Québec s'exposait aux courants de l'influence capitaliste. Ainsi la province se trouvait entraînée dans la sphère d'attraction des autres régions du même univers, son nouvel espace économique. La population du Québec, autochtone ou immigrée, était attirée vers les autres régions plus avantagées, vers l'ouest de la province (l'Ontario), vers le middle west américain et, en ce qui concerne les Canadiens français notamment, vers le nord-est des États-Unis. De même l'immigration européenne accusait une tendance à s'éta-

---

8. Lord Ernle, *Histoire rurale de l'Angleterre*, Paris, 1952 ; Christabel S. Orwin & Edith H. Wetham, *History of English Agriculture*, 1846-1914, London, 1964.

9. JALPC, 1857, 5, app. n° 25 ; Georges Vattier, *Esquisse historique de la colonisation de la province de Québec*, Paris, 1928.

blir aux États-Unis. De 1849 à 1854, par exemple, les bonnes années de deuxième vague d'immigration au XIXᵉ siècle, 240 920 immigrants débarquaient au port de Québec, cependant qu'à la même période, 1 628 000 immigrants débarquaient au port de New York[10]. Et, des immigrés débarqués à Québec, une forte proportion se rendait en amont, à Montréal ou Kingston, et de là gagnait les États-Unis. Ces immigrés, généralement les plus pauvres, trouvaient commode de s'y acheminer via Québec à cause des services que leur offrait ce port. Ils étaient assurés d'y trouver de l'assistance dès leur arrivée ; ils étaient soignés par les Sœurs Grises en cas de maladie. C'est justement dans l'intention de dispenser des soins médicaux et hospitaliers aux immigrants qu'on avait autorisé une taxe de 5 shillings per capita aux ports de Québec et de Montréal. Cette taxe remontait à 1832, elle avait été renouvelée en 1834 et en 1838. La loi de 1841 avait introduit une nouvelle disposition : on assisterait l'immigrant tant qu'il n'aurait pas trouvé de l'emploi. C'était une manière d'insister sur le placement effectif des immigrants, dût-on les employer à un taux de salaire inférieur au taux courant du marché[11]. En période de travaux publics, on ne devait pas utiliser le fonds de secours à l'immigration sauf pour les cas de maladie ; et les immigrés ne s'attardaient pas au port de Québec. Ils trouvaient à s'embaucher dans les chantiers de travaux publics à des salaires ordinairement plus élevés que les salaires agricoles de l'est (Québec). Les salaires agricoles de l'ouest (Ontario) avaient tendance à s'ajuster au niveau des salaires payés dans les chantiers de travaux publics. À ce qu'on disait, toutefois, les avantages moraux d'un emploi aux travaux publics paraissaient faibles : l'ouvrier n'y développait aucun talent, n'y apprenait aucun métier, et il s'exposait à l'ivrognerie[12]. Pour l'immigrant, le port de Québec n'offrait pas que des avantages moraux ; il lui procurait le passage de l'Atlantique à meilleur marché à cause de la disponibilité de cargos s'offrant à prendre des passagers au coût du lest[13]. Pour la province de Québec, le problème n'était pas tellement d'attirer des immigrants, si tant est qu'on en eût voulu : la province de Québec n'avait pas de politique d'immigration. Mais l'immigration lui procurait l'occasion de constater que les immigrants ne cherchaient point à s'établir en aval de Montréal, ou de Kingston même. Déjà au début du régime d'Union, Isaac Buchanan observait que les immigrants recherchaient le marché du travail de l'ouest de la province (Ontario), croyant obtenir meilleur salaire à Toronto qu'à Montréal ou Kingston. On pouvait engager quelques immigrants à Québec durant les mois d'été mais il était difficile de les y garder plus longtemps. S'ils y restaient, c'était dans le

---

10.   JALPC, 1856, 5, App. 44. ; DSPC, 1863, n° 4, App. 1.

11.   BPP, XXI, 346, Bagot to Stanley, 13 avril 1842.

12.   BPP, XXXI, 286.

13.   H. I. Cowan, *British Emigration to North America, 1783-1837*, The University of Toronto Studies, vol. 4, n° 2 ; F. Morehouse, « Canadian emigration in the Forties », *Canadian Historical Review*, IX, 4, 1928.

dessein d'y gagner leur passage vers l'Ouest, soit pour y retrouver des parents ou des amis, soit pour y obtenir meilleur salaire. Dans le voisinage des villes québécoises le marché du travail devenait tôt saturé, et tous les milieux agricoles n'étaient pas en mesure de se payer de la main-d'œuvre ; et là où il y avait emploi agricole, les salaires étaient plus élevés dans les Cantons de l'Est ou dans les Cantons de l'Ouest que dans les régions de Québec et de Montréal [14].

Jusqu'en 1850 environ, le Canada-ouest avait absorbé l'immigration britannique qui était restée au pays [15] ; et cela explique l'augmentation phénoménale de la population du Canada-ouest de 1830 à 1849, soit 210 437 à 791 000 une augmentation de 375% alors que le taux d'accroissement dans les États de l'Ohio, du Michigan et de l'Illinois durant la même période, avait été de 320%, soit de 1 million à quelque trois millions et demi. Il faut remarquer aussi que le district Huron avait progressé plus rapidement depuis 1827 que l'Ohio, le Michigan, l'Illinois, n'avaient progressé depuis un demi-siècle, et que l'est du Canada depuis un siècle. Au recensement de 1851, la population du Canada-ouest était de 952 000, celle du Canada-est de 890 000. Au recensement de 1861, la population du Canada-ouest était de 1 396 000, celle du Canada-est de 1 112 000, ce qui donne approximativement des taux d'augmentation de 4,3 et 2,5 pour l'ouest et pour l'est respectivement. Où l'on voit que le taux pour le Canada-est ne dépassait guère son taux d'accroissement naturel. En soustrayant l'apport anglophone des Cantons de l'Est, on arriverait à un taux d'accroissement inférieur au taux d'accroissement naturel dans les seigneuries. L'exode des Canadiens français expliquerait ce recul.

L'impuissance du Canada-est à retenir ses immigrants et même à contenir sa propre population naturelle avait pour corollaire un malaise analogue dans le Canada-ouest dont la population émigrait aussi vers les États-Unis. La politique des terres était inadéquate ; et les nombreux rapports des Commissaires signalaient que l'incertitude des titres de propriété constituaient un handicap à la colonisation. De plus la demande effective d'emploi était devenue insuffisante après les grands travaux de canalisation. N'était-il pas paradoxal qu'une colonie aussi britannique, d'origine et d'esprit, n'arrivât pas à exercer une attraction plus forte sur l'immigration britannique que les États-Unis [16] ?

Pour le Québec, la perte la plus lourde aurait été celle de la période décennale 1880-1890 ; et à la fin du siècle on estimait que le Québec

14. BPP, 1842, XXXI, 262-264.
15. JALPC, 1854-5, 4.
16. JALPC, 1850, 2, App. B.B. Le paradoxe devenait catastrophe et à l'échelle transcontinentale, au cours de la dépression de 1873 à 1896 ; *Rapport de la Commission Royale sur les Relations entre le Dominion et les Provinces*, Ottawa, 1940, vol. I, p. 56.

avait fourni environ le tiers de toute la population canadienne vivant aux
États-Unis [17].

Telle n'est pas l'intention d'étudier ici le mouvement d'émigration en
soi, non plus que de tenter une estimation quantitative et régionale de
l'émigration québécoise au XIXᵉ siècle, ce qui d'ailleurs a déjà été fait.
Tout le long du XIXᵉ siècle, on y trouve sujet d'enquêtes parlementaires
et de commentaires dans les publications courantes. Or il faut tenir compte
des rapports officiels et des revues périodiques comme d'un miroir de la
société québécoise, puisque celle-ci essaie d'y définir les causes de son
propre exode. On peut accorder une pondération spéciale aux opinions
émises par la voix des comités parlementaires, parce que ceux-ci ont tenu
des consultations régionales répondant à certaines normes d'échantillon-
nage. Qu'on n'oublie pas, toutefois, que les rapports de comités parlementaires ont tendance à amplifier certains aspects, à en négliger d'autres, ou à
introduire des distorsions de la vérité [18]. Le chameau, disait un humoriste
anglais, m'apparaît comme un cheval dessiné par un comité.

De toutes ces informations nous retenons particulièrement la référence
au capital et à la technologie, et certains propos caractéristiques d'une
autocritique québécoise, de la part des définisseurs de situation.

L'Exode des Canadiens français

Le 29 mai 1849, un comité spécial chargé de faire enquête sur l'émigration aux États-Unis présentait son rapport à l'Assemblée législative [19].
Rapport incomplet, disent les Commissaires faisant allusion à l'incendie du
Parlement du 25 avril : « La masse des témoignages intéressants recueillis
par votre comité a eu le même sort que tous les autres documents publics
contenus dans l'enceinte de l'hôtel du parlement. » Le Comité, en effet
avait distribué un questionnaire et il n'a pu récupérer qu'une partie des
copies de réponses. Quoi qu'il en fût, au chapitre des statistiques, « les
réponses ont été généralement vagues et peu satisfaisantes ». Pour le
diocèse de Montréal, l'émigration aurait été de 2 000 individus, en moyenne, pour les années 1844-1849, pour le diocèse de Québec, 400 ou 500
par année et autant d'ouvriers de la ville de Québec en plus, etc. Au total,
4 000 personnes par année : 2 000 du diocèse de Montréal, 1 000 des

---

17. Gilles Paquet, « L'Émigration des Canadiens français vers la Nouvelle-
Angleterre, 1870-1910 : prises de vue quantitatives », *Recherches sociographiques*,
septembre-décembre 1964.

18. On reconnaîtra l'à-propos des références à des sources autres que les docu-
ments publics comme correctif à ce biais politique : *Le Moniteur du Commerce, La
Gazette des Campagnes, L'Écho du Cabinet de Lecture paroissiale, L'Album des
Familles, Le Foyer domestique, Le Naturaliste canadien, Les Annales de la Bonne-
Sainte-Anne*. Selon la « bonne presse », c'est l'homme déchu qui émigre. Le Comité
Chauveau avait écrit : « Toute prédication de ce genre ne virerait à rien si le
gouvernement n'acceptait de prendre ses responsabilités. »

19. JALPC, 1849, App. A.A.A.A. Ci-après *Rapport Chauveau*.

districts de Trois-Rivières et de Saint-François, et 1 000 des districts de Québec et de Gaspé. « Un tiers de cette émigration appartient à la classe ouvrière, et les deux autres tiers à la classe agricole. »

L'émigration, en soi, n'est ni bonne ni mauvaise. Tout dépend des conditions du pays : si la population est rare, si les richesses naturelles abondent, « le double fait que l'émigration (du point de vue canadien, l'immigration) ne s'y fixe qu'en portions peu considérables, et que les natifs eux-mêmes se dirigent en grand nombre vers des pays étrangers, doit éveiller l'attention du législateur et le forcer à se demander si tout est bien dans l'ordre des choses qu'il a pour mission de diriger et de modifier. » Alors, se demandent les Commissaires : est-ce la faute aux facteurs naturels qu'offre la province si tant de Canadiens français la quittent, ou si c'est à cause de la société québécoise qui néglige d'en tirer parti ? Trois ans plus tard Lord Elgin se posait une question semblable devant l'incapacité québécoise d'attirer le trafic de l'ouest [20].

Mais pourquoi donc émigre-t-on ? C'est parce que, répondent les Commissaires, l'on peut trouver ailleurs des terres plus accessibles. C'est par instinct qu'on émigre, à la recherche d'une situation meilleure, malgré l'influence des institutions qui s'y opposent. C'est anormal quand même, dans un pays jeune et non développé où l'on fait appel à l'immigration des étrangers.

Ce comité de 1849 était présidé par P.-J.-O. Chauveau, le futur premier ministre du Québec et le premier des premiers ministres sous la Confédération. Son rapport ouvre une enquête qui allait se poursuivre durant tout le XIXᵉ siècle et s'exprimer par la voie d'autres comités spéciaux ou d'équipes constituées à l'intérieur des départements d'agriculture et de colonisation, ou, plus tard, par l'intermédiaire des sociétés de colonisation dirigées par le clergé, car, à un moment donné, les politiciens semblent se décharger de leur responsabilité sur les missionnaires colonisateurs et leurs évêques, quitte à leur fournir de maigres subsides, et des subsides vaguement dirigés. Après l'Église, vient l'État, à qui l'on demande de « continuer sa protection à la grande œuvre de colonisation » sans pour cela « encourager la funeste erreur qui consiste à tout demander, à tout exiger du concours officiel de l'État seul » [21]. Donc, l'État s'appuie sur le « corps intermédiaire » : celui-ci s'appuie sur l'initiative individuelle, c'est-à-dire sur l'ossature et la musculature des individus, pour ouvrir de la terre neuve, sans routes. Mais va-t-on reprocher au Clergé d'avoir assumé des responsabilités que lui laissait l'État, et de les avoir assumées à sa façon ? Dans l'orientation du Québec au XIXᵉ siècle, même au niveau des

---

20. *Elgin-Grey Papers*, Lord Elgin à Sir John Pakington, 22 décembre 1852 ; JALPC, 1852-3, 8, App. C.C.C.C.
21. *Rapport du Congrès de la Colonisation*, Montréal, les 22, 23 et 24 novembre 1898, publié par La Société Générale de Colonisation et de Rapatriement de la Province de Québec.

options économiques, on reconnaît l'influence prépondérante d'un clergé proclamant la vocation agricole du peuple québécois, y favorisant un mode de vie rural encadré par la paroisse.

Néanmoins, le rapport Chauveau ne se récuse pas devant l'option industrielle. Il nous apparaît sous cet aspect, comme le plus laïque de tous les rapports de son espèce, le plus réaliste, le moins moraliste. Le rapport Chauveau demeure aussi le plus original. Il a innové par son recours au questionnaire dans la méthode d'enquête, à une époque où la poste s'avérait le moyen le plus efficace de « quérir personnes et documents ». Les autres rapports de comité ou de département ont adopté le même modèle. Leurs contenus respectifs révèlent qu'il y a augmentation du mouvement migratoire et tension idéologique de plus en plus forte vers la terre comme solution à ce mal du siècle, car une expansion de la colonisation, à compter de 1860, allait entraîner cette illusion qu'on pourrait même rapatrier les effectifs perdus.

Le rapport Dufresne, après neuf années d'expérience, années de grande prospérité dans l'ensemble de l'économie nord-atlantique, ressemble, sur plus d'un point, à une édition revisée du rapport Chauveau. Toutefois, au chapitre des remèdes à l'émigration qui ne cesse de croître, il met l'accent sur la prédication des valeurs spirituelles attachées à l'agriculture. « Que les autorités, tant ecclésiastiques que civiles, que toutes les personnes influentes de chaque localité, que tous les journaux du pays, quel que soit le parti politique auquel ils appartiennent, s'unissent pour réprouver l'émigration, et emploient, chacun dans sa sphère d'action particulière, tous les moyens moraux en leur pouvoir pour retenir notre population. » [22]

Le rapport Chicoyne [23] se montre plus explicite sur divers aspects du problème ; il s'est enrichi de tous les apports de la presse officielle et surtout de la « bonne presse », et postule la vocation originelle du peuple québécois à l'agriculture. C'est l'homme déchu qui émigre en ville. « La cause générale est partout la même. Au dire des économistes qui ont étudié le phénomène avec attention, cette cause résulte du désir irrésistible qu'éprouve l'homme déchu pour tâcher d'améliorer son sort. »

Les trois rapports proposent la promotion des manufactures comme moyen de procurer de l'emploi et, de même, les trois rapports supposent une politique de protection douanière comme condition industrielle. En particulier, le comité Dufresne (1857) « n'ignore point la diversité d'opinion qui existe dans ce pays sur ce point d'économie politique ; il ne désire point entrer dans la discussion de la question, mais il croirait manquer à ses devoirs s'il n'attirait pas l'attention sur l'état de notre tarif comparé à celui de nos voisins, au moins en tant qu'il se rapporte à des objets dont

---

22. Rapport du Comité spécial de l'Assemblée législative de la Province du Canada, JALPC, 1857, App. 47. Ci-après *Rapport Dufresne*.

23. Doc. Sess., Québec, 1893, vol. 27, ann. no 1. Ci-après *Rapport Chicoyne*.

la fabrication nous serait facile (...) ». Le comité Chauveau, qui nous semble plus sensibilisé à la question économique, avait remarqué « avec plaisir que d'importantes modifications dans ce but ont été faites et acceptées au projet de tarif (...) qui est maintenant devenu loi », et que, nonobstant toute vocation à l'agriculture, « le Bas-Canada, par sa position géographique, par ses besoins, par ses avantages naturels, est destiné ainsi que les états du nord de l'union américaine, à devenir un grand pays manufacturier », ce qui serait propre « à retenir dans ce pays les bras et les capitaux qui s'en éloignent » [24].

Indubitablement, la question démographique fut, parmi toutes, la principale question du XIXᵉ siècle au Canada ; et au Québec en particulier, cette question devait provoquer la réflexion du groupe francophone et le mettre en obligation de se voir et de se définir comme élément d'un ensemble. Ajoutons toutefois, et il faudra y insister encore, que la question démographique revêt, dans le contexte de notre étude, une signification économique qui suppose les notions de pression démographique et d'optimum de population.

Les statistiques québécoises pour la seconde moitié du XIXᵉ siècle n'indiquent pas qu'il y ait eu taux de natalité notablement élevé ni de baisse exceptionnelle du taux de mortalité. Et pourtant la province de Québec, du moins en ce qui concerne le dernier quart de siècle, paraît « surpeuplée », dans le sens économique du mot. Elle n'arrive pas à employer ou à rémunérer adéquatement ses disponibilités de main-d'œuvre. Sa demande d'emploi s'avère chroniquement insuffisante. Voilà le problème. Comment la société québécoise a-t-elle réagi face à cette situation de déséquilibre ? A-t-elle vraiment compris qu'il y avait situation de déséquilibre ? Les membres du clergé qui ont répondu aux questions des comités parlementaires ne semblent pas avoir saisi le fondement économique du problème. Peut-être que l'idéologie de la vie rurale les empêchait d'apprécier l'industrialisation et son influence sur l'agriculture ? Pouvait-on ignorer que l'expansion et la diffusion des techniques nouvelles de production entraînaient inévitablement la nécessité de transferts de population et de reclassements de main-d'œuvre à l'échelle des espaces économiques ? Tout est mauvais qui soustrait l'homme à la vie des champs, semblait-on dire. Aussi, la mécanisation, qui pourtant, de notre point de vue, se traduit par une hausse bénéfique de productivité de la main-d'œuvre agricole, était-elle considérée comme indésirable par certains membres du clergé. « Depuis sept ou huit ans, écrit le vicaire de Saint-Grégoire-de-Montmorency, on promène dans nos campagnes des moulins à battre que l'on transporte de grange en grange, et moyennant lesquels on fait en quatre ou cinq jours l'ouvrage de deux ou trois mois. » [25]

---

24. *Rapport Chauveau*, 1849.
25. Id., *ibid*.

Il y avait donc un cercle vicieux. L'insuffisance technique soutenait surabondance de main-d'œuvre agricole, et cette surabondance nuisait à la mécanisation. L'introduction de la machine démasquait une situation de chômage dissimulé.

Capital et accumulation de capital

Nous devons à l'exode des citoyens de Québec au XIXe siècle des essais d'explication de leur milieu par les contemporains mêmes, témoins ou victimes de cette saignée démographique. De ces éléments d'information, essayons de retenir et de présenter ceux qui, de près ou de loin, se rapportent à l'économie de ce milieu, à savoir, le capital et l'accumulation de capital, technique et financier, l'organisation sociale et l'éducation.

En ce qui concerne le capital technique, tous les comités s'entendent à reconnaître l'importance des transports et des communications dans le développement économique de la province. L'enquête Chicoyne (1893) semble indiquer qu'il y eut amélioration notable par rapport aux situations décrites par les comités Chauveau et Dufresne, en 1849 et 1857. Le gouvernement provincial, sous le régime confédératif, a participé davantage à l'ouverture et à l'entretien des routes en vue de promouvoir l'agriculture et la colonisation, mais pas suffisamment encore, puisque durant tout le XIXe siècle le gouvernement laissait aux citoyens, ou aux « particuliers » comme on disait très justement à cette époque, le soin d'ouvrir et d'entretenir les routes secondaires [26].

À la lecture des doléances recueillies par le rapport Chauveau en 1849 sur la question du capital technique, on a l'impression de relire le rapport de Lord Durham sur la même question. À douze ans d'intervalle, la situation ne se serait pas améliorée [27].

Le rapport Chauveau est assez explicite en ce qui concerne les routes. Il en fait une condition de la colonisation et du progrès agricole. « Votre comité croit donc que le remède le plus urgent est la confection de chemins... » pour relier les régions agricoles de la province aux nouvelles régions de colonisation, notamment les Cantons de l'Est, et pour permettre aux colons de communiquer entre eux. On réclamait alors des chemins dans les townships et comtés en voie de colonisation ou d'expansion. Il y avait encore des terres à ouvrir dans le township de Frampton. Dans le comté de Bellechasse, il était question d'expansion possible à partir des paroisses de Saint-Gervais et de Saint-Lazare ; dans le comté de L'Islet, on parlait d'une « très belle étendue de terre non cultivée », et dans Kamouraska on demandait de continuer la route du gouvernement « dans la profondeur du township d'Ixworth »... il fallait continuer aussi des

---

26. G. P. de T. Glazebrook, *History of Transportation in Canada*, Toronto, 1938.

27. RD, éd. Hamel., 146-161.

routes à travers les townships Whitworth et Viger, dans le comté de Témiscouata, Macpés et Neigette, dans le comté de Rimouski. On réclamait la construction de deux routes : l'une devant relier Métis à Matane, l'autre les paroisses de l'Isle Verte et Trois-Pistoles au lac Témiscouata.

Les requêtes venant du district de Trois-Rivières sont également pressantes. L'on parlait d'ouvrir à la colonisation les Cantons de l'Est comme contrepoids à l'émigration « dans les vieilles paroisses de la partie sud du district de Trois-Rivières », mais les voies d'accès restaient encore à faire. On ouvrait la région du Lac-Saint-Jean à la colonisation, mais on n'avait pas encore de route terrestre reliant cette région aux comtés de Québec, Montmorency ou Portneuf. On observait aussi « qu'il devient de plus en plus urgent d'avoir des voies publiques et faciles de communication dans la partie nord du district de Montréal, qui n'a encore que celle si coûteuse et si difficile de la rivière des Outaouais, et dont les habitants sont si éloignés du marché qu'ils ne peuvent disposer de leurs produits avec avantage ».

Le comité soumet des remarques qui illustrent bien la valeur économique et la portée sociale de la fonction routière : « Pour avoir une idée de la misère extrême qu'éprouvent les colons dans un premier établissement par le manque de chemins, il suffit de remarquer que, pendant huit mois de l'année, ils sont obligés de transporter sur leur dos toutes leurs denrées et leurs provisions, et cela à travers des savanes où l'on enfonce jusqu'à la ceinture, si on a eu le malheur de manquer la racine qui sert de pavé. S'ils ont ½ quintal de potasse à porter au marchand, un minot de blé à porter au moulin, 50 lb de sucre à porter au marché, il faut transporter cela à bras... Que résulte-t-il de tout cela ? C'est que le colon ne se sentant pas capable de transporter ses effets au marché, ira les porter chez le marchand résident, à qui il vendra à moitié prix ; et qui en retour lui donnera des effets qu'il lui fera payer quatre fois leur valeur. »

En 1854, la loi des municipalités et des chemins (18 Vic., ch. 100), en distinguant entre les ouvrages de caractère local et les ouvrages de comté, allait permettre au gouvernement de prendre à sa charge les chemins interrégionaux. En 1857, on avait ouvert 755 milles de chemins nouveaux à ce qu'on disait, mais « tous les chemins commencés n'ont pas été complétés ». Et puis en l'absence de voies latérales ou voies d'accès aux grands chemins, le colon qui s'enfonçait dans la forêt s'y trouvait tout autant isolé. Un missionnaire des Cantons de l'Est écrivait : « Il est impossible de se faire une idée des misères causées aux nouveaux colons par l'absence ou le mauvais état des chemins (...). Sans chemins, point de colonisation possible. Les plus splendides allocutions des orateurs les plus distingués de Montréal et de Québec, avec les pompeux procès-verbaux des assemblées où l'on a nommé présidents actifs (plus ou moins), présidents honoraires (plus que moins), vice-présidents, comités, correspondants, et même trésoriers (sans affaire toutefois) ; toutes ces magnifiques choses viennent s'engloutir dans le premier « ventre de bœuf » que le colon trouve sur sa route ; toutes les plus belles phrases lui sont alors d'un moindre secours que ne le serait un arpent de chemin couvert de racines. »[28]

Les Canadiens, lit-on encore dans le rapport Dufresne, savent qu'aux États-Unis, lorsqu'on ouvre un canton arpenté à la colonisation, l'on commence par y construire une route d'État en plein milieu de ce canton, et c'est ce qu'ils appellent commencer par le commencement. À quoi sert de donner des terres aux jeunes gens en âge de s'établir si on ne leur donne pas de chemins pour y accéder ? S'ils essaient de s'y établir, alors commence une vie d'exil et de misère. « Voilà ce qui effraye nos jeunes Canadiens, voilà ce qui les porte à se donner à l'étranger. »[29]

Chaque fois qu'on a ouvert une route dans un canton, les colons y ont accouru. Par exemple la route d'Arthabaska au lac Aylmer a attiré deux cents colons en deux ans. Pourquoi le colon accepterait-il « une vie d'exil et de misère », s'il a conscience que d'autres régions lui permettent de pratiquer la colonisation avec moins de peine ou que d'autres régions le promettent à quelque autre occupation, car même au XIXᵉ siècle, on le reconnaissait d'ailleurs, tous les jeunes gens n'aspiraient pas à devenir colons. Écoutons ce témoignage qui fait valoir l'importance des travaux d'infrastructure dans l'entreprise de colonisation au XIXᵉ siècle.

« Lorsque vous voyagez aux États-Unis, vous apercevez des montagnes et des rochers... que vous croiriez inhabitables ; mais à votre grande surprise, lorsque vous arrivez sur ces montagnes vous y trouvez douze à quinze habitants sur un petit plateau de deux ou trois arpents de terre. S'il y a un petit ruisseau, vous y voyez des moulins et autres manufactures, et des chemins pour y communiquer facilement, quoique sur des terrains affreux. *Ce ne sont pas ces habitants qui ont fait ces chemins à leurs frais* »... non, c'est le gouvernement. « Vous croyez qu'il doit être bien dur pour nous d'habiter ces hautes montagnes, disent les colons de la Nouvelle-Angleterre, mais... nous avons des chemins passablement beaux pour sortir, soit du bois ou autres produits, ou bien nous sommes employés à ces moulins que vous voyez, ce qui nous procure la vie du corps. »[30]

L'insuffisance de capital technique avait pour corollaire la pénurie de capital financier. Le numéraire généralement rare faisait absolument défaut dans les zones de terre neuve. L'abbé Ferland écrivait en 1849 :

« C'est un fait reçu de tous, le Bas-Canada, depuis deux ou trois ans, est plus pauvre qu'il ne l'avait été depuis un demi-siècle. Le numéraire a disparu ; le crédit est nul ; les propriétés foncières sont grevées d'hypothèques ; la banqueroute est l'ordre du jour ; le commerce est mort et

---

28. Rapport Dufresne, 1857.
29. E. Rouleau, St-Gervais, Rapport Dufresne, réponse nᵒ 9.
30. Timoléon Ducharme, Montréal, Rapport Dufresne, réponse nᵒ 16.

l'agriculture menace de le suivre dans la tombe. » [31] Propos pessimistes qui reflètent la difficulté de la conjoncture de crise, mais qui n'en réfèrent pas moins à des malaises chroniques, comme l'endettement des cultivateurs et la rareté de numéraire. Huit ans plus tard on fera état des mêmes maux. Et le manque à gagner, dans les régions où l'on ne fait pas de dépenses d'investissement, publiques ou privées, ne permet pas au jeune homme d'amasser le minimum qu'il faut pour satisfaire aux conditions d'un titre de propriété : par exemple, résidence immédiate et défrichement annuel au rythme de cinq arpents par cent durant cinq ans. « Pour le jeune homme qui n'a aucuns moyens pécuniaires disponibles ou pour le père de famille qui n'en a plus, ces conditions sont absolument prohibitives... La concession des terres à ces conditions n'est donc pas en faveur du pauvre, en faveur de celui qui a besoin de son travail journalier pour vivre. » [32]

Ici point de travaux publics, pas d'employeurs agricoles, pas de manufactures, et le futur colon s'y trouve dans l'impossibilité de réaliser une épargne susceptible de le lancer en affaires.

« L'obstacle le plus sérieux que rencontre la colonisation, écrivait un curé en 1857, pour les familles surtout, est le manque de moyens pour commencer un établissement (...) L'émigré qui laisse l'Europe pour venir s'établir dans le Haut-Canada se trouve dans une position plus avantageuse. Les travaux publics qui s'y poursuivent depuis nombre d'années et le bon prix que commande la main-d'œuvre, en tout temps, lui fournissent un emploi assez profitable pour lui procurer les moyens d'établir les terres qu'il rencontre sur les lieux et, pour la plupart, sur les bords des grands lacs (...) Le colon bas-canadien est privé de tous ces avantages. » [33]

Investissement agricole ou dépenses de luxe ?

Et voilà donc qu'on ne se compare plus qu'aux États-Unis mais aussi au Haut-Canada. Or ici, la comparaison revêt une signification profonde : elle réfère à l'accumulation primaire du capital, à l'intention de sortir le colon du cercle vicieux de la pauvreté, ou à la situation du jeune chômeur rural, futur colon, incapable de trouver un emploi à salaire qui lui permettrait d'épargner tout juste ce qu'il faut pour devenir colon libre. On a dit, assez paradoxalement, qu'une politique systématique d'immigration pourrait enrayer le mal de l'émigration. Pourquoi ne pas importer des colons qui, en investissant leurs épargnes dans la propriété agricole ou industrielle, deviendraient employeurs ? On a évoqué la possibilité d'utiliser à des fins de travaux de colonisation des emprunts contractés sous le régime de fonds d'emprunt municipal, voyant quel usage libéral on en faisait dans le Canada-ouest, le taux d'intérêt étant plutôt élevé sur le marché privé

---

31. Déposition devant le Comité Chauveau, 1849.
32. T. Bouthillier, St-Hyacinthe, Rapport Dufresne, réponse n° 2.
33. J.-D. Déziel, ptre, Rapport Dufresne, réponse n° 23.

du capital. Une autre question se pose au sujet des sources possibles d'emprunt, c'est celle de l'épargne réalisée dans l'ancienne agriculture des seigneuries. Est-ce que ces épargnes n'auraient pas pu être investies dans la terre neuve ? À cette question le rapport Chicoyne (1893) donne un élément de réponse : les épargnes s'en vont plutôt dans les dépenses folles ; et, citant le *Journal de Waterloo* : « L'économie dans les habits, dans les chevaux, les harnais et les voitures de promenade, enfin l'économie partout, voilà encore un des grands moyens de succès en agriculture. L'argent que vous dépensez inutilement en beaux habits, en riches bijoux, en brillants équipages, toutes choses qui, le plus souvent, ne conviennent pas avec votre état, comme il rapporterait beaucoup plus, s'il était employé à l'achat d'un animal de race, ou d'un instrument d'agriculture perfectionné. » [34]

Le luxe, cause de déchéance ou conséquence du découragement ?

Cette propension aux dépenses de luxe dont parle beaucoup la « bonne presse » du XIXe siècle nous paraît futile à prime abord. Elle ne l'est point, au contraire, si on la regarde comme un trait culturel d'un groupe susceptible de réaliser des épargnes mais que l'on trouve incapable d'investir. Au lieu d'utiliser des épargnes à des fins productives on les affecte à des dépenses vaines et, lorsque viennent les mauvais jours, certains cultivateurs se trouvent incapables de faire face aux obligations courantes et recourent aux services des prêteurs-usuriers.

Existe-t-il entre ce comportement et l'inorganisation sociale une relation de causalité ? On trouve dans les rapports de comité une tendance à démontrer que l'insuffisance d'organisation provoque le découragement et confirme l'inutilité de l'épargne. L'insuffisance d'organisation entraîne une sous-capitalisation et, par conséquent, une situation de sous-emploi qui force les jeunes gens à émigrer. On y veut aussi démontrer que la mollesse et le luxe engendrent l'inorganisation, et par conséquent la sous-capitalisation. Les mêmes facteurs nous apparaissent, sous des rapports divers, à la fois cause et effet.

Les jeunes gens des seigneuries, dit-on, n'ont pas de terres à cultiver, ils ne trouvent pas non plus d'employeurs agricoles ou industriels ; les jeunes gens instruits des seigneuries ne sont guère plus heureux. Il n'existe pas d'armée ni de marine pour les mobiliser, et il y a encombrement des professions libérales. Les districts ouverts à la colonisation, on les connaît bien. Ils sont, faute de routes, des « lieux d'exil et de misère ». Dans le commerce on n'est pas à l'aise parce qu'on s'y trouve avec des jeunes concurrents que certains employeurs font venir d'Écosse ou d'Angleterre. Et peut-être qu'aussi le monde seigneurial a tendance à se refermer sur lui-même. Le Comité Chauveau, dès 1849, propose un effort d'orientation

---

34. Rapport Chicoyne.

vers une plus grande participation au développement des ressources, et une insertion plus profonde dans l'univers capitaliste. Car les dimensions de la technologie du XIXᵉ siècle, disait-on, entraînent une solidarité entre l'est et l'ouest de la province. Les améliorations dans une partie de la province dépendent de la prospérité commerciale de toute la province. Ainsi, la prospérité du Canada-ouest entraîne une amélioration des voies de navigation dans le Canada-est. Réciproquement, des mauvaises voies de navigation dans l'est peuvent détourner le trafic de l'ouest vers quelque voie alternative des États-Unis.

Le Comité Dufresne 1857, formule d'autres doléances au chapitre de l'organisation. Il s'en prend au régime de réciprocité que des « lecteurs d'économie politique » ont imposé à la population. De plus, il accuse le gouvernement de créer et de maintenir des conflits d'intérêts en privilégiant les commerçants de bois au détriment des colons : source de disputes, d'expropriations de colons et de procès, qui émaillent toute l'histoire du XIXᵉ siècle.

La province souffre d'un manque d'organisation du crédit, selon le rapport Chicoyne (1893) : « L'usure fait plus de ravage qu'on ne le croit sur certains points de notre pays. On nous signale des localités où les colons et les cultivateurs ont à payer dix à douze pour cent d'intérêt. C'est dans ce cas qu'un système de crédit agricole bien organisé et bien conditionné pourrait constituer une véritable planche de salut (...). On peut citer une multitude de gens qui ont des jugements contre les colons depuis des années, et qui ont pu à peine payer les frais judiciaires, si exorbitants en ce pays, et les intérêts. Le nombre de ceux qui ont dans ces circonstances jeté le manche après la cognée pour prendre le chemin de l'exil, est innombrable. » [35]

Enfin, c'est toute l'agriculture qui souffre d'inorganisation, dit encore le rapport Chicoyne. Et les moyens pour sortir l'agriculture du cercle vicieux du sous-développement ne percent point. Il faudra attendre Alphonse Desjardins pour recourir à la formule coopérative, et ce sera au XXᵉ siècle. Étienne Parent voulant qu'on s'empare de l'industrie, demeure discret au sujet de l'improductivité des terres déjà acquises à son peuple. Et même lorsqu'il parle d'industrie, ce qu'il cherche, c'est un moyen de promotion nationale « en dehors de l'action religieuse ou politique », il sollicite son auditoire « d'ennoblir la carrière de l'industrie, en la couronnant de l'auréole nationale ; et cela dans un but tout national » [36]. Parent ne conseille pas à ses concitoyens, pour y arriver, de constituer un réservoir d'épargnes « tout national ». D'ailleurs, ses propos s'adressent à une chapelle littéraire (L'Institut Canadien) où la poésie réussit mieux

35. Id., *ibid*.
36. Étienne Parent, *Causerie prononcée à l'Institut Canadien*, 22 janvier 1846.

que l'économique et où les prédicants de la colonisation et de l'industrie ont tendance à se réfugier dans l'utopie [37].

Il devient difficile d'envisager dans cette perspective la question du luxe.

Le luxe : diversité de points de vue et moralisme

Disons pour faire le point sur cette question, que la propension aux dépenses improductives se manifeste à la fois comme effet et cause. Surtout, on n'avancerait à rien en la présentant comme un caractère inné de la nationalité. Plutôt, l'on sait que la tendance à se procurer des objets de fantaisie existe éminemment dans les sociétés où prévaut le troc, ou dans les sociétés non accoutumées encore à l'usage du numéraire ou insuffisamment intégrées au circuit monétaire. Ainsi, ce qui est affecté aux dépenses de luxe tarit l'épargne et annule l'investissement. Et le cercle se referme.

Avec la « bonne presse » toutefois, on s'éloigne de la notion transmise par les utilitaristes et les économistes anglais [38]. Sans négliger le point de vue économique qui y figure abondamment dans les commentaires sur le sujet, pour la plupart empruntés aux rapports de comité, la « bonne presse » y cherche des « causes plus profondes » que certains collaborateurs réduisent au péché originel. De ces sublimes exposés, la femme sort parfois humiliée : « Aucun être dans l'ordre physique n'est autant que la femme en proie aux détériorations du péché originel. Les douleurs de la maternité ne sont que le paroxysme et la crise de la malédiction qui poursuit en elle la cause de la chute originelle. Le péché originel la tient dans sa chair, plus qu'il ne tient l'homme. » [39] On refuse à la femme le privilège de se parer et on lui demande de se donner esclave à son mari. « La femme religieuse suit l'homme apostolique », écrit l'abbé Villeneuve. « Le luxe, lit-on dans la *Gazette des Campagnes* [40], est fils du sensualisme, qui lui-même descend en droite ligne de l'indifférence religieuse. » Et dans le diocèse de Rimouski, « le saint évêque fait voir que l'amour du luxe et des jouissances matérielles sont la principale cause du fléau (il s'agit de l'émigration) et conjure ses ouailles de rester dans leur pays natal, où ils sont sûrs de garder leur foi et leur nationalité » [41].

Et le dilemme : si on est pauvre on rêve de s'en aller aux États, si on est riche on ambitionne de sortir ses enfants de la vie agricole pour les

---

37. Antoine Gérin-Lajoie, *Jean Rivard le défricheur, Jean Rivard l'économiste,* 4ᵉ édition, Montréal, 1925 ; Errol Bouchette, *Robert Lozé,* Montréal, 1903.

38. David Hume, *Essais sur le Commerce, le Luxe,* etc. ; Benjamin Franklin, *La Science du Bonhomme Richard,* Jeremy Bentham, *Défense de l'Usure,* in *Mélanges d'Économie Politique,* réimpression Otto Zeller, 1966, Tomes XIV, XV.

39. Articles signés H.B. et reproduits dans le Moniteur du Commerce, vol. XXXII, nᵒˢ 1 et 2, août 1896.

40. 11 avril 1872.

41. Mandement reproduit dans la *Gazette des Campagnes,* 2 mai 1872, avec commentaires.

promouvoir à la fonction publique ou aux professions libérales, « on place son fils dans une académie, sa fille dans une pension (...) l'un se voit déjà dans l'avenir juge ou procureur général, l'autre s'admire d'avance dans des toilettes splendides (...) elle touche du piano, elle danse agréablement, elle se laisse enivrer par les éloges qui sont rarement l'expression de la vérité » [42]. Les évêques de la province de Québec dans une célèbre lettre pastorale publiée en 1873 le disent bien : « C'est depuis qu'un luxe effréné a envahi nos campagnes que cette émigration a pris des proportions. » [43] Et de dire Mgr Landriot citant l'Ecclésiaste : « Vous aimerez les ouvrages laborieux et l'agriculture qui a été instituée par le Seigneur » ; citant Joubert : « L'agriculture produit le bon sens et un bon sens d'une nature excellente, » citant Columelle : « La vie des champs se rapproche de la sagesse et semble lui tenir par un lien de parenté. » [44]

Cette espèce d'explication semble s'exprimer à son meilleur sous le règne de J.-P. Tardivel, journaliste à Québec et « champion des doctrines intégrales ». Elle nous ramène à des sources européennes [45].

L'Éducation

Éducation : facteur de retardement ou produit d'une société retardée ? nous retrouvons sur ce sujet comme sur le précédent des relations de causalité complexe. Dans un temps premier, une société à dominante cléricale a façonné l'école à son image et selon ses besoins, introduisant, au niveau secondaire, parmi une population peu sensibilisée encore à son propre milieu, un régime d'humanités gréco-latines. Dans un temps second, le régime scolaire, produit du clergé et de ses annexes, les professions libérales, engendre des citoyens préparés aux vocations religieuses et professionnelles. Ceux qui s'occupent de relever le défi économique de la concurrence anglo-américaine se révèlent peu nombreux, et, pour la plupart, ne sont pas des produits clérico-professionnels ; ils sont des héritiers des Des Groseillers et des Radisson, ils appartiennent à la lignée des Coureurs de bois.

L'organisation scolaire faisait défaut dans les colonies à l'époque de l'enquête Durham, elle était pratiquement inexistante dans le Bas-Canada,

42. *Gazette des Campagnes,* 8 août 1872.
43. *GC,* 26 juin 1873.
44. *GC,* 29 août 1889.
45. Henri Baudrillart, *Histoire du luxe privé et public, depuis l'antiquité jusqu'à nos jours.* Paris, 1878-1880. Son premier cours d'Économie Politique au Collège de France est reproduit dans le *Journal des Économistes,* déc. 1856 ; les Conférences populaires de Vincennes, *Journal des Débats,* 29 janvier 1867 ; Claudio Jannet, *Les États-Unis Contemporains,* ou les mœurs, les institutions et les idées depuis la guerre de Sécession, Paris, 1876 ; *Le Socialisme d'État et la réforme sociale,* Paris, 1889 ; Claudio Jannet et al., *La République Américaine,* 4 vols, Paris, 1890 ; les ouvrages du Comte Joseph de Maistre et de Charles Périn.

de même que l'organisation municipale à laquelle elle s'apparentait par le lien de la fiscalité. En général la population rejetait toute forme d'organisation sociale qui eût entraîné des dépenses et des taxes. Lord Durham remarquait qu'il n'existait aucune forme de cotisation locale pour l'organisation municipale [46].

De même Chauveau, encore en 1849, remarquait que la population ne répondait pas à l'effort du gouvernement pour améliorer l'instruction publique et l'agriculture : « Rien n'est donc si déplorable que les entraves qui sont mises de tous côtés au fonctionnement de la loi d'éducation, entraves que l'on cherche toujours à déguiser et à rejeter sur des vices ou des lacunes dans la loi, ou sur quelques défauts dans l'accomplissement des formalités prescrites de la part de ceux qui sont chargés de la mettre à exécution... » Ceux qui mettent obstacle à une loi de l'instruction publique « sont bien coupables envers leur pays et retardent, autant qu'il est en eux, son avancement et sa prospérité. L'ignorance est la taxe la plus lourde qui puisse peser sur un peuple ; et la seule cause possible d'infériorité dans le siècle où nous vivons. » [47]

En vertu de la loi des Écoles de 1850, le Canada-ouest s'était donné des bibliothèques, appelées *School Libraries* parce que les autorités scolaires avaient charge de les administrer. Le Canada de l'est n'était pas allé si loin : « Les Commissaires d'école, en bien des cas, n'ont pas d'instruction et les enseignants ne sont pas toujours à la hauteur de leur tâche. » [48]

L'importation relativement faible de livres dans le Canada-est reflète ce défaut d'organisation ; la ségrégation des anglophones et protestants et le contrôle monopolistique du clergé catholique-romain en ce domaine réduisent l'outillage intellectuel de langue française à la « bonne presse » et aux éditions expurgées et approuvées : la bibliothèque paroissiale s'y implante comme annexe de la sacristie.

L'enseignement primaire s'organise lentement et bien après celui du Canada-ouest [49], et avec un personnel enseignant très insuffisamment rémunéré, surtout dans les milieux ruraux. On s'étonne du nombre de municipalités qui encore en 1908, payaient des salaires inférieurs à $100 par année [50]. À Montréal, le journal *Herald* relève les données du recensement de 1891. La province de Québec bat les records de l'analphabé-

46. RD, 182.

47. Rapport Chauveau.

48. *Conditions and Prospects of Canada in 1854* as portrayed in the dispatches of the Right Honourable the Earl of Elgin & Kincardine, Governor-General of Canada to Her Majesty's Principal Secretary for the Colonies, Québec, 1855, p. 30 (traduction de l'auteur).

49. John Harold Putnam, *Egerton Ryerson and Education in Upper Canada*, Toronto, 1912.

50. Doc. Sess., Québec, 1908, Doc. nᵒ 8.

tisme au Canada. Si l'on élimine les enfants au-dessous de 10 ans, la proportion des citoyens qui ne savent pas lire s'établit comme suit [51].

TABLEAU XXI

Répartition par province des Canadiens énumérés comme analphabètes au recensement de 1891

Québec	31,96%
Colombie-Britannique	25,06%
Nouveau-Brunswick	19,24%
Nouvelle-Écosse	17,23%
Île-du-Prince-Édouard	16,67%
Manitoba	11,04%
Ontario	8,18%

Comment amorcer la critique du système scolaire dans une société où la classe dominante, le clergé, s'est approprié une compétence en ce domaine généralement dévolue à l'État ? Si la contestation se manifeste, c'est à travers la presse libérale et commerciale qu'elle s'exprime. Dès 1870, *L'Opinion Publique* réclame une éducation pratique « pour nous rendre capables de tirer parti des avantages et des richesses de notre pays et d'avoir la part qui nous appartient dans les travaux, les grandes entreprises commerciales et industrielles... Si l'on continue d'encourager un système si fatal aux intérêts les plus sacrés du pays, c'en est fait de notre influence, nous serons toujours à la queue des nations qui habitent ce continent. » [52]

À la fin du siècle, Arthur Buies disait que leur manque d'instruction avait empêché les Canadiens français d'apprécier leurs richesses et d'utiliser leurs ressources [53].

C'est surtout *Le Moniteur du Commerce*, organe de la Chambre de commerce de Montréal, qui véhicule les critiques : « il manque un prolongement pratique à l'enseignement primaire... » il y a abus d'enseignement classique « qui ne conduit à rien d'autre qu'aux professions libérales... » On voudrait un système qui s'adresse à tout le monde, un enseignement primaire qui se prolonge dans quelques écoles d'apprentissage et non dans un cours classique. Les États-Unis et l'Ontario, disait-on, ont une éducation mieux adaptée aux conditions de la vie moderne. En Ontario, si on veut s'instruire, on n'est pas condamné au grec et au latin. Ici, « tout est aménagé en fonction des professions libérales... Si on ne va pas jusqu'au bout, on a perdu son temps. Y a-t-il rien de plus incompatible avec les

---

51. *Le Moniteur du Commerce*, 21 août 1896, qui cite ce journal, aurait préféré décrire la situation d'analphabétisme en tenant compte aussi de ceux qui ne lisent point bien que sachant lire.

52. L.-O. David, *L'Opinion Publique*, 5 fév. 1870.

53. *Rapport du Congrès de la Colonisation*, Montréal, 1898, p. 192.

conditions de la vie contemporaine ?... On n'y réussit même pas à intéresser les élèves aux sciences. » [54]

Quatre ans plus tard, le même journal réclamait plus de sciences dans l'enseignement et recommandait de commencer par la réforme du conseil de l'Instruction Publique, en citant *Le Canadien* : « Ceux des membres du corps ecclésiastique qui prêtent l'oreille aux bruits du dehors savent bien que l'opinion publique est en faveur d'un système d'éducation beaucoup plus progressiste et plus laïque que celui jusqu'ici en vigueur. Des réformes radicales sont devenues indispensables. » [55] L'Instruction Publique... « c'est un État dans l'État » [56].

Ces propos suscitent de vives protestations de la part des clercs. La réplique de la classe commerciale ne se fait pas trop attendre. Citons ce long passage qui la résume toute :

« Depuis un siècle nous avons des collèges classiques... des centaines d'enfants ont fait des cours d'études plus ou moins tronqués qui ne comprennent en somme que la connaissance superficielle du latin, du grec et de quelques auteurs français triés sur le volet, plus un peu de science physique, un tout petit peu de chimie, fort peu de mathématique et presque point d'histoire ; cours durant lesquels la connaissance de la langue anglaise, si nécessaire sur ce continent, est absolument dédaignée et où l'on s'étudie à prouver aux élèves par A plus B que le monde... n'est que l'anti-chambre de l'enfer, un monde odieux au milieu duquel il faut vivre en se refusant toutes les jouissances honnêtes, fermer les yeux à tout progrès matériel, ... vivre de pain d'orge et d'eau, faire imprimer ses blancs de reçus et de comptes, et faire confectionner ses chemises, dans un établissement religieux, pour rester honnête citoyen. » Aussi « les pauvres jeunes gens élevés, huit années durant, dans une atmosphère qui sent le moisi des XVIIᵉ et XVIIIᵉ siècles, sont-ils tous désorientés, tous bebête-ment, en plongeant au sortir du collège, en pleine fin de ce XIXᵉ siècle où le progrès matériel est si grand. (...) Depuis 20 ans, nos collèges classiques ne produisent plus les hommes qu'il faut. Ceux qui prétendent diriger notre jeunesse ne s'en sont pas aperçus parce qu'ils n'ont pas voulu écouter le bruit du progrès du dehors ; ils n'ont pas voulu même regarder à la fenêtre. » [57]

Depuis la Confédération, écrit-on encore, toute une génération nouvelle est apparue, qui a été éduquée, selon les mêmes méthodes, aux mêmes idées conservatrices et routinières et dans un manque complet de perspective... « Les collèges classiques n'ont pas varié leurs méthodes

---

54. *Le Moniteur du Commerce,* 17 août 1888.
55. Id., 19 août 1892.
56. Id., 7 avril 1893.
57. Id., 21 octobre 1892.

anciennes et presque immuables de former dans un moule uniforme les jeunes gens au sacerdoce et aux professions libérales. » [58]

À la marge du système d'orthodoxie scolaire

Assez paradoxalement, un mouvement scientifique se dessine en marge de l'enseignement officiel et qui s'attire la sympathie de certains collèges classiques. L'abbé Léon Provancher, un curé retiré à Cap-Rouge lance, en 1868, *Le Naturaliste Canadien* pour « populariser les connaissances en histoire naturelle, provoquer les recherches, recueillir les observations, constater les découvertes et faire les nouvelles applications que l'on peut faire des connaissances déjà acquises au profit des arts, de l'industrie et des besoins de la vie » [59], et il fonde la Société d'Histoire naturelle avec l'appui du gouvernement. Le premier numéro du *Bulletin de la Société de Géographie de Québec* est paru en 1880. Les sociétés de colonisation apparaissent en 1869 dans le diocèse de Montréal et dix ans plus tard dans le diocèse de Québec. En 1887, faute de subventions, la Société d'Histoire naturelle disparaît. L'abbé Provancher envoie vitrines et spécimens au collège de Lévis, qui avait manifesté un certain zèle à se constituer un musée d'histoire naturelle. « Par ce qui advint de cet effort prolongé et infructueux on voit qu'il est peu facile de pousser les Canadiens français vers les études scientifiques. » [60]

Parallèlement à l'abbé Provancher d'autres clercs, para-paroissiaux ou para-collégiaux, s'occupent d'œuvres plus ou moins obscures dont, toutefois, on reconnaît aujourd'hui la longévité. L'abbé Pilote, propagandiste de la Chambre d'Agriculture dans le Bas-du-Fleuve, fonde en 1861, la *Gazette des Campagnes*. L'abbé Nazaire A. Leclerc, retiré à Cap-Rouge, voisin de l'abbé Provancher, ancien curé de Lambton, ancien compagnon de travail de l'abbé Pilote et collaborateur de l'abbé Proulx à la *Gazette des Campagnes*, lance en 1869 la *Gazette des familles canadiennes et acadiennes*, « journal religieux, agricole et d'économie domestique », contenant des récits édifiants et renseignements utiles, dont le but est de « fournir un nouvel aliment à la piété des fidèles et de combattre les idées pernicieuses qui circulent dans nos campagnes et dans nos villes » [61]. Quelques années après, il confie ce journal à l'abbé Provancher, puis il le cède à l'abbé Guilmette d'Ottawa, et il fonde *Les Annales de la Bonne-Sainte-Anne*, dont le premier numéro paraît en 1873, daté de Cap-Rouge. *Les Annales* connaissent un succès fulgurant : 10 000 abonnés dès la première année, 30 000 en 1883 ; elles sont alors propriété du Collège de Lévis qui les publie en français et en anglais... et les vend à la Corporation

---

58. Id., 14 mai 1897.
59. *Le Naturaliste Canadien*, décembre 1868.
60. Id., janvier 1905, pp. 5, 7.
61. GC, 11 novembre 1869, p. 261.

des Rédemptoristes [62]. Un autre type d'entrepreneur, un certain monseigneur Marquis, collectionne statues et reliques à travers le monde, en distribue au Canada, et organise à Saint-Célestin de Nicolet La Tour des Martyrs pour les exposer à la vénération des pèlerins [63]. Du côté de l'agriculture, l'*entrepreneurship* s'avère plus diversifié. À l'origine de l'agronomie québécoise on trouve d'abord des citoyens d'origine écossaise, anglaise, française ou belge, puis des clercs, à titre de missionnaires agricoles, du type de l'abbé Pilote, et enfin, un laïque francophone, J. C. Chapais, avocat [64]. Le Montreal Veterinary College est fondé par deux Écossais en 1866, Édouard Barnard publie son *Manuel d'Agriculture* en 1874. La Société d'Industrie laitière est lancée en 1882, à l'échelle canadienne ; l'École Vétérinaire de Québec est fondée en 1885, celle de Montréal en 1886, et l'École de Laiterie en 1893.

Au cours des deux dernières décennies du siècle l'agriculture québécoise subit l'entraînement de l'industrie laitière amorcée dans la province d'Ontario et propagée dans les Cantons de l'Est. En raison même de ses exigences, ce nouveau type d'activité introduit dans l'agriculture le calcul économique comme substitut à la routine, et l'idée de rendement. La première de ces exigences, c'est le choix des bestiaux et la culture des plantes fourragères appropriées à l'élevage. Dans les procédés culturaux, dans le choix des bestiaux pour la production laitière, les Ontariens jouissent d'une avance sur les Québécois : « On ne rencontre pas chez eux de ces petits taureaux rachitiques, délabrés, sans vigueur, et ces vaches maigres suintant la misère comme on en rencontre tant chez nous durant l'hiver aux portes des granges. » [65]

Certes, l'industrie laitière exerce sur l'agriculture du Québec une influence bénéfique, mais elle ne se propage pas également et tout de suite dans toute la province. Elle atteint d'abord les paroisses les plus prospères, puis se heurte à l'ignorance ou à la pauvreté des autres. Une agriculture jusque-là trop facile, accoutumée à la culture de l'orge, de l'avoine et du foin pour l'élevage des chevaux ou pour le marché urbain [66], trouve maintenant difficile de produire, pour les animaux de la ferme, des fourrages variés. Pour arracher l'habitant à la routine, on crée des cercles agricoles, mais ceux-ci sont trop exposés aux rafales politiques et aux enjeux électoraux. Quoi qu'il en soit, le mot d'ordre est lancé, qui devient principe de réorganisation agricole : il faut calculer les opérations de la ferme, entreprise agricole, en fonction du rendement. Sur cet aspect de la question

62. *Le Naturaliste Canadien*, février 1905, p. 22.
63. Depuis 1933 « Sanctuaire national des saintes reliques au Canada ».
64. Avant eux Frédéric Ossaye avait publié ses *Causeries Agricoles*, en 1852.
65. *Le Moniteur du Commerce*, 9 décembre 1892.
66. G.-É. Cartier, Discours à Québec, *L'Opinion Publique*, 8 janvier 1870.

Errol Bouchette semble fonder des espoirs de rénovation économique par l'avènement d'une intelligentsia agricole [67].

L'Économie politique

L'Économie politique trouve difficile de s'implanter au Canada durant cette période. Il semble bien toutefois qu'en ce domaine aussi l'Ontario devance les autres provinces [68].

La difficulté à s'implanter s'explique en partie par le caractère confessionnel de la plupart des collèges qui, au début, limitent leur programme à quelques disciplines de base, principalement la théologie et la philosophie. C'est encore par le biais de la philosophie sociale que l'économique a plus de chance de pénétrer, dans la tradition des universités écossaises et, pour cette raison, elle trouve plus facile de s'établir en Ontario. En 1887, Toronto fonde le *Department of Political Science* et en 1888 Ashley est nommé *Chairman of Political Economy and Constitutional History*. Il est remplacé par Mavor, venu tout droit de Glasgow. Disciple de l'école autrichienne, il fait la théorie des tarifs ferroviaires. Queen's imite Toronto sur des sujets quelque peu différents, comme l'histoire constitutionnelle, l'histoire de la monnaie et la théorie bancaire.

À l'Université Laval de Québec, François Langelier, professeur de Droit, introduit l'économie politique par le biais du commerce et de la finance. Toutefois, à cause de l'accent qu'il y met, son économie devient trop politique et elle n'a pas l'heur de plaire à un certain auditoire enclin au protectionnisme. On lui enlève sa chaire. Il faudra attendre l'abbé Lortie et J.-S. Prince pour ranimer l'Économie politique au début du XXe siècle. Ils le feront dans l'optique de la déontologie. Au XIXe siècle, en dehors de François Langelier, aucun effort remarquable pour donner un enseignement universitaire d'économie politique, si ce n'est celui de l'abbé Baillargé, mais son manuel n'est, à son meilleur, qu'un traité de morale [69].

Dans un domaine para-universitaire, celui de l'agronomie, paraît en 1897 un traité préparé à l'intention de l'industrie laitière et basé sur l'idée de rendement. L'organisation de cet ouvrage nous paraît exceptionnellement rationnelle et pratique. C'est, à notre avis, le premier manuel de science économique de langue française au pays. Cet ouvrage de Gabriel Henry [70], explique, en introduction, qu'il s'adresse surtout aux cultivateurs éloignés des villes. Ceux-ci, suppose-t-il, ne vont pas trouver éco-

---

67. Errol Bouchette, « L'évolution économique dans la Province de Québec », *Mémoires de la Société Royale du Canada*, 1901.

68. Sess. Pap., Ontario, 1897-98, Part VII, 32 ; J. F. Normano & A. R. M. Lower, *The Spirit of American Economics*, New York, 1943.

69. F.-A. Baillargé, *Traité classique d'économie politique selon la doctrine de Léon XIII avec applications au Canada*, Joliette, 1892.

70. *Nouveau Manuel complet d'industrie laitière pour la province de Québec*, Québec, 1897.

nomique de cultiver des produits pondéreux ou d'élever des animaux de
boucherie, parce qu'ils sont éloignés des marchés. Ils doivent donc transformer sur place les produits du sol en vue d'un produit final facile à
transporter. Or, le moyen de transformer sur place des produits de la ferme
encombrants en produits légers, de faible volume et de plus grande valeur,
c'est l'industrie laitière. L'usine, c'est la vache. Vive la vache !

L'auteur divise son traité en deux parties. Dans la première partie,
il étudie la production économique des matières premières du lait (la
nourriture des vaches), dans la deuxième, la transformation de cette
nourriture en lait. « La seconde opération de l'industrie laitière est la
transformation des fourrages en lait ; le prix de revient du lait dépend donc,
non seulement du prix coûtant sur la ferme de ces fourrages et des autres
aliments des vaches, mais encore de leurs frais de transformation ; ces frais
sont nombreux et complexes. » [71] D'où l'importance du choix des vaches
laitières et du principe de leur alimentation. « La vache laitière est la
machine par le moyen de laquelle les fourrages sont transformés en lait. » [72]

En fin de compte, le manuel de Gabriel Henry devient un traité systématique d'économie agricole basé sur la notion de prix de revient et sur
l'objectif de rendement. Il faut diminuer le coût des matières premières
qui entrent dans la fabrication du lait et de tous les autres facteurs
employés à produire les aliments des vaches. Le prix de revient des
récoltes, c'est la somme des dépenses encourues pour les produire : main-
d'œuvre, travail des animaux, semences, engrais, intérêts des capitaux,
frais d'entretien, amortissement, dépréciation, assurances. Pour diminuer
le prix de revient des récoltes, il faut en connaître tous les éléments séparément. Il faut éviter un usage excessif de capitaux, viser un minimum de
capital pour un maximum de production et donc, éviter un prix d'achat
trop élevé de la terre, des bâtisses trop spacieuses, des animaux et des
voitures de luxe, une surabondance d'animaux de travail et d'instruments
aratoires.

En somme, l'auteur de ce *Nouveau Manuel* veut inculquer l'idée d'un
calcul scientifique dans l'art de la production, en ce domaine où, dit-il,
« les anciennes méthodes, qui n'ont pas été modifiées avec le progrès de
la science, prévalent encore dans bien des districts, de nouvelles ne sont
pas trouvées ». Il faut que les nouvelles méthodes puissent s'adapter
aux conditions de la province ; il faut coordonner les expériences et les
résultats obtenus.

Vers la fin du XIXᵉ siècle, on fait bien des efforts en certains milieux
du Québec pour promouvoir les sciences naturelles et pour améliorer les
façons culturales du milieu rural. Mais ces efforts demeurent dispersés,

---

71. Gabriel Henry, op. cit., p. 92.
72. Gabriel Henry, op. cit., p. 93.

ils manquent de coordination. Et surtout on n'arrive pas encore à inscrire les sciences naturelles au programme officiel d'enseignement. Dans un domaine pourtant prioritaire comme l'agriculture, on lutte encore, et on luttera longtemps pour remplacer la routine par le calcul, la tradition par la science. L'orientation de l'agriculture en fonction de la production laitière entraîne toutefois l'agronomie dans la voie du calcul.

L'enseignement traditionnel dit classique demeure, au XIXe siècle, sauf exception, réfractaire aux sciences naturelles et il privilégie toujours l'éloquence, la philosophie et la littérature. En 1901, commentant la nouvelle du décès de G. M. Dawson, l'abbé Huard signale qu'aucun Canadien de langue française ne fait partie des cadres de la Commission géologique, absence qu'il impute au système d'éducation de la province de Québec [73].

Journaux et revues penchent du côté de l'éloquence plutôt que de la science, pour la défense de l'orthodoxie ; journaux et revues abondent en polémiques de toute sorte, et même les revues les plus graves véhiculent, à l'occasion, une certaine violence verbale [74].

On y gaspille en chaleur de l'énergie qui pourrait servir à produire de la lumière.

---

73. *Le Naturaliste Canadien*, avril 1901.
74. Retenons comme exemples, la querelle entre la *Gazette des Campagnes* et le *Naturaliste Canadien* en 1868, la polémique Tardivel-Provancher sur le déluge mosaïque où Tardivel en fin de compte s'est vu qualifié de « farfadet du journalisme » par un curé, ou encore, la querelle des classiques, ou les agitations ultramontaines menées par l'abbé Alexis Pelletier, originaire de Saint-Arsène. Voir Wilfrid Lebon, *Histoire du Collège de Sainte-Anne-de-la-Pocatière*, Québec, 1948.

CHAPITRE X

Épilogue

L'Ontario et le Québec appartiennent à un univers différencié. À la fin du siècle dernier, l'Ontario y apparaît comme section privilégiée dans l'ensemble canadien mais il est, dans l'ensemble nord-américain, dominé par les États américains limitrophes où s'implante un industrialisme de type capitaliste. Cette inégalité, pourtant, n'a pas toujours existé, c'est la croissance économique même qui l'a engendrée ; c'est la croissance économique qui a produit des zones différenciées à l'intérieur d'un même ensemble. Comment donc s'est constituée, dès le XIXe siècle, cette différenciation qui situe l'économie québécoise comme phénomène de retardement ? La question nous ramène aux propos antérieurs. Comment apparaissent ou disparaissent les localisations d'activité économique lorsqu'elles sont soumises à l'entraînement du progrès technique et à la pression des coûts ? Par rapport aux sections d'un même ensemble les changements de localisation, ou la diffusion de la croissance dans l'espace géographique, s'effectuent, en longue période, en fonction des changements technologiques qui modifient la fonction de production, et, par conséquent, l'appréciation des richesses du milieu et le calcul des coûts d'opération. À différentes étapes du progrès technique correspondent différentes fonctions métropolitaines. Des associations ou liaisons naissent, d'autres disparaissent ; des réseaux se forment, par exemple, qui révèlent les vocations du Midwest américain et de l'Ontario à la suprématie industrielle dans leurs sphères respectives. Or ces régions s'insèrent économiquement dans de vastes ensembles. Québec ne fait pas exception. Jamais, sous quelque aspect qu'on l'examine, commercial, agricole, industriel, l'économie québécoise n'arrive à se réaliser entièrement dans le seul cadre politique de la province : elle est liée à des ensembles. Même en agriculture, il n'est point d'activité, ou de secteur de production digne de ce nom, qui ne dépende de quelque association ou liaison, ou qui ne soit axé sur quelque ensemble multi-régional. En dehors des zones agricoles peu évoluées dont les activités se rattacheraient aux unités traditionnelles de production, sous un régime apparenté au troc par exemple, et donc sans passer par le marché, les activités dominantes comme l'industrie de l'élevage, ou l'industrie laitière, ne se réalisent point dans le seul cadre territorial du Québec mais dans un contexte mouvant qui déborde ce cadre. Même si l'on se situe au XIXᵉ siècle, est-il possible d'intégrer une offre et une demande dans un schème d'industrie laitière exclusivement québécois ?

Une technologie dominante caractérise chaque phase d'évolution ; et à la technologie dominante correspond un schème d'associations, de relations, d'échanges. À l'âge du bois et de la voile où apparaît le premier système de canaux du Saint-Laurent, l'économie du Canada se définit par rapport au contexte nord-atlantique que caractérise un réseau d'échanges communément appelé « Triangle du Coton ». Ce triangle a pour base le sud des États-Unis (producteurs), l'Angleterre (consommateurs industriels), la Nouvelle-Angleterre (courtiers, exportateurs-importateurs, banquiers, armateurs). La demande de coton soutient un réseau de transport et un régime d'échanges qui favorisent les zones d'activité ayant accès à la mer. La Grande-Bretagne achète des colonies nord-américaines des produits forestiers et des navires en bois. Du côté canadien, la région métropolitaine de Québec y exerce une fonction d'intermédiaire et dans son hâvre se développe une industrie de taille internationale dérivée du commerce du bois, l'industrie de la construction navale.

À ce stade de développement, encore commercial et proto-industriel, la marine marchande des États-Unis joue un rôle prépondérant dans l'espace du triangle nord-atlantique, et les investissements s'orientent principalement vers les entreprises maritimes. La région métropolitaine de Québec, située au contour de cet univers, y participe par son commerce des produits forestiers, et son port sert de débarcadère aux navires océaniques, et d'entrepôt ou de transit à l'expédition. Québec se ressent peu de la concurrence faite au système de transport laurentien par le canal Érié aussi longtemps que le commerce de bois et de navires, grâce au triangle du coton, demeure axé sur le marché britannique d'outre-mer (chapitres II et IV).

L'effondrement du triangle du coton précipite le déclin séculaire de la région métropolitaine de Québec, au bénéfice de la région métropolitaine de Montréal, un déclin relatif, déjà amorcé par le relâchement des liens mercantilistes et, en Amérique, par la réorientation des investissements en fonction d'un développement de type continental. Le marché nord-américain prend de l'extension à mesure que le chemin de fer devient la technique dominante dans l'expansion vers l'intérieur du territoire nord-américain ; et cette technique s'insère dans un ensemble qui privilégie un type nouveau de construction navale et l'usage du bateau-vapeur, au détriment de la région métropolitaine de Québec. Les investissements de type continental, notamment dans les chemins de fer, provoquent une poussée en direction des Grands Lacs. Le développement agricole et industriel, la construction des villes qui accompagne l'industrialisation, créent une demande de bois ouvré, en fonction de laquelle s'organise la production canadienne. En conséquence, les entreprises tendent à se situer de plus en plus dans l'Ontario. Les chemins de fer, qu'on aurait voulu complémentaires aux canaux du Saint-Laurent n'orientent pas nécessairement le trafic de la haute Laurentie vers le port de Montréal. Avec eux, le trafic se diffuse plutôt vers le sud à mesure que les entreprises canadiennes, obéissant aux impératifs de la comptabilité capitaliste, cherchent à se raccorder aux voies américaines menant vers les ports océaniques (chapitre III).

Par rapport au développement continental, les fonctions métropolitaines de New York et de Montréal se précisent. New York attire de plus en plus de trafic en son port à mesure qu'elle multiplie et améliore ses services techniques, administratifs et financiers. Montréal voit sa quote-part du trafic intérieur diminuer à mesure que s'accusent les avantages inhérents au transport par chemin de fer. Chicago, comme tête de réseau intérieur, se développe en fonction de l'expansion agricole dans les régions desservies par elle et par ses satellites. Les innovations dans les chemins de fer, innovations de caractère administratif et technique à la fois, telles que la coordination et la standardisation des réseaux, le remplacement des rails de fer par des rails d'acier permettant de transporter de plus fortes cargaisons à plus haute vitesse, les facilités terminales offertes par les compagnies dans les grands ports, les services administratifs et bancaires, donnent avantage à New York. Par ailleurs la technologie nouvelle du transport océanique favorise les grands ports. Les gros cargos et les paquebots recherchent les ports où convergent les grands réseaux de chemins de fer et les lignes télégraphiques. Dans ce contexte dynamique, Montréal apparaît comme périphérique au triangle Chicago-Toronto-New York (chapitre V).

Avec l'agriculture commerciale et l'industrialisation, on voit apparaître des liaisons de plus en plus étroites entre l'économie américaine et celle de la haute Laurentie, auxquelles s'associe de quelque manière le développement de la région métropolitaine de Montréal. Les techniques agricoles de l'Ontario et des États américains des Grands Lacs présentent certains caractères d'affinité, la frontière canado-américaine, en cette partie du pays fixée par le thalweg des eaux navigables, n'offre pas de solution de continuité technologique ou économique. Des fermiers américains s'établissent en Ontario, des entrepreneurs y émigrent, soutenus par la technique et la finance de leur pays. L'immigration britannique y apporte une forte propension aux arts industriels. La multiplicité des lieux accessibles à la navigation engendre des carrefours d'échange autour desquels se développent des îlots d'activité agricole et artisanale. Un réseau de voies ferrées, de lignes télégraphiques, et de services postaux, confèrent à ces îlots une dynamique de développement en les reliant les uns aux autres, et aux autres régions d'un grand ensemble nord-américain (chapitres VI et VII).

Avec les entreprises nouvelles de la sidérurgie, la section ontarienne du Canada se trouve entraînée dans l'orbite du Middle West américain et elle recherche des politiques qui la protègent contre l'aliénation de ses pouvoirs économiques et contre la perte éventuelle de son propre marché. Telles semblent être la condition et la rançon de la supériorité ontarienne dans l'ensemble canadien (chapitre VIII).

Le fédéralisme canadien a-t-il profité à l'Ontario ? Assurément. Et pourtant, ce serait regarder les choses du mauvais bout de la lunette que d'y voir la cause de sa vigueur économique. Le protectionnisme n'a pas engendré la suprématie économique de l'Ontario ; plutôt, c'est l'ascendant économique de l'Ontario qui a engendré un fédéralisme favorable aux régions déjà privilégiées. Si, par la suite, les politiques fédérales ont pu favoriser de façon particulière le développement industriel de l'Ontario, c'est parce que les règles du jeu capitaliste exigeaient que l'économie transcontinentale fût polarisée par le Bassin laurentien, par la région ontarienne principalement, pour autant que s'y réalisaient les conditions d'efficacité maximale dans l'exercice de cette fonction.

Les interventions fédérales, du moins celles qui ne portent pas la marque de pressions exercées par les intérêts acquis et bien établis, apparaissent dans notre contexte, comme effet et cause à la fois, selon le rapport sous lequel on l'envisage. Ainsi une économie privilégiée par la géographie du territoire ontarien, par la pluralité des fonctions nodales qui s'y développent et par la variété du peuplement, confère à l'Ontario un rôle dominant dans la formation du fédéralisme ; les politiques fédérales, à leur tour, confirment ce rôle et en assurent l'exercice. Les mêmes avantages qui, avant l'avènement du chemin de fer, favorisent ou facilitent la colonisation dans le Canada-ouest, étayent, dès le milieu du siècle dernier (1850-1860), un premier démarrage industriel en cette région du pays, dont on cherche en vain l'équivalent dans le Canada-est. À cause de ce manque à démarrer, l'économie du Québec s'y trouve en quelque sorte historiquement « déphasée ».

Dans son milieu ambiant, l'Ontario, au stade de l'industrie lourde, se trouve associée à la région la plus hautement industrialisée de l'Amérique du Nord, région polarisée par des centres métropolitains comme New York,

Chicago, Pittsburgh, Buffalo. Avec des entreprises à participation américaine comme celles de la sidérurgie à Hamilton, comme Bell Telephone, ou Northern, ou encore General Electric, entreprises éminemment capitalistes, l'Ontario se situe dans un ensemble canado-américain. L'Ontario amorce le long processus d'aliénation de l'économie industrielle du Canada. Le protectionnisme n'enraye pas le processus, au contraire. Il attire au pays des entreprises américaines qui veulent accéder au marché canadien et, sous un régime préférentiel anglo-canadien, au marché du Royaume-Uni. Ainsi, assez paradoxalement, le nationalisme canadien (ontarien) soutient ou véhicule le colonialisme des Américains au Canada.

Par rapport au Middle West américain et à l'Ontario, la province de Québec, hormis la région métropolitaine de Montréal, occupe une position marginale. Pour s'adapter économiquement à son univers, possède-t-elle les structures sociales appropriées ; est-elle capable de productivité et de créativité, ou s'y trouve-t-elle socialement motivée ? On peut même se demander si jamais elle a relevé le défi (chapitre IX). La saignée démographique qu'elle subit nous la révèle comme une zone faible et soumise à la succion des zones fortes. Le phénomène migratoire domine la scène québécoise et, par ses aspects socio-économiques, il constitue un symptôme d'indéniable importance. Phénomène durable, il manifeste un malaise chronique, un déséquilibre inter-régional. Alors qu'on croit terminé l'exode des Canadiens français aux États-Unis, les statistiques de la première décennie du XXe siècle, une période de prospérité sans parallèle, nous le révèle plus abondant que jamais. Le fait devient doublement caractéristique : l'exode ne répond pas seulement au besoin d'alléger la pression démographique, ou de réduire l'excès d'offre de main-d'œuvre (par rapport aux autres facteurs de production) du côté québécois ; il répond aussi au besoin d'augmenter, dans les zones fortes et de plus haute économicité, les effectifs de main-d'œuvre. Et c'est ainsi que les faibles soutiennent les forts.

Conclusions

1 — Cet essai a pour objet d'ouvrir une enquête sur la condition géographique et technologique de l'économie québécoise et de proposer les éléments d'une explication de la différenciation de sa croissance. À ceux qui veulent en étudier le substrat social ou qui désirent aborder l'économie québécoise par le biais des questions sociales, ou disserter sur les variables culturelles, ne convient-il pas d'offrir une réflexion historique sur le contexte géographique du Québec et sur l'influence des techniques dans le développement de son économie. En d'autres mots : comment donc se présente la province de Québec dans son contexte géographique et technologique du XIXe siècle si on la dépouille, autant que possible, de ses attributs anthropologiques, afin de mieux éclairer la scène où se déroule la dynamique des coûts. La question n'implique pas un refus d'admettre

l'importance des facteurs culturels dans l'explication du développement économique mais elle suppose, dans cette étude qui se présente comme une introduction au sujet, un effort pour les écarter momentanément, ou hypothétiquement, dans le dessein de mettre au jour le jeu des forces du marché. On remarquera que l'approche demeure néanmoins humaine, car la technologie est œuvre de l'homme ; elle affecte les choses et les hommes. Pour cette raison, même si certaines conditions qui soutiennent une dynamique de coûts défavorable au Québec s'avèrent prépondérantes à un certain moment, les causes fondamentales du retardement de l'économie québécoise, même à ce stade de l'évolution technologique du XIXe siècle, ne paraissent pas à ce point déterminantes qu'elles dominent toutes puissances humaines. Dans la longue période où il convient de se placer si l'on veut fournir une explication plausible aux phénomènes de retardement économique, les richesses de la nature, relativement rares ou abondantes à un moment donné, ne revêtent pas ce caractère d'immuabilité que l'analyse économique, campée dans la courte période de son champ opératoire, suppose ; elles apparaissent plutôt comme des dotations variant en fonction de la technologie, et aussi, à l'intérieur des possibilités techniques, en fonction des finalités que se proposent les hommes ou des contraintes assignées aux hommes ou imposées aux choses, par les hommes. Les forces aveugles sont en définitive contournées, exploitées ou dirigées par des hommes qui y voient clair. Au fond, il n'y a de ressources que celles que peuvent et veulent bien se donner les hommes. De même il n'y aurait d'obstacles réels que ceux que ne peuvent ou ne veulent vaincre les hommes. Une étude plus approfondie de la société québécoise du XIXe siècle pourrait fort bien justifier ces propositions.

2 — Fondamentalement, le problème que soulève cet essai, c'est celui de la propagation de la croissance économique dans un univers où se situe la province de Québec. Or, cette croissance engendre des disparités et des inégalités. Des industries clés comme la construction navale choisissent de s'implanter en certains lieux de cet univers, à Québec, par exemple, mais, plus tard, sous l'influence des changements techniques, elles disparaissent et elles sont remplacées par d'autres industries à coefficient de capital plus élevé et capables d'entraîner la croissance d'autres activités. Parfois, ces nouvelles industries vont s'installer en d'autres lieux. Ainsi, l'industrie primaire du fer et de l'acier à la fin du XIXe siècle ne va pas s'établir sur le site des vieilles Forges de Saint-Maurice dans la province de Québec, mais dans le sud-ouest de l'Ontario. Pareille expérience incite à connaître comment les industries d'avant-garde en arrivent à se fixer dans un lieu et à constituer l'espace géométrique d'une économie ou à créer des pôles de croissance.

L'appellation « pôle de croissance » associe ordinairement deux notions distinctes : celle d'une industrie motrice et celle du lieu où choisissent de s'établir des activités à caractère économique. Cette association peut engendrer de la confusion si on n'y prend garde. Que se passe-t-il en somme dans le processus de polarisation ? Le phénomène de polarisation repose sur la relation entre certaines activités et leur lieu, relation dont le fondement réside dans les effets d'agglomération, c'est-à-dire, des avantages dérivés des interrelations d'entreprises ou de ce qu'on appelle, en langage technique, les « économies externes ». Or ces avantages peuvent exister avant même l'implantation d'une industrie motrice, soit comme héritage d'une autre période technologique, mais, le plus souvent, ces avantages ne sont pas encore réalisés. Il n'existe pas entre l'activité motrice et le pôle de développement une relation de causalité ou de nécessité. Telle industrie dite motrice n'est pas nécessairement destinée à tel lieu, car les avantages qu'offre ce lieu ne peuvent être que relatifs. La nature différencie les lieux, mais, avec le progrès technique, la culture s'impose de plus en plus comme facteur de différenciation.

L'industrie motrice est ainsi appelée parce qu'elle en entraîne d'autres. Elle provoque dans le lieu où elle s'implante des investissements qui soutiennent et assurent la propagation et l'accélération du processus de croissance ; elle engendre dans le lieu même qu'elle exploite et développe à la fois des effets d'agglomération. Mais pourquoi donc une industrie motrice s'établit-elle en ce lieu ? Il serait paradoxal d'expliquer son choix par les avantages mêmes qu'elle engendre. À force d'insister sur les effets d'agglomération, on a laissé croire que l'industrie motrice pouvait, de soi, polariser une région. À ce compte, il suffirait d'implanter une industrie importante dans un lieu pour y déclencher un processus de développement complexe. La question n'est pourtant pas aussi simple. Les économistes de la planification qui ont voulu fabriquer des pôles de croissance à partir d'une industrie clé de commande s'en sont rendu compte, et ils ont dû reviser leurs calculs en y introduisant des considérations de longue période. Ces considérations que leurs modèles avaient négligées supposent l'histoire. D'autres économistes, fascinés par cette énigme historique de la région polarisée — Montréal par exemple — se sont demandé pourquoi on n'en ferait pas l'unique pôle d'une économie provinciale.

Historiquement, des industries motrices se sont fixées à des endroits où des effets d'agglomération ne s'étaient pas encore réalisés mais où, cependant, existait une certaine polarisation dérivée d'activités commerciales ou agricoles. Pour cette raison, il convient de nous interroger sur les caractéristiques du pôle comme causes d'implantation industrielle. Ainsi, que s'est-il passé à l'époque proto-industrielle ? Nous avons tenté de répondre à cette question : la formation des pôles paraît antérieure à l'implantation des industries motrices et créatrices d'économies externes, fondement du grand complexe sidérurgique auquel participent étroitement l'Ontario et, périphériquement, la région montréalaise. Force est donc de nous placer dans la perspective de la période longue si l'on veut expliquer les disparités et les inégalités des espaces économiques. Car, seule cette perspective permet de saisir l'importance des activités coloniales et proto-industrielles dans la formation des économies régionales de l'Amérique du Nord. Et telle est la perspective des chapitres qui traitent de l'économie ontarienne : pour une bonne part, le développement économique de l'Ontario s'explique par la présence d'un grand nombre de pôles d'origine agricole et commerciale et par leur liaison à des ensembles grâce aux entreprises de transport et de communication.

3 — Les techniques et les données de la géographie banale n'expliquent pas l'existence de certaines activités économiques en tel lieu, à un moment donné de l'histoire, mais elles fournissent de bons éléments d'explication : elles nous apprennent que l'action de l'homme est sujette à des limitations et à des variations. On comprendra donc qu'une notion plus générale de technologie, telle qu'entendue dans le présent essai, tente de reprendre, pour les placer dans le flux du changement de longue période, les données banales ou neutres de la technique et de la géographie. Pareille notion déborde le sens conventionnel du mot, car, outre ces données banales, elle comprend aussi le rôle de l'intelligence et de la volonté des hommes qui les assument comme supports et comme instruments.

Telle est l'activité des hommes, qu'elle contourne et surmonte des obstacles et qu'elle tire avantage des matériaux coriaces de son environnement. Elle n'est ni complètement dominée ni complètement dominante. L'activité économique des groupes est sujette aux mêmes conditions ; elle subit le poids des contraintes physiques et sociales sans que, pour autant, la connaissance et la volonté humaine y cessent de jouer un rôle prépondérant. Les décisions de portée économique, qu'elles viennent des individus ou des corps publics, procèdent de la volonté autant que de l'intelligence. L'économiste Schumpeter qui a mis en lumière le rôle de la décision «entrepreneuriale» dans le développement économique ne manque pas d'insister sur cet aspect : l'activité économique ne fait pas qu'obéir à la poussée des antécédents, elle est « finalisante ». Certes, le processus économique dépend, au point de départ, de limites physiques et de moyens techniques qui exigent des efforts de connaissance, collectifs ou individuels, mais l'acte décisif demeure l'innovation qui utilise des moyens en vue d'une fin. L'innovation est acte volontaire.

Dans l'optique de la décision « entrepreneuriale », il faudrait, si l'on veut aller aux racines du retard économique de la province de Québec, remonter à ses commencements, à son type d'immigration qui a fait de la Nouvelle-France un fragment homogène de la société française, aux formes seigneuriales et ecclésiales d'une organisation sociale qui a retardé l'avènement des institutions municipales et qui a préparé la faiblesse des procédés démocratiques au niveau des responsabilités locales. Encore au début du XIXᵉ siècle, des Québécois repoussaient toute forme d'organisation démocratique à base de fiscalité locale par esprit d'économie, et donc pour échapper au fisc, éludant ainsi la responsabilité des décisions économiques ; ils préféraient confier la gestion de leurs affaires au gouvernement général. Devant cette absence d'organisation locale, Lord Durham, en 1839, observait que les habitants du Bas-Canada avaient été initiés à la politique par le mauvais bout. Cette faiblesse d'organisation politique et ce manque de vitalité économique montrent bien que les Québécois se tenaient éloignés des préoccupations reconnues comme essentielles à la fonction de l'entrepreneur. Or cette notion nous ramène à nos propos de départ, qui la contiennent implicitement : il convient de l'en extraire et de la proposer, en conclusion, comme élément d'explication historique du retard québécois.

4 — Dire que les localisations d'activité trouvent leur explication dans les changements techniques, c'est prendre la technologie dans une acception large et différenciée, et donc comme agent compréhensif de production : la technologie est la source des ressources. Rappelons-le, les richesses naturelles ne sont pas des ressources économiques comme telles ; plutôt, de naturelles elles deviennent économiques par l'usage qu'en font les hommes et par la force de mobilisation des hommes. Il n'y a de ressources que les hommes ; la triade Terre, Capital, Travail, ne signifie rien en soi si les hommes ne possèdent point la connaissance des potentiels qu'elles contiennent et s'ils ne décident point à quelles fins elles doivent être utilisées efficacement. Aussi, dans la notion générale de technologie telle qu'entendue dans notre contexte, se trouve comprise la fonction d'entrepreneur.

À cause de cette implication il conviendrait d'établir ou, au moins, de suggérer un lien entre certaines propriétés de la société québécoise et l'aptitude à promouvoir le progrès économique ; l'aptitude, c'est-à-dire les qualités identifiées chez le promoteur d'entreprise. Or la notion du rôle de l'entrepreneur peut nous aider à établir ou définir ce lien entre la texture sociale du milieu et les raisons du progrès économique de ce milieu. Dans le présent essai, le lien se trouve implicitement établi au début du chapitre IX qui s'avise de confondre la province de Québec avec la collectivité canadienne-française. Car il faut bien essayer d'établir une relation entre certaines propriétés de la société québécoise, où les Canadiens français sont en majorité et dominent politiquement ou électoralement, et les conditions du progrès économique de la province de Québec. N'a-t-on pas fait de l'*entrepreneurship* un rôle d'importance primordiale dans ce monde du capitalisme occidental auquel l'économie québécoise a entrepris de se mesurer ? Oui, mais le pont historique demeure difficile à franchir entre le social et l'économique, encore que, théoriquement, le problème ait été résolu, du moins avant l'avènement récent de la notion de tiers-monde. Nous disons encore que la satisfaction des besoins en tel ou tel milieu demeure la motivation première des comportements humains ; et nous avons appris de Weber, Troelsch et Tawney qu'il existe un rapport étroit entre la structure mentale d'un groupe et sa réussite économique. Quoi qu'il en soit de ces fameuses thèses, elles nous rappellent

qu'on ne saurait, compte tenu du contexte nord-américain, apprécier l'efficacité économique du peuple québécois sans référer aux forces motrices
du progrès économique. Ces forces sont humaines ; l'entrepreneur les capte.
Et puisque le défi vient des groupes dominants du grand espace économique auquel appartient la province de Québec, on peut bien se demander
si le peuple québécois possédait les aptitudes à relever le défi de son
espace. Pour répondre à cette question, il convient d'élaborer une notion
plus précise de la fonction d'entrepreneur. Les nombreuses définitions
qu'on en a données depuis que l'économiste français Jean-Baptiste Say l'a
identifiée comme cause du progrès économique montre bien la complexité
de cette fonction. Aujourd'hui, on dit même qu'elle n'existe plus, tellement
elle se confond avec l'organisation complexe de la grande entreprise ; ou
si elle existe encore, c'est qu'elle est toute diffusée à travers les nombreux
rouages de la direction et de l'administration. Disons donc que, dans ses
traits essentiels, la fonction d'entrepreneur existe toujours mais qu'elle
s'exerce différemment selon les différents types d'entreprise. Elle représente le génie d'innovation ; elle exploite les potentiels, elle réalise les
ressources : elle exprime, dans le milieu ambiant qui l'engendre, cette
tension essentielle au progrès, la recherche de l'efficacité.

5 — Donc, l'entrepreneur comme tel garde les yeux fixés sur les
possibilités et non sur les problèmes actuels qui occupent la gestion ;
l'entrepreneur s'applique à découvrir les possibilités de changement et à
les exploiter efficacement ; l'entrepreneur fait naître des ressources, au
sens de ce mot défini au chapitre premier. Disons maintenant, par hypothèse, que ces dispositions qui font l'entrepreneur peuvent aussi exister chez
les collectivités. À ce compte, il doit donc y avoir une différence notable
entre une collectivité animée par des visions et des efforts de promotion, et
une collectivité qui suppose l'existence de ressources économiques comme
telles, ou comme des données de tout repos. Il doit y avoir une différence
entre une collectivité qui veut faire ou refaire aujourd'hui les choses
d'hier et qui se contente de suivre les voies tracées par les ancêtres, et une
collectivité qui, animée de l'esprit d'entreprise, s'applique à réaliser
aujourd'hui les conditions de son avenir, au lieu de confier la préparation
de cet avenir aux ancêtres. Il doit y avoir une différence notable entre une
collectivité qui affecte ses ressources en fonction des résultats anticipés au
lieu de les mobiliser en fonction des problèmes de l'existence courante,
entre une collectivité qui utilise ses énergies pour entraîner des ressources
vers l'avenir au lieu de les perdre en frottement ou de les transformer en
chaleur dans de vaines discussions.

Ces deux types de collectivité reflètent leurs mentalités respectives :
la mentalité technique, la mentalité traditionnelle. La mentalité technique
fait grand cas du changement ; elle le prend en charge. Elle favorise la
fonction d'entrepreneur. Schumpeter écrit : « la seule fonction fondamentale dans l'histoire, c'est la mise en œuvre d'une innovation par l'entre-

preneur » (*Business Cycles*, I, 102). C'est lui qui modifie l'équilibre des facteurs, c'est lui qui mobilise les forces vives et donne la vie économique aux choses inertes. Il commet les ressources du présent aux possibilités et aux risques du lendemain. Toutefois, l'entrepreneur présente différents visages selon les différents types d'organisation qui l'encadrent ; son action s'avère plus ou moins efficace selon les types d'institutions qui l'entourent ; car celles-ci expriment des préférences liées à des valeurs. C'est par elles que les mentalités se diffusent ou s'expriment. Car, si les mentalités en soi ne soutiennent aucune relation directe avec le problème du développement économique, il n'en est pas ainsi des divers types d'organisation qu'elles influencent, plus ou moins. C'est à l'intérieur d'une organisation sociale et par elle que l'entrepreneur s'exprime et œuvre, dans le sens ou au rebours des mentalités dominantes. Or, de même qu'il n'existe pas en Amérique du Nord de mentalité technique ou de mentalité traditionnelle à l'état pur, ainsi la fonction d'entrepreneur n'est jamais totalement réprimée ni totalement comprise ou soutenue. Donc, la mentalité, c'est-à-dire, une façon de penser, de juger, collectivement, n'absorbe pas ou n'exclut pas toute individualité. On ne se demande plus si le Québec du XIXᵉ siècle, tout dominé qu'il était par un pouvoir clérical non dépourvu d'*entrepreneurship* pour les fins de son espèce, pouvait encore engendrer des hommes d'affaires. On peut citer des cas remarquables de bourgeoisie capitaliste de la fin du siècle, dans le commerce et la finance notamment où le roulement est rapide et le risque moins grand que dans les aventures à long terme. Et pourtant, la mentalité dominante n'en a pas moins exercé son influence sur l'organisation sociale ou sur les institutions. Elle a, certes, contrarié l'efficacité économique, dirigé de quelque manière l'orientation de l'activité économique, ou étouffé même l'éclosion de talents d'entrepreneur. Même si le clergé a produit une certaine espèce de bourgeoisie que nous avons citée au chapitre précédent, il n'en demeure pas moins que cette engeance instruite a rendu un mauvais service à l'économie québécoise en attirant dans ses rangs, ou en les refoulant dans les professions para-ecclésiales, dites libérales parce que l'esprit y jouait un rôle plus grand que le corps, les meilleurs cerveaux, les soustrayant ainsi aux tâches plus utiles au pays. On nous reprochera peut-être de négliger les grands noms de l'économie québécoise : les Cauchon, Garneau, Thibaudeau, Boivin, Barsalou, Forget et autres ? Négliger, peut-être ; ignorer, non pas. Disons même qu'avec eux, sans oublier, bien entendu, la contribution des anglophones, l'économie québécoise atteignait à la fin du siècle dernier, le plateau de la complaisance. Mais, justement, l'animation de l'économie du Québec, dernier quart du XIXᵉ siècle, son taux de croissance spectaculaire même, ont repoussé une question importante de l'histoire économique : quelle sorte de révolution industrielle le Québec subissait-il alors, parmi les révolutions industrielles de la même période ? Était-elle comparable à cette révolution industrielle que l'Ontario avait subie au cours du premier boom ferroviaire et de la grande vague d'immigration britannique ? À la fin du siècle dernier, on aurait dit que l'économie ontarienne prenait un essor de deuxième période à co-efficient de capital plus élevé, et que l'économie québécoise en était encore à sa phase de décollage. Elle s'y trouvait « *déphasée* ».

Quant à l'entrepreneur québécois, ce décalage le réduisait à une situation d'infériorité. Au stade d'évolution de l'économie québécoise, il apparaissait encore un personnage individuel dont la fonction était facilement identifiable, œuvrant, en bien des cas, dans une entreprise familiale. À la fois chef d'entreprise et spécialiste en coûts de revient, ayant souvent à charge les relations extérieures, il pouvait difficilement exercer adéquatement la fonction de l'entrepreneur. Il lui manquait un personnel de cadre qui lui eût permis de se concentrer sur l'avenir de son entreprise. De plus, la forme familiale d'entreprise pouvait entretenir une mentalité de dépendance, une politique de mimétisme, susceptibles de compromettre la survie de l'entreprise même. Enfin, la collectivité québécoise comme telle héritait d'un manque d'institutions laïques et démocratiques ; et bien plus, les mises en garde de l'autorité cléricale contre les interventions de l'État écartaient toute possibilité d'un recours à la contrainte du gouvernement provincial comme outil de création collective. Il ne faudrait donc pas confondre cette politique de non-intervention, abusivement appelée libéralisme économique, et l'absence de gouvernement nationaliste, au sens québécois du mot, comme si un gouvernement nationaliste (socialiste) eût pu se permettre de gouverner au rebours du clergé.

Dans l'économie plus avancée de l'Ontario, l'entreprise, dans la plupart des cas, avait atteint un stade plus évolué d'organisation et assurait une forme adéquate d'*entrepreneurship*. Grâce à ses dimensions, grâce à l'anonymat de la personnalité légale, et forte de l'expérience acquise au contact des Américains, ou supportée par la participation américaine, l'entreprise pouvait aisément se payer un personnel de gestion qui allait s'occuper des problèmes de coût de revient et, de la sorte, elle pouvait affecter la meilleure part de ses énergies à la recherche des potentiels du milieu et aux possibilités d'une exploitation de ces potentiels en vue d'un optimum à long terme. Cette forme d'*entrepreneurship* devenait, à la fin du XIXe siècle une condition de progrès, en raison même des exigences scientifiques de l'économie. De plus en plus, progrès économique et progrès scientifique se trouvaient étroitement liés ; l'évolution économique posait un problème de formation scientifique. Et ainsi, dès la fin du XIXe siècle, l'évolution économique constituait un défi pour les régions qui, comme la province de Québec, ne possédaient pas d'institutions d'enseignement scientifique.

Telle est donc la technologie contemporaine : elle embrasse les méthodes scientifiques, sources de nouveaux moyens d'action économique ; elle s'étend à toutes espèces d'activité, elle modifie les conditions de la vie humaine, et, en créant des options nouvelles, elle remet constamment l'homme à la torture du choix devant l'incertitude. Et pourtant, c'est l'homme qui aménage les choses selon les rapports de finalité qui les animent et leur confèrent de la valeur.

La technologie est œuvre de l'homme.

INDEX

— A —

— B —

— C —

— F —

— G —

— L —

— M —

—N—

—O—

— P —

Plattsburgh : 152.
Plumptre, H.F.W. : 158n.
Pointe-Lévy : 134.
Pollard, S. : 85.
Poor, J. Alfred : 53, 63.
Poor, L. Elizabeth : 53n.
Porritt, Edward : 182n.
Port Arthur : 149.
Port Credit : 123, 148.
Port Dalhousie & Harold Railway : 135.
Port Dover : 137.
Port Dover & Lake Huron Railway : 135, 137.
Port Hope : 29, 30, 65, 103, 123, 128, 136, 141, 145, 146.
Port Hope, Lindsay & Beaverton (chemin de fer) : 45, 136, 138.

Port Huron : 48, 64, 67, 128, 138.
Portland : 21, 39, 46, 48, 50, 53, 54, 62-64, 67, 101, 105, 134.
Portneuf (comté) : 201.
Port Perry : 103.
Port Sarnia : 32, 128.
Port Stanley : 64, 145, 146.
Port Talbot : 29.
Poulett Scrope, G. : 30n.
Prescott : 29, 30, 62, 103, 120, 135, 146, 152, 186.
Prince, J.-S. (l'abbé) : 213.
Proulx (l'abbé) : 211.
Provancher, Léon (l'abbé) : 190, 191, 211.
Purdy's Mill : 129.
Purdy, William : 129.
Putnam, John Harold : 208n.

— Q —

Québec :
province : 1, 3-7, 9-11, 13, 16, 18-21, 35, 39, 40, 43, 44, 48, 50, 55, 65, 67, 68, 72, 75, 77-79, 88, 89, 100, 103, 113, 115, 116, 147, 155-157, 159, 161-163, 165-167, 169-171, 173-176, 178-185, 189-195, 197, 199-201, 207-209, 212, 214, 215, 217, 218, 220, 222, 224-228.
ville : 21, 25-27, 41, 51, 56, 58, 64, 69, 70, 72, 74-76, 78-80, 83-95, 97-101, 103-107, 112, 116, 120, 129, 142, 146, 147, 172, 194-196, 201, 207, 211, 213, 218, 219.
port de : 35, 40, 69, 73, 75, 76, 78-

80, 83, 85, 86, 88-90, 92, 93, 95-98, 100, 104, 130, 147, 194.
Quebec Board of Trade : 111.
Quebec Central (chemin de fer) : 88.
Quebec & Richmond Railway : 46.
Québec - Sainte-Anne de Beaupré (chemin de fer) : 88.
Quebec Steel Works (compagnie) : 172.
Québécois : 20, 33, 72, 93, 97, 98, 155, 162, 189, 190, 212, 224, 225.
Queen's : 213.
Queen's Rangers : 119.
Queenstown : 29.
Quinn, William : 80.
Quinnette de Rochemont, E.-T. : 147n.

— R —

Radisson : 207.
Raymond, H. : 50n.
Raynauld, André : 113n.
Redpath (industriel) : 184.
Renfrew : 103.
Ricardo (économiste) : 4, 8.
Rice Lake : 123.

Richelieu (rivière) : 18, 31, 41, 118.
seigneurie du : 152.
Richelieu Co. : 112.
Richmond : 46, 48, 62, 64, 67, 113.
Rideau (canal) : 23-26, 29, 30, 128-130.

— S —

—T—

— U —

— V —

— W —

— Y —

— Z —

Achevé d'imprimer à Montréal par Les Presses Elite,
pour le compte des Éditions Fides,
le huitième jour du mois de juin de l'an
mil neuf cent soixante-treize

Dépôt légal — 2e trimestre 1973
Bibliothèque nationale du Québec

Date Due

BJJH
